1+X 职业技术·职业资格培训教材 | 高等教育自学考试劳动和社会保障专业教材

劳动和社会保障人员

就业促进与职业能力建设

（三级）

主 编 史健勇 范君晖

主 审 张得志 杨武星

中国劳动社会保障出版社

图书在版编目(CIP)数据

劳动和社会保障人员：就业促进与职业能力建设：三级/人力资源和社会保障部教材办公室等组织编写. —北京：中国劳动社会保障出版社，2016

1+X职业技术·职业资格培训教材

ISBN 978-7-5167-2264-0

Ⅰ.①劳… Ⅱ.①人… Ⅲ.①劳动就业-职业培训-教材②职业-能力培训-中国-职业培训-教材 Ⅳ.①D669.2②C975

中国版本图书馆CIP数据核字(2016)第033944号

中国劳动社会保障出版社出版发行

（北京市惠新东街1号 邮政编码：100029）

*

三河市华骏印务包装有限公司印刷装订 新华书店经销

787毫米×1092毫米 16开本 15.25印张 280千字

2016年2月第1版 2016年2月第1次印刷

定价：35.00元

读者服务部电话：（010）64929211/64921644/84626437

营销部电话：（010）64961894

出版社网址：http://www.class.com.cn

内 容 简 介

本教材由人力资源和社会保障部教材办公室、中国就业培训技术指导中心上海分中心、上海市职业技能鉴定中心依据上海 1+X 劳动和社会保障人员（就业促进与职业能力建设）（三级）职业技能鉴定细目组织编写。教材从强化培养操作技能，掌握实用技术的角度出发，较好地体现了当前最新的实用知识与操作技术，对提高从业人员基本素质、掌握劳动和社会保障人员（就业促进与职业能力建设）（三级）的核心知识与技能有直接的帮助和指导作用。

本教材在编写中摒弃了传统教材注重系统性、理论性和完整性的编写理念，而是根据本职业的工作特点，以掌握实用操作技能和能力培养为根本出发点，采用模块化的编写方式。全书共分为 14 章，内容包括：就业概论、积极的就业政策、上海市劳动力市场概述、上海市就业服务、上海市就业促进政策、上海市职业培训、上海市就业前培训、上海市企业职工与农民工培训、上海市高技能人才职业培训、上海市特殊群体职业培训、创业培训、职业分类与职业标准、职业资格证书制度和职业技能鉴定、职业技能竞赛。

本教材可作为劳动和社会保障人员（就业促进与职业能力建设）（三级）职业技能培训与鉴定考核教材，也可作为“劳动和社会保障专业”高等教育自学考试教材。本教材可供全国中、高等职业院校相关专业师生参考使用，以及本职业从业人员培训使用。

前　言

职业培训制度的积极推进，尤其是职业资格证书制度的推行，为广大劳动者系统地学习相关职业的知识和技能，提高就业能力、工作能力和职业转换能力提供了可能，同时也为企业选择适应生产需要的合格劳动者提供了依据。

随着我国科学技术的飞速发展和产业结构的不断调整，各种新兴职业应运而生，传统职业中也越来越多、越来越快地融进了各种新知识、新技术和新工艺。因此，加快培养合格的、适应现代化建设要求的高技能人才就显得尤为迫切。近年来，上海市在加快高技能人才建设方面进行了有益的探索，积累了丰富而宝贵的经验。为优化人力资源结构，加快高技能人才队伍建设，上海市人力资源和社会保障局在提升职业标准、完善技能鉴定方面做了积极的探索和尝试，推出了1＋X培训与鉴定模式。1＋X中的1代表国家职业标准，X是为适应经济发展的需要，对职业的部分知识和技能要求进行的扩充和更新。随着经济发展和技术进步，X将不断被赋予新的内涵，不断得到深化和提升。

上海市1＋X培训与鉴定模式，得到了国家人力资源和社会保障部的支持和肯定。为配合1＋X培训与鉴定的需要，人力资源和社会保障部教材办公室、中国就业培训技术指导中心上海分中心、上海市职业技能鉴定中心联合组织有关方面的专家、技术人员共同编写了职业技术·职业资格培训系列教材。

职业技术·职业资格培训教材严格按照1＋X鉴定考核细目进行编写，教材内容充分反映了当前从事职业活动所需要的核心知识与技能，较好地体现了适用性、先进性与前瞻性。聘请编写1＋X鉴定考核细目的专家，以及相关行业的专家参与教材的编审工作，保证了教材内容的科学性及与鉴定考核细目以及题库的紧密衔接。

职业技术·职业资格培训教材突出了适应职业技能培训的特色，使读者通过学习与培训，不仅有助于通过鉴定考核，而且能够有针对性地进行系统学习，真正掌握本职业的核心技术与操作技能，从而实现从懂得了什么到会做什么的飞跃。

职业技术·职业资格培训教材立足于国家职业标准，也可为全国其他省市开展新职业、新技术职业培训和鉴定考核，以及高技能人才培养提供借鉴或参考。

新教材的编写是一项探索性工作，由于时间紧迫，不足之处在所难免，欢迎各使用单位及个人对教材提出宝贵意见和建议，以便教材修订时补充更正。

人力资源和社会保障部教材办公室
中国就业培训技术指导中心上海分中心
上海市职业技能鉴定中心

序

全面建成覆盖城乡居民的社会保障体系，是党的十八大提出的重大战略任务，也是我国全面建成小康社会的重要前提和基础。

20世纪80年代以来，随着我国经济体制改革的不断深入，为了适应社会主义市场经济的要求，上海逐步建立起以养老保险、失业保险、医疗保险、工伤保险和生育保险以及城市居民最低生活保障为主要内容的社会保障体系框架。社会保障体系的建立，为上海各项改革的顺利推进，为上海经济社会的持续、健康、快速发展提供了重要的支撑。

当前，上海正在加快建设国际经济、金融、贸易和航运中心，正在向现代化国际大都市的发展目标迈进。为了适应新的战略目标的要求，近年来，上海进一步加快了社会保障制度建设，不断深化社会保障制度改革，统筹推进了城乡社会保障体系建设，初步构建了覆盖上海全部常住人口、城乡一体化的社会保障体系，为上海的产业结构调整和经济转型发展构建一个高效的“减震器”，编织一张完整的“安全网”。

虽然上海城乡社会保障体系建设取得了显著成效，但是参照现代化国际大都市发展目标要求，上海的社会保障事业仍有许多不完善之处。上海作为中国的一个超大型城市，在社会保障管理，尤其是社会保障管理人员的职业化和专业化建设方面，还不能很好地适应上海快速发展的城乡社会保障事业。本书编写的主要目的，就是要从社会保障制度实际操作层面，帮助有志于从事社会保障事业的人士，提高社会保障事业管理能力，同时，也为劳动保障监察部门和企事业单位协调劳动关系提供参考。

社会保障体系包括社会保险、社会福利、优抚安置、社会救助等。其中，社会保险是社会保障体系的核心部分，包括养老保险、失业保险、医疗保险、工伤保险和生育保险。我们以社会保险作为主要内容，组织编写了1+X职业技术·职业资格培训教材、高等教育自学考试劳动和社会保障专业教材。本套书是理论研究和实践经验总结的成果，既可作为从事社会保障管理工作人员的参考书籍，也可作为“劳动与社会保障人员国家职业资格证书”考试教材和“劳动与社会保障专业”高等教育自学考试教材。

老有所养、病有所医、失有所补、育有所保、弱有所助、劳有所得、安居乐业是人民群众的基本要求。加快上海社会保障事业发展的进程，加强社会保障管理的职业化和专业化建设，提高上海社会保障事业的管理水平，对于进一步完善上海的城乡社会保障体系，提高社会保障制度运营绩效都具有重大意义。社会保障是一个涉及广大人民群众切身利益的民生事业，我们敬仰那些选择从事这一神圣事业的人们，我们愿意为帮助他们而不懈努力！

汪　泓

目 录

第 1 章

就业概论

学习目标

通过本章的学习，学生应掌握就业与失业的基本理论、影响就业的因素以及上海市就业的现状与问题，包括分产业结构、性别结构、年龄结构的就业状况；上海市失业的现状与问题，包括就业体制进一步向市场化就业体制演变过程中取得的成就和存在的突出问题，以及失业人员再就业困难的原因等主要内容。

第 1 节　就业与失业

一、就业

1. 就业的概念

对就业的概念可以分别从理论和实际操作的角度把握。从理论上讲，就业就是指具有劳动能力的人，运用生产资料从事合法社会劳动，并获得相应的劳动报酬或经营收入的经济活动。根据这一定义，一个人如果同时满足以下三个基本条件：一是就业条件，指在法定劳动年龄内，有劳动能力和劳动愿望；二是法律条件，即所从事的是某种合法经济活动，以提供满足社会需要的商品或服务为目的；三是收入条件，指获得一定的劳动报酬或经营收入，那么他就属于就业了。

从实际操作的角度把握就业的概念，还必须对法定劳动年龄的界限、从事社会劳动的时间长度和劳动报酬或经营收入标准做出具体规定。国际劳工统计协会规定：各国根据国情确定劳动年龄的上下限、劳动时间的长短和工资的最低限度。凡在劳动年龄之内、具有下列情况之一的都是就业：在规定时间内从事有报酬的劳动；有职业而临时由于疾病、事故、劳动争议、度假、旷工或气候不良、设备损坏临时停工等原因没有工作；当雇主和自己营业，包括协助家庭经营企业或工厂，占从事正常工作时间的 1/3 以上，但没拿报酬。而下述情况则不属于就业范畴：童工；不以获得收入或营利为目的的公益劳动、家务劳动等。

2. 就业的分类

依据不同标准，就业可以划分为不同的类型。

（1）按城乡划分。按城乡划分，就业可分为城镇就业和乡村就业。

（2）按产业划分。按产业划分，就业可分为第一产业就业、第二产业就业和第三产业就业。

（3）按行业划分。按行业划分，就业可分为农、林、牧、渔业，采掘业，制造业，电力、煤气及水的生产和供应业，建筑业，地质普查业，水利管理业，交通运输、仓储业及邮电通信业，批发和零售贸易、餐饮业，金融、保险业，房地产业，社会服务业，卫生、体育和社会福利业，教育、文化艺术和广播电影业，科学研究和综合技术服务业，国家机关、政党机关和社会团体，其他行业。

（4）按经济类型划分。按经济类型划分，就业可分为在国有经济单位就业、在城镇集体经济单位就业、在其他经济单位就业、在乡镇企业就业、从事私营经济和个体劳动、在农村就业等形式，其他经济单位包括联营经济单位、股份制经济单位、外商投资经济单位、港澳台投资经济单位。

（5）按具体工作形式划分。按具体工作形式划分，就业可分为正规就业与灵活就业。正规就业一般是指在传统的固定工作单位、每天工作 8 小时的就业形式。灵活就业主要有两类：一类是有固定的雇主，但工作时间较为灵活，如非全日制工作；另一类是无固定场所、无固定雇主和服务对象、无固定劳动关系、无稳定收入的小规模经营的就业形式，如各种临时工、小时工以及按劳动成果获得收入的自由职业者等。

（6）按劳动力资源利用情况划分。按劳动力资源利用情况划分，就业可分为充分就业和不充分就业。

1）充分就业。“充分就业”这一概念来源于英国经济学家凯恩斯的代表作《就业、利息和货币通论》一书。凯恩斯认为，充分就业是指在一定市场工资水平下，愿意就业的劳动者都能够就业的状况。充分就业并不是一切有劳动能力的劳动者全部都就业了，因为存在信息不对称等问题，仍会有供求匹配的摩擦性失业，这种情况下的失业率被后来的经济学家弗里德曼称为自然失业率。经济学家们最初认为自然失业率为 2%～3%即为充分就业，但随着 20 世纪 70 年代中期以后发生的经济和技术变革，标志充分就业的自然失业率水平也上升到 5%左右。当代经济学家们还认为，实现社会充分就业时有三个特征：一是劳动力供求基本平衡；二是劳动关系相对稳定；三是劳动者素质得到较充分开发，对其就业产生积极作用。

国际劳工组织认为，充分就业是指愿意并有能力工作的劳动年龄段男子和妇女能够得到有报酬的、自由选择的、生产性就业（指有社会和生产效益的就业，而非无效就业）的就业水平。可见，充分就业包括就业数量和就业质量两个方面的含义。目前，绝大多数市场经济国家尤其是发达国家都将充分就业作为本国宏观经济发展的目标之一，作为政党执政纲领的首要内容。

2）不充分就业。不充分就业是指劳动时间少于法定工作时间，且劳动报酬低于当地最低工资标准、高于城市居民最低生活保障标准，本人愿意从事更多工作的，为不充分就业。不充分就业不同于失业，是劳动力资源利用不充分的表现，而不是完全失去工作岗位。

就业是民生之本，是人民群众改善生活的基本前提和基本途径。就业和再就业工作，关系着亿万人民群众的切身利益，关系着改革发展稳定的大局，关系着全面建成小康社会宏伟目标的实现。改革开放以来，特别是《中华人民共和国就业促进法》（以下简称《就业促进法》）颁布以来，党和政府推动就业和再就业的工作取得了显著成绩。

3.《就业促进法》的主要内容

《就业促进法》共分 9 章 69 条，涵盖了政府责任、工作机制、政策支持、公平就业、就业服务和管理、职业教育和培训、就业援助、监督检查、法律责任等方面。概括起来，可以总结为一个方针、一面旗帜、六大责任、五项制度、十大政策。

（1）一个方针。《就业促进法》进一步明确了“劳动者自主择业、市场调节就业、政府促进就业”的方针。“劳动者自主择业”，是指要指导劳动者树立正确的就业观念，充分调动主动性和能动性，发挥就业潜能和提高职业技能，依靠自身努力，求职应聘、自谋职业和自主创业，尽快实现就业。“市场调节就业”，是指要充分发挥人力资源市场在促进就业中的基础作用，通过市场职业供求信息，引导劳动者合理流动和就业；通过市场工资价位信息，调节劳动者的供求。“政府促进就业”，是指要充分发挥政府在促进就业中的重要职责，政府应承担创造就业条件、扩大就业机会、改善就业环境、提供就业扶助等义不容辞的重要职责；同时，在当前市场机制不健全、劳动者能动性不充分的条件下，政府要承担更多的培育完善市场机制、规范市场行为的责任，要加大支持劳动者自主择业、自主创业和鼓励企业增加就业岗位的力度。

（2）一面旗帜。平等的就业权是公民的基本权利之一，反对就业歧视是保障劳动者权益的基本前提。《就业促进法》高举公平就业的旗帜，力求创造公平的就业环境。在第一章总则中明确规定：“劳动者依法享有平等就业和自由择业的权利。劳动者就业，不因民族、种族、性别、宗教信仰等不同而受歧视。”该法还单设“公平就业”一章，明确规定残疾人、传染病病原携带者和进城就业的农村劳动者等群体享有和其他劳动者平等的劳动权利；用人单位招用人员、职业中介机构从事职业中介活动，应当向劳动者提供平等的就业机会和公平的就业条件，不得实施就业歧视。违反本法规定实施就业歧视的，劳动者可以向人民法院提起诉讼。这些规定将《中华人民共和国劳动法》（以下简称《劳动法》）中防止就业歧视的有关规定进一步具体化，为解决就业歧视问题提供了有力的法律保障。

（3）六大责任。促进就业和治理失业是各国政府的重要职责，也是执政的重要目标，在我国更是各级政府执政为民的重要体现。《就业促进法》对政府在促进就业中的职责做出了明确规定，包括六个方面：一是发展经济和调整产业结构以增加就业岗位，二是制定实施积极的就业政策，三是规范人力资源市场，四是完善就业服务，五是加强职业教育和培训，六是提供就业服务。

（4）五项制度。《就业促进法》通过法律形式将就业工作制度化，从而使就业工作纳入法制化轨道，主要包括五个方面的内容：

1）加强对就业工作组织领导的政府责任制度。法律明确国务院建立、省级人民政府根据需要建立促进就业工作协调机制，国务院劳动行政部门具体负责全国的促进就业工作，县级以上人民政府有关部门按照各自职责分工，共同做好促进就业工作。这不仅将政府和有关部门建立促进就业的目标责任制度用法律形式固定下来，而且还充分肯定了就业工作联席会议制度的重要作用，确保对就业工作的齐抓共管、持续有效。

2）加强对劳动者帮扶的公共就业服务和就业援助制度。这项制度是政府履行公共服务职能的重要体现，使公共就业服务的发展和规范有了制度保障，并通过对援助对象、援助途径、援助政策措施和资金的制度性安排使就业援助工作常规化和制度化。

3）加强对市场行为规范的人力资源市场管理制度。在培育和完善统一开放、竞争有序的人力资源市场的基础上，这项制度对就业和失业管理、信息系统建设和市场中介行为进行规范，实现市场的健康运行。

4）加强对人力资源素质提升的职业能力开发制度。该制度进一步明确了对各类群体开展职业培训的安排，明确了用人单位和培训机构的责任和权利，用制度保证了人力资源开发和促进就业的有机结合。

5）失业保险和预防制度。该制度明确规定了在失业风险出现时的生活保障和就业安排，为加强政府宏观调控、治理失业和稳定就业局势提供了有力的制度保障。

（5）十大政策。政策是政府履行责任的具体体现。《就业促进法》将经过实践检验的积极就业政策上升为法律规范，主要包括十个方面：有利于促进就业的经济发展政策，财政保证政策，税收优惠政策，金融支持政策和城乡统筹、区域统筹、群体统筹的就业政策，支持灵活就业、援助困难群体就业的政策，失业保险促进就业的政策。

二、失业

就业与失业是一个问题的两个方面，但现代宏观劳动经济更多地分析失业问题。失业问题不仅是现代劳动经济学必须涉足的领域，而且它实际上早就已成为现代宏观经济分析的焦点之一。研究和探讨失业问题，对于从宏观角度把握劳动资源的有效配置，有着极为重要的意义。

1. 失业的概念

从理论上讲，失业是劳动者与生产资料相分离的一种状态，劳动者失去了运用生产资料进行生产活动的机会，从而也失去了获得劳动报酬的机会。虽然失业对社会和经济生活以及劳动者个人和家庭都会产生影响，但失业主要是评估一个国家、一个地区经济状况好坏而不是衡量个人经济困难程度的概念。

现代市场经济国家对失业一般做如下定义：凡是统计时被确定为有工作能力，但没有工作，且在此以前4周内曾专门努力寻找工作，但没有找到工作的人都被统计为失业者。此外，“暂时被解雇，正在等待工作的人”或“正在等待，等待时间达30天，可到新工作岗位报到的人”也包括在失业定义范围之内。寻找工作的活动包括洽谈职业、在职业介绍所登记、刊登或答复就业广告以及托付亲友等。

在我国，失业是指在法定劳动年龄（16岁至退休年龄）内，劳动者有工作能力，无业且要求就业而未能就业的状态。其中，虽然从事一定社会劳动，但劳动报酬低于当地城市居民最低生活保障标准的，视同失业。

2. 失业的分类

失业有多个维度，通常按照失业成因进行分类，主要有以下几种类型：

（1）摩擦性失业。摩擦性失业是由于劳动者在要求就业和获得工作岗位之间存在时间差而形成的。在现代经济社会中，即使劳动力市场处于供求均衡状态，也总会有一些人处于“工作之间”，如刚进入劳动力市场、正在寻找工作或与雇主洽谈，或者由于劳动者或用人单位各自的需求发生变化，而使劳动者处于工作变换甚至职业变换的状态。因此，摩擦性失业是暂时的，是一种正常性失业，可以与充分就业状态并存。摩擦性失业的产生主要是由于劳动力市场的动态属性和信息的不完善、不对称造成的，因此建立合理的劳动力市场制度将有利于疏通信息渠道，减少摩擦性失业。

（2）结构性失业。结构性失业是由于劳动者的技能与现有的就业岗位技能结构错位，造成失业与岗位空缺并存的一种失业现象。结构性失业的产生不是由于劳动力供求总量失衡，而是由于劳动力内部结构失衡。这种失衡需要较长的时间才能得到改善，因此，结构性失业持续的时间较长，对经济社会产生的影响较大。结构性失业通常产生于技术革命、产业结构调整、产品结构调整时期。在这些时期，随着新技术的产生和应用，新兴产业、行业的出现，老的生产技术被取代，一些传统产业遭到淘汰，因此出现产业工人行业性的结构大调整；或者产品更新换代，生产工艺发生变化，职工的传统技能变得落后，需要拥有新技能的工人来代替。因此，生产力的不断发展必然会阶段性地产生结构性失业。搞好职业需求预测和职业技能培训，鼓励劳动力流动，将有利于降低结构性失业对经济的负面影响。

（3）季节性失业。季节性失业是由于季节性的生产或市场的季节性变化等原因引起的生产对劳动力的需求出现季节性波动而形成失业。一些行业由于受生产条件、气候条件的影响具有季节性的特点，造成对劳动力的需求随季节的变化而变化，如农业、旅游业、航运业等；一些行业的产品需求受购买习惯、社会风俗的影响，会产生季节性的变化，如服装业、制鞋业和节日商品生产企业等，从而影响劳动力需求，造成季节性失业。

（4）周期性失业。周期性失业是由于经济运行总是处于周期性的循环状态，从而对劳动力需求产生周期性的波动而形成的失业。当经济运行处于经济周期的低谷时，经济萧条，对劳动力需求不足，造成劳动力供给大于需求，形成失业。周期性失业的成因及造成的经济和社会影响相当复杂，是宏观经济分析的重要课题。

（5）隐性失业。隐性失业是指经济部门中存在着边际生产力等于或小于零的人员的现象。发展中国家的传统农业部门中存在大量的隐性失业现象，原因是发展中国家现代工业部门吸纳农村劳动力的能力有限，庞大的农业人口必须在农业部门就业。我国的农业部门中也存在着明显的隐性失业问题。此外，国有企业在按照市场经济运作方式改制过程中产生大量下岗失业人员，是隐性失业的显性化。

（6）自愿失业。自愿失业是指虽然有就业愿望，但由于才能得不到发挥，或由于兴趣、爱好、工资、保险福利及人际关系等原因自愿放弃就业机会而形成的失业。这部分自愿失业者通常被认为是丧失信心者，需要给予帮助。

3. 经济增长与失业的关系

“奥肯定律”是描述实际产出与失业率之间关系的一个重要定律。奥肯（Okun）研究经济增长与失业率之间关系的出发点是为测度“可能的产出额（Potential Output）”。奥肯认为“可能的产出额”是指“在充分就业条件下整个经济所能生产出来的产出额”，“奥肯定律”即是奥肯用来测量“可能的产出额”的方法。奥肯把失业率作为一个变量，代表由于资源闲置而对产出额产生的影响。他将求出的失业率对自然失业率的偏差导致产出量的损失再加上已达到的实际产出额，作为“可能的产出额”。反过来说，“奥肯定律”反映了失业率给 GDP 造成的损失。

改进后的“奥肯定律”有两种基本形式：

一种认为只要失业率偏离了自然失业率，就会对经济产生负面影响。方程式如下：

$$u=-\alpha X$$

式中　X——产出缺口；

α——系数；

u—失业变化率，且有：

$$u-u^{*}=-\alpha\left(\frac{Y_P-Y}{Y_P}\right)$$

式中　u^{*}——自然失业率。

$$X=\left(\frac{Y_P-Y}{Y_P}\right)$$

式中　Y——实际产出额；

Y_P——可能的产出额。

通过对美国1947年第二季度至1960年第四季度的实际GDP和失业率的变化的分析，奥肯得出$u=-0.3X$，即GDP每增长一个百分点，失业率下降0.3个百分点。

另一种为了避免可能的产出额的误差，将“奥肯定律”表示为：实际产出额在一年内持续高于产出的趋势增长率，则失业率会下降。方程式为：

$$\Delta u=-\alpha X+\beta \quad 或 \quad \Delta u=-\alpha(X-\beta/\alpha)$$

式中　Δu——失业率的变化，即$\Delta u=u-u_{-1}$；

X——产出增长率，用百分数表示，$X=\left(\frac{Y-Y_{-1}}{Y_{-1}}\right)$；

β/α——实际产出的趋势增长率；

α——系数。

运用1962—1988年的数据得到的结果是：$\Delta u=-0.4(X-2.5)$，由此，如果某年的产出增长率为4%，则意味着失业率为0.6%；或者还可计算出，若要使失业率下降1%，则产出增长率应达到5%。

“奥肯定律”给出了一个特定的增长目标对失业率的长期影响。作为一种经验规则，它说明产出增长率与失业率之间是负相关的，并且在美国经济中得到了良好的印证。

第2节　影响就业的主要因素

影响就业的因素主要来自劳动力供给、劳动力需求和劳动力资源配置方式三个方面。在一定时期内，劳动力供给具有相对稳定性，就业主要决定于劳动力需求。劳动力需求派生于产品需求，产品需求主要由宏观经济发展水平和结构决定。因此，影响经济发展和经济结构的因素都会对劳动力需求产生影响，如投资、贸易、资本有机构成等。经济管理体制和政策、就业制度模式则通过影响劳动力资源的配置对就业产生影响。

一、劳动力供给

劳动力供给是指在一定的市场工资率条件下，劳动力供给主体愿意并且能够提供的劳动力投入量，具体包括劳动力供给数量和劳动力供给质量两个指标。影响劳动力供给数量的因素主要是人口和劳动力参与率，影响劳动力供给质量的因素主要是教育和培训。

1. 人口和劳动力参与率

（1）人口。对就业产生直接影响的是劳动年龄段人口规模。根据劳动年龄段人口占总人口的比重，可将一国或一个地区一定时期内的人口分为增长型、老龄型和均衡型。增长型是指 0～15 岁年龄段人口比重大的类型。这种情况下，劳动力供给趋于增长，就业压力也呈增大态势。老龄型是指 60 岁以上人口比重大的类型。这种情况下，人口年龄结构趋于老化，劳动力供给将出现停滞甚至减少的趋势，就业压力就会减小。均衡型是指劳动年龄段人口占合理比重的人口结构。人口结构年轻化和老龄化，都会增大人口赡养系数，表现为现实的劳动力资源不足，使就业者的负担加重。根据 2010 年第六次全国人口普查的数据，我国 0～14 岁人口为 22 246 万人，占总人口的 16.60%；15～59 岁人口为 93 962 万人，占总人口的 70.14%；60 岁及以上人口为 17 765 万人，占总人口的 13.26%。总体上讲，我国人口总量与劳动力人口的矛盾短期内不会改变，就业压力依然很大。

（2）劳动力参与率。劳动力参与率是指经济活动人口占 16 岁以上人口的比例。一般来说，影响劳动力参与率的因素包括：人口的年龄结构、性别结构，工时、工资、社会保险等劳动保障制度，文化教育发展状况，产业结构与产业政策，投资规模和结构等。各种因素对劳动力参与率的影响程度、影响方向都不一样，即使是同样的因素，在经济社会发展的不同阶段，所发挥作用的程度和方向也不一致。一是与其他国家相比，我国内地 2003 年劳动力参与率为 76.2%，这一比例高于我国总体水平，也高于我国台湾地区、香港地区。二是女性劳动力参与率高，并且不受结婚、生育的影响。三是青年劳动力参与率也偏高。

2. 教育和培训

教育和培训是提高劳动力素质和能力的主要途径。教育按照教学目的可以分为普通教育和职业教育，按教学层次可以分为基础教育、初等教育、中等教育和高等教育等。从总体上看，基础教育、初等教育和中等教育是传授青少年将来深造所需的基础理论的教育；普通高等教育是以学科为方向，培养应用型、学科型人才的教育；职业教育是以职业为导向，培养技术员或技术工人的操作型人才的教育。

培训不同于职业教育。职业教育是一种注重工作技能的学制教育，而培训是一种短期的、目的比较直接的学习过程。前者必须有课堂教育，而后者形式多样，不一定有课堂教育。培训按目的可分为就业前培训、在职培训、转岗培训、再就业培训等。

实践证明，教育和培训能够提升劳动者的素质和能力，进而对经济增长产生贡献，因此，教育和培训本身就能扩大就业需求。同时，教育普及水平提高有助于推迟就业年龄，降低劳动力参与率，从而减小就业压力。

二、劳动力需求

劳动力需求派生于产品需求，产品需求主要由宏观经济发展水平和结构决定。因此，影响经济发展和经济结构的因素都会对劳动力需求产生影响。在众多影响因素中，经济发展是根本因素，主要体现在经济增长速度和增长方式两个方面，经济增长对就业的影响表现在总量和结构两个方面。就总量而言，经济增长越快，波动越小，越有利于就业增长。从就业结构来看，一定的经济结构必然会形成相对应的就业结构。

1. 就业弹性

就业弹性是衡量经济总量对就业影响的指标，是指就业增长率与GDP增长率的比值，即GDP增长1个百分点带动就业增长的百分点。就业弹性越大，吸收劳动力的能力就越强，反之则越弱。当就业弹性水平较低时，即使经济保持高增长，也不一定会对就业有较强的拉动。从就业弹性可知经济增长带动就业的比率关系，但在现实的经济运行中，由于受到经济结构、经济增长方式等诸多因素的影响，经济增长与就业之间表现出不同的互动模式，就业弹性的强度和方向也会有所不同。一般情况下，计算公式为：

就业弹性＝就业增长率（%）/GDP增长率（%）

当就业弹性等于1时，说明就业量随着GDP增长而保持同步增长；当就业弹性小于或等于0时，说明GDP增长并不能创造就业岗位，甚至减少了就业岗位。经济结构和劳动力成本等因素决定了就业弹性的变化，我国正处于经济社会发展转型时期，对就业弹性不仅要看到表面数字的变化，还应分析引起变化的深层次原因，统筹考虑经济增长的目标和实现充分就业的需要，以实现经济增长与扩大就业的良性互动。

2. 经济结构

经济结构变化对劳动力需求变化的影响，主要表现为劳动力需求向重点产业转移。从劳动力需求转移的趋势来看，随着经济的发展，劳动力需求重点将从传统的农业部门（第一产业）向以制造业为代表的工业部门（第二产业）转移，然后由工业部门向以服务业为代表的非商品生产部门（第三产业）转移。在经济发展达到较高水平以后，以服务业为代表的非商品生产部门将是劳动力需求的主要部门。据统计，当一国的人均国民收入为500～1 000美元时，第三产业从业人员占就业人口的比重为25%～36%，只有当人均国民收入超过3 000美元时，第三产业从业人员在就业人口中的比重才会有更快增长，逐步超过第一、第二产业比重之和。

3. 技术

企业对生产要素的需求具有“共同性”，即生产要素必须共同使用才能生产商品。作为生产要素中的重要组成部分，技术对劳动力需求的影响非常关键。技术进步主要从两个方面影响就业：①不断改善劳动工具，提高劳动生产率，促进分工协作，推动生产力迅速发展，从而增加就业总量；②提高第一、第二产业的劳动生产率，促进劳动者转向第三产业，改善就业结构。但是，技术进步也会提高资本有机构成，在一定程度上减少劳动力需求，影响就业。

投资、经济结构调整等引起的经济周期波动也是影响劳动力需求的重要因素。

三、劳动力资源配置方式

影响劳动力资源配置方式的根本因素是经济体制及就业制度。在生产力水平一定的情况下，经济体制不同，就业水平就会有所不同。在中国传统计划经济条件下，政府通过计划安排劳动者就业，整个社会的劳动力资源配置按照行政配置规则进行，企业没有自主决定用工的权利，既无法严格按照企业技术特征要求来确定劳动力需求数量和结构，也无法根据经济环境变化按效率原则裁减职工。因此，在计划经济条件下，虽然所有需要就业的人都能够得到安置，避免了就业波动和社会不稳定，但却无法形成长期有效增加就业的稳定的经济增长机制。

在市场经济条件下，企业对劳动者的需求已经成为企业实现利润最大化目标的自主行为。企业可以根据技术要求和经济状况变化，决定劳动力的最佳需求量，实现劳动力的合理配置。然而，现实中的劳动力市场并不是一种完美无缺的资源配置方式，其本身的运行还存在一些难以解决的矛盾，如劳资关系的对立与冲突、市场歧视、就业信息的不完善、流动的盲目性等。因此，需要政府通过设立最低劳动标准、完善社会保障、建立三方协调机制、加强对就业和失业的宏观调控等途径，对劳动市场加以必要的干预。

第 3 节　上海市就业的现状与问题

一、改革开放以来上海市就业状况

1. 上海市人口、经济发展与就业简况

改革开放以来，上海市总人口逐渐增长，已由 1978 年的 1 098.28 万人增至 2012 年年

末的 1 426.93 万人，共增加 328.65 万人，年均增加约 9.67 万人，年均增长率为 7.96%。人口出生率已从 1978 年的 11.3‰下降至 2012 年的 8.51‰，同期人口死亡率由 6.2‰增至 8.25‰，自然增长率由 5.1‰降至 0.26‰。

改革开放以来，上海市经济持续快速健康增长，按当年价计算的国内生产总值由 1978 年的 272.81 亿元增至 2012 年的 20 181.72 亿元。2012 年人均国内生产总值已超过 85 373 美元。随着经济的快速增长，三大产业间的比例趋于合理，1978 年三大产业的比例分别为 4.03%、77.36%和 18.61%，到 2012 年三大产业比例演变为 0.6%、39%和 60.4%，第三产业已经远超过第二产业。

2012 年上海市从业人员在三大产业中所占比重继续呈现“三二一”的格局，即第一产业从业人员快速减少，第二产业从业人员缓慢增加，第三产业从业人员快速增加。2012 年，上海市从业人数增长较多的行业包括农、林、牧、渔业增加 8.42 万人，批发和零售业增加 4.15 万人，公共设施管理业增加 3.97 万人。

数据显示，伴随城市经济结构的调整，上海市部分行业的就业人数呈现快速增长的态势，如 2012 年公共设施管理业就业人口增幅超过一倍，农、林、牧、渔业增幅约为两成，住宿餐饮业从业人员也大幅度增加。

上海市的经济增长状况为解决就业问题奠定了良好的基础，但是由于受经济增长方式、产业结构转换、国有企业改革、农村富余劳动力增加与外来劳动力等诸多因素的影响，上海市的就业形势仍然非常严峻。改革开放以来，上海市的从业人员增长速度较缓（见表 1—1），由 1978 年的 698.32 万人增至 2012 年的 1 115.50 万人，增加了 417.18 万人，年均增长 12.27 万人，年均增长率为 1.43%。

表 1—1　　　　上海市改革开放以来从业人员状况

年份	从业人员（万人）	较上年增长（万人）	增长率（%）	总就业弹性
1978	698.32	18.67	2.75	0.17
1980	730.77	18.18	2.55	0.30
1985	775.53	5.74	0.75	0.06
1990	787.72	2.76	0.35	0.10
1992	806.91	8.78	1.10	0.07
1995	794.19	−55.85	−6.57	−0.47
1998	836.21	−11.04	−1.30	−0.13
1999	812.09	−24.12	−2.88	−0.28
2000	745.24	−66.85	−8.23	−0.76
2001	752.26	7.02	0.94	0.09

续表

年份	从业人员（万人）	较上年增长（万人）	增长率（%）	总就业弹性
2002	792.04	39.78	5.29	0.49
2003	813.05	21.01	2.65	0.22
2004	836.87	23.82	2.93	0.16
2005	863.32	26.45	3.16	0.11
2006	885.51	22.19	2.57	0.12
2007	909.08	23.57	2.66	0.18
2008	1 053.24	144.16	15.86	1.64
2009	1 064.42	11.18	1.06	0.13
2010	1 090.76	26.34	2.47	0.24
2011	1 104.33	13.57	1.24	1.51
2012	1 115.50	11.17	1.01	1.35

注：受统计口径调整影响，某些年份的数据并不具有可比性，如 1999 年以后从业人员数有较大幅度下降，2000 年以前数据为从业人员数，自 2000 年起数据为在岗从业人员数。

2. 上海市就业结构的产业特征

改革开放以来，上海市分产业就业结构逐渐趋于合理，表现为第一产业从业人员趋于减少，第二产业从业人员有所增加，第三产业从业人员大量增加，第三产业已成为吸纳从业人员的主要力量。上海市分产业从业人员数及比例见表 1—2。

表 1—2　　　　上海市改革开放以来分产业从业人员数及比例

年份	第一产业（万人）	第二产业（万人）	第三产业（万人）	第一产业（%）	第二产业（%）	第三产业（%）
1978	240.06	307.48	150.78	34.38	44.03	21.59
1980	212.05	354.83	163.89	29.02	48.56	22.42
1985	126.78	445.38	203.37	16.35	57.43	26.22
1990	87.25	467.08	233.39	11.08	59.30	29.62
1992	77.40	470.77	258.74	9.59	58.34	32.07
1995	78.25	432.57	283.37	9.85	54.47	35.68
1998	104.05	384.88	347.28	12.44	46.03	41.53
1999	92.69	377.28	342.12	11.41	46.46	42.13
2000	88.61	313.45	343.18	11.89	42.06	46.05
2001	87.18	309.91	355.17	11.59	41.20	47.21
2002	84.24	320.93	386.87	10.64	40.52	48.84
2003	73.72	317.12	422.21	9.07	39.00	51.93

续表

年份	第一产业（万人）	第二产业（万人）	第三产业（万人）	第一产业（%）	第二产业（%）	第三产业（%）
2004	67.29	315.97	453.61	8.04	37.76	54.20
2005	61.02	322.33	479.97	7.06	37.34	55.59
2006	55.33	327.63	502.55	6.25	37.00	56.75
2007	53.71	342.75	512.62	5.90	37.70	56.40
2008	49.38	424.16	579.70	4.69	40.27	55.04
2009	48.53	423.03	592.86	4.56	39.74	55.70
2010	37.09	443.74	609.93	3.40	40.68	55.92
2011	37.28	445.08	621.97	3.38	40.30	56.32
2012	45.70	439.96	629.84	4.10	39.44	56.46

第一产业从业人员由1978年的240.06万人减至2012年的45.70万人，减少194.36万人，年均减少约5.72万人，年均下降2.38%。同期第二产业从业人员由307.48万人增至439.96万人，增加132.48万人，年均增加约3.90万人，年均增长1.09%。第三产业从业人员从150.78万人增至629.84万人，增加了479.06万人，年均增加14.09万人，年均增长4.43%。

从改革开放以来的分产业的相对劳动生产率来看，上海市的产业结构与就业结构逐渐趋于合理的状况。第三产业相对劳动生产率自2002年起就低于1，2010年已经降到0.7，近六年平均为0.76，低于发达国家大于或等于1的水平。由表1—2可以分析出，随着上海市产业结构调整与劳动就业体制的深入改革，第二产业的隐性就业人员与冗员得到较为完全的释放，也预示着在以后阶段第二产业释放冗员的压力较小，随着上海市第二产业的进一步发展，第二产业仍有吸纳劳动力的余地，因此在未来解决就业的过程中有必要充分挖掘第二产业吸纳就业的潜力。但是随着产业结构转换与能级提升，第二产业对劳动力素质的要求越来越高，如何努力提升劳动力从业人员人力资本水平是未来促进就业问题的重中之重。

3. 上海市就业结构的所有制特征

1978年至2012年间，上海市国有集体其他经济单位从业人员从425.04万人增至720.59万人，占所有从业人员的比例由60.87%上升至76.30%，随着所有制改革的深化，从业人员的所有制结构也发生相应变化，期间其他所有制单位从业人数迅速增长，其他所有制单位已逐渐成为从业人员就业的主要途径。

随着经济的进一步发展，其他所有制将在吸纳就业方面发挥着越来越重要的作用。在其他所有制单位的从业人员中，城镇私营单位吸纳的从业人员最多，其次为港澳台及外商投资单位，城镇个体单位由于其规模有限，吸纳的从业人员较少。在未来的政策取向上，有必要进一步加大对城镇个体单位的扶持与支持力度，培育积极创业的城市精神，努力发挥城镇个体单位吸纳就业的重要作用。

4. 上海市就业结构的性别特征

受统计数据的影响，在考察就业结构的性别特征时，以女性职工占所有职工的比例为依据。虽然在1978—2002年期间女职工数在所有职工中的比例持续减少，但2003年女职工数在全部职工中的比例升至38.69%，2010年上海市在岗女职工数达到191.58万人，至2010年第六次人口普查占比上升到41.37%。

虽然女性职工在所有职工中的比例与女性从业人员占所有从业人员的比例可能有所不同，但也可以此来判断从业人员的性别结构。第六次人口普查数据显示，女性职工在所有职工中的比例大致体现了男女平等的状况，值得注意的是，受男女职工退休年龄不同的影响，男女职工比例存在一定的差距是正常的。随着经济的发展以及社会上存在的对女性的偏见逐渐消除，女性获得知识的机会与男性愈加平等，女性从业人员相较以前更容易获得就业岗位。但是，随之而来的是更多的对女性就业者的权益保障问题，如何加强对女性从业人员的保护，使女性从业人员获得与男性从业人员相同的待遇，防止性别歧视，是必须认真予以解决的重要问题。

5. 上海市就业结构的年龄特征

这里以2010年第六次人口普查时的数据来考察上海市就业结构的年龄特征，上海市分年龄段人口数见表1—3。2010年15～24岁人口占所有人口的比例为16.25%，其中该年龄段男性人口占所有男性人口的比例为16.16%，女性人口占所有女性人口的比例为16.36%；25～34岁的比例分别为20.41%、20.53%和20.30%；35～39岁的比例分别为8.35%、8.65%和8.02%；40～49岁人口占所有人口的比例为15.98%，男性人口占所有男性人口的比例为16.51%；50～59岁男性人口占所有男性人口的比例为15.23%，40～54岁女性人口占所有女性人口的比例为23.20%。

表1—3　　上海市分年龄段人口数（2010年第六次人口普查数）

年龄（岁）	合计（万人）	比例（%）	男（万人）	比例（%）	女（万人）	比例（%）
0～4	79.33	3.45	42.26	3.56	37.07	3.32
5～9	63.28	2.75	34.04	2.87	29.24	2.62
10～14	55.68	2.42	29.43	2.48	26.25	2.35
15～19	112.12	4.87	57.57	4.86	54.55	4.89
20～24	262.04	11.38	133.97	11.30	128.07	11.47
25～29	257.12	11.17	131.96	11.13	125.16	11.21

续表

年龄（岁）	合计（万人）	比例（%）	男（万人）	比例（%）	女（万人）	比例（%）
30～34	212.81	9.24	111.39	9.40	101.43	9.09
35～39	192.13	8.35	102.58	8.65	89.55	8.02
40～44	187.77	8.16	100.10	8.44	87.67	7.85
45～49	180.07	7.82	95.67	8.07	84.39	7.56
50～54	180.27	7.83	93.26	7.87	87.01	7.79
55～59	172.34	7.49	87.29	7.36	85.05	7.62
60～64	113.83	4.95	58.73	4.95	55.11	4.94
65～69	66.54	2.90	33.87	2.86	32.66	2.93
70～74	52.30	2.27	25.16	2.12	27.14	2.43
75～79	55.51	2.41	24.89	2.10	30.62	2.74
80～84	35.15	1.53	14.71	1.24	20.44	1.83
85～89	17.29	0.75	6.53	0.55	10.76	0.96
90～94	5.23	0.23	1.75	0.15	3.48	0.31
95～99	1.01	0.04	0.31	0.03	0.70	0.06
100 及以上	0.09	0.004	0.02	0.002	0.07	0.00
合计	2 301.92	100	1 185.49	100	1 116.43	100

从各年龄段人口比例可以看出，女性人口比例主要分布在 20～60 岁之间，处于劳动力参与率较高的分布段，因此解决女性人口的就业问题更为紧迫。此外，中青年所占比例较高，由于其以后从业年份较长，因此如何切实提高中青年的就业、创业与职业转换能力显得非常重要。

6. 上海市就业结构的教育特征

根据 2010 年第六次人口普查数据，在上海市每 10 万人口中小学学历的有 13 561 人，初中学历的有 36 519 人，高中学历的有 20 953 人，大学及以上学历的有 21 892 人，大学及以上学历人口占 23.56%，比 2000 年第五次人口普查时的 10%增加了十几个百分点，但是劳动力平均教育水平仍集中在初高中阶段，就业结构的人力资本水平相对较低。上海市历年各级各类在校学生数见表 1—4。

表 1—4　　上海市历年各级各类在校学生数　　单位：万人

年份	高等学校	中等学校	中等专业学校	普通中学	职业学校	技工学校	小学	特殊教育学校
1978	5.06	101.81	1.55	100.26	—	—	87.06	0.18
1980	7.67	71.68	2.81	62.71	0.29	5.87	85.47	0.18

续表

年份	高等学校	中等学校	中等专业学校	普通中学	职业学校	技工学校	小学	特殊教育学校
1985	10.79	63.50	5.92	48.23	4.69	4.66	84.18	0.23
1990	12.13	62.59	6.17	48.31	3.66	4.45	110.19	0.33
1992	11.95	70.84	6.41	54.77	4.90	4.76	113.37	0.38
1995	14.41	96.38	10.85	72.40	8.64	4.49	109.78	0.57
1998	16.51	102.53	12.38	73.85	10.72	5.58	96.14	0.52
1999	18.63	105.66	13.06	76.69	10.21	5.70	87.16	0.53
2000	22.68	105.28	11.89	79.54	8.48	5.37	78.86	0.54
2001	28.00	104.37	12.12	80.23	7.48	4.54	72.28	0.48
2002	33.16	103.59	12.66	78.97	7.56	4.40	67.24	0.55
2003	37.85	100.71	13.69	75.47	7.04	4.51	64.83	0.55
2004	41.75	106.94	14.05	82.78	6.43	3.68	53.74	0.54
2005	42.26	99.24	13.67	77.02	5.76	2.79	53.50	0.52
2006	46.63	92.25	13.70	71.17	5.33	2.05	53.37	0.50
2007	48.49	85.17	12.81	65.60	5.20	1.56	53.33	0.50
2008	50.29	79.97	12.08	61.77	4.80	1.32	59.06	0.51
2009	51.28	77.07	11.50	60.37	4.14	1.06	67.12	0.50
2010	51.57	75.20	10.91	59.44	3.77	1.08	70.16	0.50
2011	51.13	73.96	10.22	59.17	3.52	1.05	73.11	0.49
2012	50.66	73.45	9.88	59.04	3.55	0.98	76.04	0.49

近年来，上海市劳动力人力资本水平有了较大的提升。2010 年上海市具有大学及以上文化程度的人口占 16 岁及以上人口的比重达到 22.82%，比 2000 年的 11.4%提高 11.42 个百分点；高中文化程度人口占 21.84%，下降了 2.06 个百分点；初中文化程度人口占 38.06%，下降了 0.14 个百分点；小学及以下文化程度人口比重为 17.28%，比 2000 年的 5.4%又增加了十几个百分点。虽然高学历人才增加，但小学及以下学历人口的比重有所上升，这说明当前的基础教育任重而道远。

考察历年各级各类在校学生数可以看出，虽然高等学校在校生数有较大增长，但是总数仍不高。此外，技工学校在校生数较改革开放之初有相应减少，职业学校在校生数近年来也呈下降趋势，这无疑对于培养上海市灰领等人才是不利的，不利于提升上海市劳动力总体水平。

7. 上海市就业结构变动的原因分析

就业结构变动是多种因素共同作用的结果，主要因素包括工业化发展阶段、产业结构调整、经济发展重点转换以及就业体制变动等。

工业化是一个国家在经济发展阶段中必须经历的阶段，也是产业结构与就业结构发生较大变化的时期，工业化进程的演变对产业结构与就业结构的演变提出了明确的要求。从当年价计算的产业结构来看，上海市 2006 年至 2012 年间第三产业的比重已超过第二产业，受经济发展与产业转型升级政策的影响，从未来一段时期来看，上海市第三产业比重将持续超过第二产业。

就业结构与产业结构息息相关，工业化发展阶段不仅决定着产业结构的演变，相应也决定着就业结构的演变。除上海市处于相应的工业化发展阶段导致的产业结构演变而决定的相应的就业结构演变外，对于扭曲的产业结构的校正导致的相应的就业结构演变也较为巨大，而且由于扭曲的产业结构演变导致相应的产业结构的大幅调整，也决定了就业结构的相应调整，这既导致了失业人员的增多，也对就业结构转变产生了相应的较大的影响。

上海市在整个经济发展阶段与产业结构调整的过程中，一些优势产业迅速发展，同时这些优势产业的迅速发展也促进了经济发展阶段的进一步深化与产业结构的进一步调整。同时在这些优势产业的发展过程中，金融保险业、房地产业、批发零售餐饮业等第三产业迅速发展，使整个城市向国际大都市与“四个中心”迈进的同时，也相应导致了上海市就业结构的演变。

改革开放以来上海市第一、第二产业从业人员减少，第三产业从业人员增加，以及国有集体经济从业人员减少、其他经济单位的从业人员增加，都与就业体制的变迁具有密切关系，是就业体制变迁的结果。改革开放以来与全国就业体制改革相适应，上海市的就业体制也发生了相应的变革。近年来随着上海市一系列相应的积极促进政策的推出以及社会保障体系的完善，劳动力由第一、第二产业向第三产业转移，而随着经济发展阶段过程中所有制结构的调整与劳动力就业观念的转变，不同劳动力在所有制之间相应的就业状况也发生了变化。

8. 特殊群体就业

（1）失业人员。改革开放以来，随着产业结构转换与就业体制改革，上海市城镇失业人数与登记失业率逐年提高。1999 年前除个别年份，失业率一直在 3%以下，到了 1999 年失业率上升至 3.1%，以后各年失业率逐年上升。“十五”以来，城镇失业率一直在 4%以上，而 2003 年失业率达到 4.9%的历史高位。但到 2012 年年末，城镇失业率有所下降，登记失业人员为 27.05 万人，城镇登记失业率为 4.2%。

2001 年至 2003 年 3 年间城镇平均失业率为 4.7%，城镇登记失业人数由 2000 年的 20.08 万人上升至 2001 年的 25.82 万人，2002 年与 2003 年分别攀升至 28.78 万人与 30.10 万人，到 2012 年失业人数减少至 27.05 万人。

“十五”以来，上海市采取了一系列积极促进就业的措施，这些措施取得了一定的成效，但是由于受政府促进就业政策本身的有限性、经济结构转换继续释放出大量劳动力与劳动力整体素质仍然较低等一系列因素的影响，失业将长期存在。虽然城镇登记失业率被控制在一定范围内，但城镇失业人口将保持一定的上升趋势，努力扩大就业仍是长时期内必须着力解决的重大问题。

（2）外来从业人员。外来从业人员是上海市劳动力供给的重要组成部分，既有力地促进了上海市经济的快速发展，其本身也为上海市创造了大量的就业岗位，而且有效弥补了上海市的老龄化状况。虽然外来从业人员与本地劳动力更多的是互补而非竞争关系，但也确实在一定程度上影响到了本地劳动力的就业，为此上海市采取了一系列限制外来从业人员的措施，如 2013 年 5 月 20 日，市政府第 9 次常务会议通过了《上海市居住证管理办法》，明确居住证采用积分制度，积分指标体系包括年龄、教育背景、专业技术职称和技能等级、在本市工作及缴纳社会保险年限等基础指标，并根据本市经济社会发展状况和人口服务管理需要，设置加分指标、减分指标、一票否决指标。但这些措施并不能有效促进本地劳动力的就业，而且也不利于上海市的经济发展。

2012 年年末，上海市外来常住人口为 960.24 万，占全部常住人口的 40.3%，而外来劳动力则占到上海市全部从业人员的 3/5 左右。按 2001—2003 年平均 GDP 每增长 1 个百分点可带动 6.5 万个就业岗位的计算方法，在这 6.5 万个就业岗位中，本地劳动力为 2.6 万，外来劳动力为 3.9 万，可见外来劳动力在促进上海市经济发展中发挥了重要作用。但在一定程度上也挤占了本地劳动力的就业空间。

外来从业人员不仅能有效地改善本市劳动力的年龄结构，带来大量的廉价劳动力，而且也能弥补本地劳动力年龄老化的情况，有效降低上海市的商务成本，有力地提高城市综合竞争力。更为重要的是，外来从业人员在促进经济增长的同时，也相应地为本地居民提供了相当的就业岗位。客观而言，外来从业人员对于本地居民就业的影响力被人为地扩大，在某种程度上外来从业人员被视为一种难以很好解决本地劳动力就业问题的借口。而外来从业人员与本地劳动力更多的是互补关系，以人为方式排斥外来劳动力，并腾出外来劳动力的就业岗位给本地人的做法，并不能取得良好的效果。解决外来劳动力问题并不是简单地排斥限制，而是应该通过经济增长方式的转型扩大就业岗位，努力提升当地劳动力人力资本水平，并适当提高外来劳动力进入门槛等经济与市场手段，统筹解决当地劳动力与外来劳动力的就业问题。

（3）农村富余劳动力。随着上海市经济的发展与城市化进程的不断加速，农村富余劳动力逐渐增多，就业压力日趋加大，已成为促进就业中必须认真解决的问题。由于农村富余劳动力素质相对处于劣势，而且可供其选择的就业岗位相对较少，其就业问题较城镇就业人员更难以解决。而在目前农村富余劳动力尚未纳入城镇失业体系的情况下，解决其就业问题更加困难。

为解决农村富余劳动力的就业问题，构建城乡一体化的促进就业体制，上海市推出了“两个相同”，即农村富余劳动力享受与城镇劳动力相同的就业服务，以及享受与城镇劳动力相同的优惠措施。为进一步促进农村富余劳动力就业，上海市通过多种形式与途径，加大政策宣传力度，积极引导与推荐农村富余劳动力进入“万人就业项目”岗位；鼓励农村富余劳动力参加各类职业技术培训，提高其就业竞争力与职业转换能力，并结合农村富余劳动力的特点，开展有针对性的创业培训、创业指导与服务，努力激发其创业意识，提高其创业能力，以在农村形成良好的创业氛围。

（4）青年。青年就业也不容乐观，虽然全市登记失业青年总量从“启航计划”实施前的8万人减少到2013年11月底的6.2万人，但是锁定的困难人员中，依然有七成未实现就业。2010年上海市25岁以下的失业人员已超过10万人，接近全市失业人员总数的17%。青年失业问题不仅影响到当期的就业水平，而且由于青年是未来劳动力市场的主体，其当期就业状况与劳动素质如何对未来一段时期的劳动力市场状况与经济发展均有举足轻重的影响，因此能否妥善解决青年就业问题，具有特别重要的长远战略意义。

青年就业的主要问题在于，需要到劳动力市场寻求就业岗位的青年劳动力，并非所有均具备就业岗位所要求的足够的素质。大部分青年劳动力缺乏符合新型产业发展要求的专业技能与职业经历，以致无法满足劳动力市场的要求。

（5）高校毕业生。长期以来，受劳动力市场竞争日益激烈和高校扩招毕业生日益增多的影响，高校毕业生就业越来越困难。在人力资本水平整体较低的情况下，高校毕业生作为素质相对较高的劳动力，对于提升劳动力市场人力资本水平、促进经济发展具有重要作用。

为促进高校毕业生就业，上海市继续推进双证书制度，以努力提升高校毕业生的专业知识与职业技能，不断提高其自身人力资本水平，提高其在人力资本市场上的水平，进而提高其在劳动力市场上的竞争力，努力扩大其就业可能。

三、上海市就业存在的矛盾与问题

改革开放以来，上海市在面临经济发展转型、经济结构调整、国有企业改革与外来从业人员增多等复杂局面的情况下，在解决就业问题方面取得了显著的成绩，但也存在一定的问题。这些问题包括劳动力市场总量性与结构性矛盾并存，劳动力市场有待进一步完善，政府与市场边界不清，政府对劳动力市场的干预导致劳动力市场缺乏足够的弹性，特殊就业群体在劳动力市场竞争日益激烈的情况下就业更趋困难，劳动力素质过低问题在短期内难以妥善解决，在总量性矛盾突出的情况下进一步加剧了结构性矛盾。

1. 劳动力市场存在的亟待解决的问题

（1）良好的就业环境尚未形成。目前上海市尚未形成良好的就业环境，劳动力供给主体与需求主体处于不同等地位的现象仍较严重。用人单位违规现象时有发生，部分企业任意减员、随意中止劳动关系的情况依然存在，现有的劳动保障政策法规有待进一步完善，政策法规的宣传仍需进一步加强。

（2）结构性矛盾仍十分突出。上海市户籍从业人员的素质结构与市场需求之间的差距越来越大，劳动者的职业技能素质难以满足产业升级与技术密集型产业发展的需要。未来几年至少有100万城镇劳动力不能适应上海市新产业的发展要求，同时至少有100万农村富余劳动力需要通过技能提升进入城镇实现非农就业，而且特殊就业群体就业问题仍然困难。

（3）劳动力年龄结构老化，素质较低。上海市劳动力市场存在较为严重的劳动力年龄结构老化现象。2010年，45岁以上劳动适龄人口占全部劳动适龄人口的比重达到23.14%，25～44岁人口的比重由20世纪初的42%下降到36.91%。同时，劳动力技能素质结构严重不适应需求，高技能人才占技能劳动者的比例为27.03%，与国外发达国家的40%相差甚远，而持有学历和技能双证书的劳动者更少。

（4）职业培训有待进一步完善。职业培训的重要性还未真正成为全社会的共识。社会思维定式仍然是重学历、轻技能，而各类培训机构在专业设置上重学科倾向、轻市场导向，培训方式上重理论讲授、轻能力培训，导致与当前劳动力市场的需求和产业的发展相脱节，而且政府购买的培训模式也存在一些导致培训机构重数量而轻质量的问题。

（5）社会保障体系促进就业的重要作用有待进一步发挥。社会保障体系在维护社会稳定方面发挥了重要作用，但在促进就业方面的作用还不足。现有社会保障框架缺乏内在的衔接机制，城乡分割特征明显，机关事业单位与企业的差距较大。由于缺乏信息共享平台，使重复享受与违规享受概率增大，既造成了社会保障功能的缺失，又导致了社会资源的浪费与分配不公平，最关键的是使社会保障体系没能充分发挥对就业的促进作用。

2. 劳动力市场面临的深层次矛盾与问题

（1）解决就业问题还未形成全社会共识。解决就业并不仅仅是劳动部门的职责，而是包括市委、市政府及劳动、人事、教育、财政与其他部门等共同的职责，虽然市委与市政府对解决就业问题给予了足够重视，但是更需要各有关部门协同努力，共同解决就业问题，如各部门政策需要协调一致，教育部门应努力发展教育以提升劳动者人力资本水平来大力促进就业，产业政策与就业政策应协调一致，财政部门对于教育培训与促进就业项目应给予足够的经费支持等。

（2）政府大力推出的公益性岗位只治标不治本。政府部门推出的就业岗位在解决就业问题方面发挥了积极作用，但此类措施只治标不治本。就业问题需要经济发展提供足够的就业岗位予以解决，而不是主要由政府主动创造就业岗位解决。将经济发展转入到创造大量就业岗位的轨道上来，尽量形成实现较充分就业的经济增长，实现就业岗位内生化机制，才是解决就业问题的最根本途径。而正如问题一所言，要实现经济增长方式的转变，并非仅是劳动部门的职责，也非劳动部门所能，需要市委、市政府与各职能部门协同努力，真正转变经济增长方式。实现较充分就业的经济增长既坚持了科学发展观，使广大人民群众从就业中获取收入，也利于启动消费，使投资消费比例合理化，进而促进经济的良性发展，实现经济发展与就业岗位增加的良性互动。

（3）经济发展持续快速增长与就业未能保持相应增长的矛盾。通过经济快速发展创造就业岗位是解决就业问题的关键与核心。在未来一段时期如何实现有利于充分就业的经济增长方式，以及构建内生化就业岗位机制是解决就业问题的关键所在。

（4）经济发展对高素质劳动力的要求与劳动力素质偏低的矛盾。随着经济全球化与科技国际化的加速，产业结构转换与能级提升加快，经济发展对高素质劳动力的需求日渐增多，尽快提高劳动力素质既是促进经济发展也是解决就业问题的必要条件。

（5）控制外来劳动力与国家推进城乡劳动力市场一体化的矛盾。为有效保障本地劳动力就业，上海市采取了一些控制外来劳动力的措施。在国家加快城乡劳动力市场一体化进程的情况下，如何有效解决外来劳动力的问题是上海市必须认真对待的重要问题。

（6）政府干预与发挥劳动力市场作用的矛盾。社会主义市场经济体制要求劳动力市场在配置劳动力资源方面发挥基础作用，但是在2014年2月11日至14日召开的“2014亚布力中国企业家论坛第十四届年会”上，《2013中国企业家生存环境调查》研究报告发布，报告称民企面临缺乏劳动力的难题，政府对市场干涉过多，这既妨碍了劳动力市场的培育与完善，也影响了劳动力市场作用的发挥。如何正确处理政府与市场边界，充分发挥劳动力市场对劳动力资源配置的基础作用，是上海市解决就业问题的重要前提。

（7）户籍劳动力自身能力及就业意识与劳动力市场竞争的矛盾。虽然市场化就业机制已基本形成，但户籍劳动力市场化就业意识并未真正适应劳动力市场的需要，而且其自身素质也难以适应劳动力市场竞争的需要。如何真正改变户籍劳动力的就业意识，并真正提高其就业能力，是必须认真解决的问题。

（8）不同特殊就业群体就业困难。特殊就业群体相对于一般劳动力而言，解决就业问题具有更大的困难，如何真正制定适应不同特殊群体劳动力的就业措施，促进不同特殊就业群体就业，是解决就业问题面临的极大挑战。

（9）对体面就业的不适当过分强调。对体面就业的过度强调，可能会影响到就业。虽然高质量的广就业是努力实现的目标，但在一定阶段内难以实现该目标时，对体面就业的过度强调，势必会影响到就业工作的促进。

第 4 节　上海市失业的现状与问题

一、上海市当前失业形势的现实分析

目前上海市失业问题主要表现为以下三个方面：

1. 城镇失业率呈上升趋势

上海市失业人口已超过 27 万，再就业难度越来越高。2012 年年底，城镇登记失业人员已达到 27.05 万人，失业率在 4.2%左右。以上数据只是劳动部门的统计结果，其中并不包括每年递增的失业职工。在未来几年里，城镇失业率仍将持续缓慢上升。

2. 大规模产业调整阶段，由产业转型带来的富余人员有待向社会释放

计划经济体制下，长期实行“统包统配、一次分配终身”的固定工制的劳动用工制度，使国有企业积存了大量的富余人员。虽然上海市政府自 1997 年颁布《上海市人民政府办公厅转发关于推进本市再就业工程的四个政策意见的通知》以来，一直致力于再就业工程，并取得了一定的效果，加快了将企业富余人员分流安置、推向社会的进程，但实际上国有企业的富余人员并没有完全释放出来，企业内仍存在着大量处于不充分就业状态的富余人员。随着改革和调整的深入，还将有大量的企业富余人员需分流安置，走向社会。

3. 数以万计的新增劳动力需要获得工作岗位

上海市每年有大量的新增劳动力进入劳动力市场，寻找就业岗位，每年有数以万计的毕业生和外来务工人员入沪求职。

二、上海市失业人员再就业难的原因分析

1. 观念问题影响再就业

社会对劳动力的大量需求与失业人员再就业极少的反差比较明显。如上海市对一些领域的劳动力需求量较大，家政服务、环境卫生、商业服务、市场营销、保险业务、保安、旅游业、第一产业等方面能吸纳大量劳动力，但是失业人员再就业人数较少。这主要有以下几个方面的原因：①存在劳动有高低贵贱之分的思想障碍。有的失业人员说：“过去我家请保姆，现在我去当保姆，我才不干。”还有部分失业人员不愿做一些脏、苦、累的工作，他们当中不少人认为“这些活我能干，并且能比外来工干得还要好，但是宁愿少拿钱也不想干”。②存在“眼高手低”的情况。不少失业人员小钱不愿挣，大钱挣不来，从而

失去一些再就业的机会。③对再就业认识片面。绝大部分失业人员认为从事个体经营仍属失业，只有政府重新安排的工作才是就业。

2. 教育或技术水平不高影响失业人员的再就业

在相关调查中调查了失业职工的“教育水平”和“失业前所拥有的技术级别或职称”的情况，根据调查结果可知，绝大多数失业人员是由于文化程度低，适应不了社会竞争、岗位竞争的需要而失业的。与此同时，其自身的知识、技能、年龄的限制等对再就业都有影响，其中最为突出的就是受教育年数，因为失业职工受教育的年数越多，职称或技术级别越高，他们在再就业过程中找工作的困难程度就越低。

思 考 题

1. 什么是就业、失业？就业、失业的类型有哪几种？
2. 影响就业的因素有哪些？
3. 简述《就业促进法》的内容。
4. 上海市特殊群体的就业现状如何？
5. 简述当前上海市的就业现状与问题。
6. 简述当前上海市的失业现状与问题。
7. 上海市失业人员再就业难的原因是什么？
8. 当前上海市劳动力市场面临哪些深层次的矛盾和问题？

2

第 2 章

积极的就业政策

学习目标

通过本章的学习，学生应掌握积极就业政策的概念、积极就业政策的框架和基本内容、上海市促进就业政策的基本内容、“十二五”期间上海市就业的基本情况及因素分析、“十二五”期间上海市促进就业政策的基本内容等。

第1节　积极就业政策概述

一、推进就业工作法制化建设

立法是世界各国促进就业最普遍、最重要的手段。我国宪法和劳动法都对促进就业做出了原则规定，对促进就业发挥了积极作用。但解决我国长期、艰巨而复杂的就业问题，不仅需要有综合法律的原则性要求，更需要有专门的、有具体规定的《就业促进法》。2007年8月30日，第十届全国人民代表大会常务委员会第二十九次会议审议通过了《就业促进法》，并由国家主席胡锦涛签署第70号主席令予以公布，自2008年1月1日起实施。这是我国经济社会生活中的一件大事，是就业工作的一个重要里程碑。该法的实施对建立促进就业的长效机制、推动人力资源社会保障事业全面可持续发展、构建社会主义和谐社会将产生重大而深远的意义。

1.《就业促进法》是促进社会主义和谐社会建设的一部重要法律

就业，不仅是每一位劳动者生存的经济基础和基本保障，也是其融入社会、共享社会经济发展成果的基本条件，因此，就业是民生之本；促进就业，关系到亿万劳动者及其家庭的切身利益，是社会和谐发展、长治久安的重要基础，因此，促进就业是安国之策。就业问题历来是各国经济和社会发展的核心问题之一。我国劳动力资源丰富，劳动力供大于求的格局将长期存在，就业的结构性矛盾越来越突出，新成长劳动力就业、农业富余劳动力转移就业和经济结构调整中失业人员再就业的矛盾交织，使得就业问题具有长期性、艰巨性和复杂性。促进就业是我国长期的战略任务，党的十六届六中全会把实现社会比较充分的就业作为构建和谐社会的重要目标之一。通过法制化的手段确立国家推动经济发展同扩大就业相协调，把扩大就业放在经济社会发展的突出位置，实现社会和谐稳定，是我国做好促进就业工作、构建和谐社会的必然选择和重要内容。

2. 《就业促进法》为我国实施积极的就业政策提供了法律保障

党中央、国务院高度重视就业问题，针对我国的具体情况，借鉴世界各国成功经验，制定和实施了积极的就业政策，通过小额担保贷款、财政贴息、减免税费等措施，积极扶持劳动者自主创业、自谋职业；通过定额税收减免、优惠贷款等措施，鼓励企业吸纳下岗失业人员再就业；通过开发公益性岗位和社会保险补贴等措施，建立健全就业援助制度，帮助困难人员实现就业。2003 年以来，通过实施积极的就业政策，我国在经济发展中实现了新增就业的不断扩大，并基本解决了体制转轨过程中出现的下岗失业人员的再就业问题，有力保持了就业局势的稳定，有效维护了改革发展的稳定大局，为促进经济持续较快增长和社会和谐稳定发挥了重要作用。《就业促进法》将经过实践检验的积极就业政策的措施上升为法律规范，使促进就业的工作机制和工作体系制度化，使促进就业的各项政策措施和资金投入法制化，有利于建立促进就业的长效机制，保障我国积极就业政策的长期实施和有效运行。

3. 《就业促进法》进一步完善了我国的劳动保障法律体系

随着我国城镇化、工业化、市场化和国际化进程的加快，就业工作、劳动关系工作、社会保障工作都出现了许多新情况和新问题，急需形成健全的劳动保障法律体系，使整个劳动保障工作尽快走上法制化轨道。《就业促进法》是我国就业领域的第一部基本法律。它的颁布施行，标志着我国在建设以宪法为依据、以劳动法为基础、以就业促进法和劳动合同法以及正在起草的社会保险法为主干、以相关法律法规为配套的劳动保障法律体系方面，又迈出了至关重要的一步。

二、积极就业政策的基本概念

具有中国特色的积极就业政策是在充分借鉴国内外就业政策和经验做法的基础上形成的，它的基本内涵是在实施宏观经济政策扩大就业机会的同时，采取扶持政策和有效措施，鼓励劳动者自主创业，促进企业吸纳就业，帮助困难群体再就业，缓解就业压力，促进社会和政治稳定。这些政策包括以提高经济增长对就业的拉动能力为取向的宏观经济政策，以鼓励劳动者多渠道就业为取向的扶持政策，以实现劳动力与就业需求合理匹配为取向的人力资源市场政策，以促进高校毕业生、农民工和就业困难群体就业为取向的统筹就业政策，以提高劳动者职业技能为取向的职业培训政策，以减少失业为取向的失业调控政策，以及促进以创业带动就业的政策和与就业联动的社会保障政策等。

实施积极的就业政策，有三个层次的含义：第一个层次，解决就业问题，特别是下岗失业问题，不能只靠失业保险、基本生活保障，而是要积极地、更多更快更好地促进就业；第二个层次，促进就业不仅要千方百计地开发就业岗位，而且要更加注重开发人力资源，提高劳动者的职业能力和就业能力，特别要鼓励和支持创业，推动创业带动就业；第三个层次，也是最高层次，就是把就业从被动适应经济发展的现行格局，转为促进就业和经济发展的良性互动，积极推进城乡统筹，使经济发展能够实现就业的最大化。

第 2 节　积极就业政策的框架和基本内容

一、实施有利于就业增长的经济政策

通过经济发展扩大就业是解决就业和再就业问题的根本措施。积极的就业政策强调，要坚持在发展中解决就业问题，努力实现促进经济增长与扩大就业的良性互动。

1. 促进就业增长的宏观经济政策

促进就业与经济增长是相辅相成的。宏观经济政策应坚持就业优先的原则。要深化经济体制改革，加大结构调整力度，保持国民经济必要的增长速度，扩大就业；要统筹协调产业政策和就业政策，积极鼓励发展劳动密集型产业、服务业，扶持中小企业，多渠道、多方式增加就业岗位；鼓励、支持、引导非公有制经济发展，扩大就业；要加强产业、财政、金融等政策与就业政策的协调，在制定涉及全局的经济社会政策和确定重大项目建设时，把扩大就业作为重要因素考虑，注重提高竞争力，形成新的经济增长点。

2. 发展非公有制经济

非公有制经济是社会主义市场经济的重要组成部分，是增加就业的主要渠道。2005年，国务院制定出台了《关于鼓励支持和引导个体私营等非公有制经济发展的若干意见》(国发〔2005〕3号)，对鼓励发展非公有制经济，开辟就业途径做了明确规定。目前，国家已逐步清理了非公有制经济发展的限制，加大了对非公有制经济的财税金融支持，完善了对非有公制经济的社会服务；同时，还统一了各类企业的税收制度，加大了对私营企业和个人财产的保护，强化了对非公有制企业经营和信贷的服务，非公有制经济的发展环境有了较大改善。

3. 发展劳动密集型企业和产业

在加快经济发展方式转变和推进经济结构调整的过程中，既要注重发展资本、技术和知识密集型产业，又要积极支持发展劳动密集型产业。进一步完善鼓励发展轻工、纺织、建筑等劳动密集型产业的财税、金融等扶持政策，不断形成新的经济增长点和竞争优势，创造更多就业机会。同时充分发挥服务业吸纳就业的优势，大力发展第三产业，特别是大力发展具有增长潜力的社会管理、公共服务、生产服务、生活服务、救助服务等服务业。

4. 发展中小企业

促进中小企业发展，是保持国民经济平稳较快发展的重要基础，是关系民生和社会稳定的重大战略任务。2009 年 9 月，国务院下发了《关于进一步促进中小企业发展的若干意见》（国发〔2009〕36 号），明确要求要营造有利于中小企业发展的良好环境，切实缓解中小企业融资难的问题，加大财税支持力度，加快中小企业技术进步和结构调整，支持中小企业开拓市场，改进对中小企业的服务，提高中小企业经营管理能力，促进中小企业健康发展，切实发挥中小企业吸纳就业的主体作用。

5. 促进跨地区的劳务协作和对外劳务输出

面向国际、国内两个市场，对内鼓励跨地区劳务协作，鼓励就业压力大的地区按市场需求发展接续性产业，组织劳动者转移就业；对外实施“走出去”战略，发挥在对外劳务输出上的优势，努力开拓国际劳务市场。

6. 鼓励主辅分离、辅业改制

鼓励有条件的国有大中型企业在进行结构调整、重组改制和主辅分离中，利用非主业资产和闲置资产，通过多种方式分流和安置企业服务人员，对破产企业利用其有效资产安置职工。

7. 鼓励灵活就业

适应企业用工需求和就业方式的变化，鼓励引导非全日制、非固定单位、临时性、季节性、弹性工作等灵活多样的就业方式。同时，加快完善和实施与灵活就业相适应的劳动关系、工资支付和社会保险等政策，发展劳务派遣、就业基地等组织形式，为劳动者灵活就业提供服务和帮助。

二、实施鼓励劳动者创业的政策

创业是劳动者通过自主创办生产服务项目、企业或从事个体经营实现市场就业的重要形式。劳动者通过创业，在实现自身就业的同时，吸纳带动更多劳动者就业，促进了社会就业的增加。为了鼓励扶持更多的劳动者自谋职业和自主创业，国家实行了税费减免、小额担保贷款、场地安排等多项政策。

1. 税收减免政策

为创业者提供税收扶持，有利于降低创业成本，营造宽松环境，提高创业成功率。政策规定，对在公共就业服务机构登记失业半年以上的人员、零就业家庭、享受城市居民最低生活保障家庭劳动年龄内的登记失业人员、毕业年度内高校毕业生、从事个体经营（除建筑业、娱乐业以及销售不动产、转让土地使用权、广告业、房屋中介、桑拿、按摩、网吧、氧吧外）的，在3年内按每户每年8 000元为限额依次扣减其当年实际应缴纳的营业税、城市维护建设税、教育费附加和个人所得税。与以往政策相比，现行政策有以下两个特点：

（1）体现了对自主创业的支持。考虑到创业初期一般以中小企业和个体经济为主，国家已经出台了一系列税收优惠政策来促进中小企业发展。因此，新的就业税收优惠政策主要针对个体经营，以体现对个人自主创业的支持。

（2）进一步扩大了政策对象范围，体现了对重点群体的扶持。现行税收优惠政策人员范围由下岗失业人员和城镇少数特困群体扩大到纳入失业登记管理体系的人员、下岗失业人员、高校毕业生、农民工、就业困难人员以及零就业家庭、享受城市居民最低生活保障家庭劳动年龄内的登记失业人员等就业重点群体。

为了鼓励更多的劳动者成为创业者，国家还提高了所有纳税人的增值税、营业税起征点。同时，对从事个体经营的随军家属、自主择业的军队转业干部、城镇退役士兵和刑释解教人员，3年内免征营业税和个人所得税；对残疾人个人提供的劳务免征营业税，提供的加工、修理修配劳务免征增值税；对符合条件的小型微利企业，减按20%的税率征收企业所得税。

2. 行政性收费减免政策

现有政策规定，登记失业人员、残疾人、退役士兵以及毕业2年以内的普通高校毕业生，凡从事个体经营的，自其在工商部门首次注册登记之日起3年内免收管理类、登记类和证照类等有关行政事业性收费。

3. 小额担保贷款政策

积极的就业政策规定，符合条件人员自谋职业、自主创业或合伙经营与组织起来就业的，其自筹资金不足部分，在贷款担保机构承诺担保的前提下，可以持相关证明向商业银行或其分支机构申请小额担保贷款。对下岗失业人员合伙经营和组织起来就业的，可根据人数，适当扩大贷款规模。贷款期限最长不超过2年，到期确需延长的，可申请展期1次。对其中从事微利项目的，中央财政据实全额贴息。

根据《就业促进法》的规定，小额担保贷款政策又做了进一步的发展和完善，保持了小额担保贷款政策的连续性、稳定性和可操作性，实现了以下四个方面的创新：

（1）扩大了借款人的范围。持再就业优惠证的人员、军队复员转业人员、到基层创业的高校毕业生，以及其他城镇登记失业人员、就业困难人员均可按规定向经办金融机构申请小额担保贷款。

（2）提高了贷款额度。经办金融机构对个人新发放的小额担保贷款的最高额度由最初的2万元提高到5万元。2009年，为鼓励妇女创业，对女性劳动者小额担保贷款的最高贷款额度提高到 8 万元，对符合条件的妇女合伙人经营和组织起来就业的，人均最高贷款额度提高到 10 万元。2011 年，为鼓励高校毕业生自主创业，对自主创业高校毕业生从事微利项目的，小额担保贷款及贴息额度提高到 10 万元。

（3）允许小额担保贷款利率按规定实施上浮。自 2008 年 1 月 1 日起，经办金融机构对个人新发放的小额担保贷款利率可在中国人民银行公布的贷款基准率的基础上上浮 3%。

（4）改进了财政贴息资金管理。中央财政综合考虑各地财政部门当年小额担保贷款基金的增长和代偿情况等因素，每年从小额担保贷款贴息资金中安排一定比例的资金，作为对地方财政部门小额担保基金的奖补和对小额担保贷款工作业绩突出的经办金融机构、担保机构、信用社区等单位的经费补助。

4. 场地安排政策

为了给劳动者自谋职业和自主创业提供开业及经营场地上的便利，积极的就业政策要求，各级政府及其国土、规划、城管等有关部门要统筹安排劳动者创业所需的生产经营场地，搞好基础设施及配套建设，优先保障创业场地。可在土地利用总体规划确定的城镇建设用地范围内，或利用原有经批准的经济技术开发区、开业园区、高新技术园区、大学科技园区、小企业孵化园等建设创业孵化基地，为进入基地的小企业进行孵化培养，提供有效的培训指导服务和一定期限的政策扶持，增强创业企业的经营管理和市场竞争能力，提高创业稳定率。

三、鼓励企业吸纳就业的政策

企业吸纳是解决就业问题的重要渠道。为鼓励企业吸纳就业，积极的就业政策明确对符合条件的企业实行税收减免、社会保险补贴和小额担保贷款等优惠政策。

1. 税收减免政策

现行政策规定，商贸企业、服务型企业（国家限制的行业除外）、劳服企业中的加工型企业和街道社区具有加工性质的小型企业实体，在新增加的岗位中，当年新招用的持就业失业登记证（注明“企业吸纳税收政策”）人员，与其签订 1 年以上期限劳动合同并依法缴纳社会保险费的，3 年内按实际招用人数予以定额依次扣减营业税、城市维护建设税、教育费附加和企业所得税。定额标准为每人每年 4 000 元，可上下浮动 20%，由各省、自治区、直辖市人民政府根据本地区实际情况在此幅度内确定具体定额标准。

2. 社会保险补贴政策

通过提供社会保险补贴促进就业、再就业，是延续了国有企业下岗职工基本生活保障制度中为再就业服务中心的下岗职工代缴社会保险费的思路，并借鉴了国外一些成功做法而制定的一项扶持政策。积极的就业政策规定，对各类企业招用就业困难人员，签订劳动合同并缴纳社会保险费的，在相应期限内基于基本养老保险、基本医疗保险和失业保险进行补贴。

社会保险补贴实行先缴后补的办法，企业（单位）应按规定及时足额缴纳基本养老保险费、基本医疗保险费和失业保险费，在申报缴费时应将符合享受社会保险补贴条件人员的缴费情况单独列出，季度结束后，按规定向当地人力资源社会保障部门申请，对上季度已缴纳的社会保险费给予补贴。

3. 小额担保贷款政策

积极的就业政策规定，对符合条件的劳动密集型小企业，在新增加的岗位中，新招用符合条件人员达到规定比例的，根据实际招用人数，可提供不超过 200 万元的贷款，贷款期限不超过 2 年。借款人提出展期且符合展期条件的，商业银行可按照有关规定展期一次，展期期限不超过 1 年。

与以往的中小企业担保贷款和下岗失业人员个人担保贷款相比，这项政策有以下特点：

（1）政策对象侧重于劳动密集型和规模较小的企业。使用此项优惠政策的小企业是当年新招用符合条件人员达到企业现有在职职工总数的 30%（超过 100 人以上的企业比例是 15%），且与企业签订 1 年以上劳动合同的劳动密集型小企业。

（2）对贷款经办银行给予更实际的扶持。一方面，给予财政贴息。银行对符合上述条件的小企业发放贷款由财政部门按中国人民银行公布的贷款基准利率（不含利率上浮部分）的 50%给予贴息（展期不贴息），贴息资金由中央和地方财政各负担一半。另一方面，给予手续费补助。地方财政对开办小额担保贷款的经办银行按季度给予手续费补助，补助金额为贷款实际发放金额的 0.5%。

（3）风险分担办法更加明确。银行由于开办对劳动密集型小企业小额担保贷款发生的贷款呆账损失，按照市与区（县）两级财政 8∶2 的比例共同承担。先由政策性担保机构按规定向经办银行代偿，代偿资金由市级中小企业融资担保专项资金予以拨付，其中应由区（县）财政分担的部分，在每年年底由市财政与有关区（县）财政进行结算。

（4）鼓励各级地方财政部门利用小额担保基金为劳动密集型小企业申请小额担保贷款提供贷款担保服务。

四、实施对就业困难人员援助的政策

1. 主要扶持政策

政策包括以下三个方面：

（1）对公益性岗位的社保补贴及岗位补贴。各地政府投资开发的公益性岗位，要优先安排符合岗位要求的就业困难人员就业，并视其缴纳社会保险费的情况，在相应期限内给予基本养老保险、基本医疗保险和失业保险补贴以及适当的岗位补贴。

（2）对企业的社保补贴。对各类企业招用就业困难人员，签订劳动合同并缴纳社会保险的，在相应期限内给予基本养老保险、基本医疗保险和失业保险补贴。

（3）对灵活就业的社保补贴。为帮助灵活就业的就业困难人员实现稳定就业，在明确上述两个方面的同时，就业困难人员灵活就业后申报就业并缴纳社会保险费的，应给予一定数额的社会保险补贴。

考虑到距离法定退休年龄不足5年的就业困难人员年龄偏大，再就业困难，政策规定，对距法定退休年龄不足5年的人员的社会保险补贴和岗位补贴可延长至退休。

2. 政策适用范围

就业困难人员一般指大龄、身有残疾、享受最低生活保障、连续失业1年以上，以及因失去土地等原因难以实现就业的人员。考虑到各地的差异，政策还明确，就业困难人员的具体范围和申请认定程序，由各省、自治区、直辖市人民政府根据本地实际情况规定。

3. 就业援助服务

在明确适用范围和主要扶持政策的基础上，依托公共就业服务机构，实施有针对性的就业援助，帮助就业困难人员提升就业能力、畅通就业渠道。各级公共就业服务机构通常按照登记指导、岗位援助、技能培训、跟踪服务的流程来帮助就业困难人员尽快实现再就业。

五、援企稳岗的政策

2008年下半年以来，国际金融危机对我国企业的影响日益加深，部分企业生产经营遇到困难，其他从业人员难以稳定。2008年年底，人力资源社会保障部、财政部、国家税务总局联合下发通知，采取援企稳岗的政策减轻企业负担，稳定就业局势。

1. 政策的主要内容

政策主要有以下五项内容：

（1）允许困难企业在一定期限内缓缴社会保险费。

（2）阶段性降低城镇职工基本医疗保险、失业保险、工伤保险、生育保险四项社会保险费率。

（3）鼓励困难企业不裁员或少裁员，使用失业保险基金对采取在岗培训、轮班工作、协商薪酬等办法稳定员工队伍并保证不裁员或少裁员的困难企业，支付最长不超过6个月的社会保险补贴和岗位补贴。

（4）鼓励困难企业开展在岗培训，稳定职工队伍，所需资金按规定从企业职工教育经费中列支，不足部分可在严格标准和程序的前提下，由就业专项资金予以适当支持。

（5）妥善解决困难企业支付经济补偿问题。对于困难企业经过多方努力仍不得不实行经济性裁员的，可在企业与工会或职工依法平等协商一致后，签订分期支付或以其他方式支付经济补偿的协议。

2. 政策的适用范围

援企稳岗政策主要适用于困难企业。政策规定，“困难企业”必须同时满足以下四个条件：

（1）受当前金融危机影响面临暂时性生产经营困难但恢复有望的。

（2）已制定稳定就业岗位措施且没有裁员或少裁员的。

（3）生产经营性活动符合国家及所在区域产业和环保政策的（国家限制的行业和企业除外）。

（4）已依法参加社会保险并按规定履行缴费义务的。

除此之外，省级人民政府还可以根据当地实际情况规定其他条件。具体认定条件和范围、数量、比例由省级人民政府在充分考虑基金支付能力，实行总量控制、突出重点、严格把握、动态监管的前提下确定。具体认定工作由统筹地区人力资源社会保障部门会同财政、经贸、国资、税务等部门负责。

3. 政策的相关考虑

援企稳岗政策的实施，一方面考虑到减轻困难企业当期资金压力；另一方面又不能影响各项社会保险基金的当期平衡和长期支付能力，不能影响参保人员的各项社会保险待遇和权益。因此，在政策调整中要求不得降低现有的社会保险待遇，不得出现基金缺口，增加财政负担。目前，全国的基本医疗保险、失业保险、工伤保险、生育保险都有较多的结余基金，可以确保职工各项社会保险待遇不受影响。同时，关于缓缴，严格界定了困难企业的条件，严格规定了批准困难企业缓缴社会保险费的前提条件和缓缴期限，明确最长不超过 6 个月。关于降低费率，必须是四项社会保险基金结余较多的统筹地区，在保证当前和今后一段时期的支付需求的前提下再做降低费率的安排。关于使用失业保险基金对企业给予社保补贴和岗位补贴，也是以保证基金正常的支付能力为前提的。

六、加强公共就业服务的政策

1. 强化公共就业服务体系

《就业促进法》规定，县级以上人民政府应建立健全公共就业服务体系，设立公共就业服务机构，为劳动者免费提供下列服务，包括就业政策法规咨询，职业供求信息、市场工资指导价位信息和职业培训信息发布，职业指导和职业介绍，对就业困难人员实施就业援助，办理就业登记、失业登记等事务，以及其他公共就业服务。积极的就业政策进一步明确，县级以上人民政府要建立健全公共就业服务体系，规范公共就业服务机构，明确服务职责和范围，合理确定各级服务机构的人员编制，加强能力建设，并将经费纳入同级财政预算，保障向劳动者提供免费的就业服务。同时，还应积极推进街道社区基层平台建设。

2. 购买职业中介机构服务成果

在强化公共就业服务的同时，积极的就业政策也通过职业介绍补贴的办法，鼓励各类职业中介机构开展就业服务工作。政策规定，各类职业中介机构为登记失业人员提供就业服务并促进其就业的，按规定给予职业介绍补贴。各类职业中介机构可按经其免费职业介绍服务后实际就业的人数，向当地人力资源社会保障部门申请职业介绍补贴。

3. 促进人力资源市场健康发展

加强就业管理，规范人力资源市场秩序，是做好就业工作的重要内容。积极的就业政策规定，要深化人力资源市场制度改革，打破城乡、地区分割，规范人力资源市场秩序，定期开展人力资源市场清理整顿活动，加强对各类职业中介行为的监管，严厉打击违法乱纪行为，规范劳动者求职、用人单位招工和职业中介行为。同时加强劳动保障执法监察工作，切实维护城乡劳动者的合法权益。

七、强化职业技能培训的政策

1. 职业培训补贴政策

积极的就业政策规定，对失业人员、符合条件的进城务工农村劳动者参加职业培训的，给予职业培训补贴。对就业困难人员、进城务工农村劳动者通过初次职业技能鉴定（限国家规定实行就业准入制度的特殊工种），取得职业资格证书的给予一次性的职业技能鉴定补贴。为落实职业培训补贴政策，近年来，各地人力资源社会保障部门面向全社会各类教育培训资源，通过招投标的方式，公开认定了一批培训质量较好、培训促进就业效果较为显著的教育培训机构作为再就业培训定点机构，组织开展多层次、多方式的再就业技能培训。同时，建立完善政府出资购买培训成果机制，根据培训质量和培训后就业情况，给予相应的职业培训补贴，引导培训机构根据市场需求和就业需求，提高培训的实用性和有效性，帮助劳动者提升职业技能。

2. 特别职业培训计划

为应对国际金融危机对我国经济的影响，保持就业局势的稳定，充分发挥职业培训对促进全方位就业和服务经济稳定发展的重要基础作用，2009 年，人力资源社会保障部、发展和改革委员会、财政部联合实施了特别职业培训计划。围绕受金融危机影响的各类劳动者的需求，利用两年的时间，依托技工院校和各类职业培训机构，大力开展有针对性的技能培训，扩大培训规模，延长培训期限，加大培训投入，提升培训能力，进一步提高劳动者的就业、再就业和创业能力。重点开展以下四类培训：

（1）集中对困难企业在职职工开展技能提升培训和转岗转业培训，帮助其实现稳定就业。

（2）对失去工作返乡的农民工开展职业技能培训或创业培训，促进其实现转移就业或返乡创业。

（3）对失业人员（包括参加失业登记的大学毕业生、留在城里的失业农民工）开展中短期技能培训，帮助其实现再就业。

（4）对新成长劳动力开展储备性技能培训，提高其就业能力。

八、加大就业专项资金投入的政策

促进就业、再就业的主要政策措施都需要资金支持，确保资金的及时足额到位，是落实政策的关键。《就业促进法》和中央有关文件对就业专项资金的筹集、使用、管理做了具体规定。

1. 就业专项资金的筹集安排

就业专项资金的筹集主要有两条渠道，其中财政安排是主要渠道。《就业促进法》规定，国家实行有利于促进就业的财政政策，加大资金投入，改善就业环境，扩大就业。县级以上人民政府要根据就业状况和就业工作目标，加大资金投入，在同级财政预算中安排就业专项资金用于促进就业工作。2003 年起，各级财政开始安排就业补助专项资金，主要用于促进下岗失业人员就业和再就业。2003—2010 年，各级财政共筹集就业专项资金 2 652 亿元，其中中央财政拨款 1 374 亿元。

在加大财政投入的同时，失业保险基金也是就业专项资金的重要来源。《失业保险条例》规定，失业保险基金可以用于领取失业保险金期间的失业人员接受职业培训和职业介绍的补贴。

2. 就业专项资金的使用管理

为加强就业专项资金的使用管理，提高资金使用效益，根据《就业促进法》和国务院有关文件，2011 年 5 月，财政部、人力资源社会保障部联合下发了《关于进一步加强就业专项资金管理有关问题的通知》（财社〔2011〕64 号），对就业专项资金使用管理等问题做了明确规定。

（1）进一步明确了资金使用范围。就业专项资金用于职业介绍补贴、职业培训补贴（含劳动预备制培训生活费补贴）、职业技能鉴定补贴、社会保险补贴、公益性岗位补贴、就业见习补贴、特定就业政策补助、小额贷款担保基金和小额担保贷款贴息，以及扶持公共就业服务等。此外，政策还规定了其他支出，包括就业失业登记证工本费以及各省级人民政府批准，报财政部、人力资源社会保障部备案的确需新增的项目支出。

（2）进一步明确了资金补贴对象。积极的就业政策是一个多层次的政策体系，各项具体的扶持政策和补贴资金都针对特定的扶持对象。其中，职业介绍补贴的对象包括所有的登记失业人员和进城务工的劳动者。职业培训和职业技能鉴定的补贴对象包括城镇登记失业人员、农村转移就业劳动者、毕业年度高校毕业生、城乡未继续升学的应届初高中毕业生。社会保险补贴和公益性岗位补贴主要解决就业困难人员的就业和社会保险接续问题。

（3）进一步明确了资金补贴方式。其中，职业介绍、职业培训补贴资金实行与就业效果挂钩的机制，对职业中介机构提供的免费服务，按免费职业介绍后实际就业的人数给予职业介绍补贴；对经各类职业培训机构培训，通过职业技能鉴定，取得初级以上职业资格证书以后（未颁布国家职业技能标准的职业应取得专项职业能力证书或创业培训合格证书）一定时间内实现就业的人员，可给予职业培训补贴。另外，职业技能鉴定补贴也实行与鉴定成果挂钩的机制。社会保险补贴资金实行先缴后补的办法，保证被企业吸纳或灵活就业的就业困难人员的社会保险费真正按时足额缴纳。

3. 就业专项资金的监督检查

就业专项资金不仅要筹集到，还要管好用好，加强对就业专项资金的监督检查是积极就业政策实施的重要内容。

（1）健全规章制度和基础管理工作。财政部、人力资源社会保障部《关于进一步加强就业专项资金管理有关问题的通知》明确规定，就业专项资金必须坚持专款专用的原则，严格按照规定的范围、标准和程序使用，不得用于部门或单位人员经费、公用经费、差旅费、会议费等，严禁用于或变相用于房屋建筑物构建、租赁，交通工具购置等各项支出。要求各级财政、人力资源社会保障部门建立健全财务管理规章制度，强化内部财务管理和审计监督。近年来，人力资源社会保障部也多次下发通知，要求各地加强资金监管，建立健全资金拨付管理制度，资金使用监督制度，资金拨付公示制度，资金支出结果报告制度，资金监督管理质询、问责和跟踪反馈制度。同时，建立和完善职业介绍补贴、职业培训补贴、社会保险补贴等各项就业专项资金发放台账，加强基础管理。

（2）接受广大人民群众和社会各界监督。通过加大政策宣传，使群众充分了解并运用好政策，监督政府落实政策。同时还要求，每年年终，各地人力资源社会保障部门要通过适当方式向社会公开本地上一年度各项就业专项资金的使用管理情况，接受社会监督。

（3）加强多种形式的监督检查。对就业专项资金通过自查和外部检查等方式，保证资金使用的安全性、规范性和有效性。各级财政、人力资源社会保障部门要定期向上级部门报告就业再就业人数、就业补助资金使用管理等有关情况，并定期或不定期对就业资金进行全面或专项检查，一些地方还外聘会计事务所、审计事务所等专业机构，核查资金使用情况。此外，还要接受监察、审计等部门的监督检查。

九、搞好失业调控和治理的政策

促进就业和治理失业是政府的重要职责。在通过发展经济、实施积极的就业政策扩大就业的同时，也要采取有效措施，综合运用法律的、经济的和必要的行政手段，从源头上调控失业，预防失业人数总量增长过快、失业人员过于集中、长期失业人员比重偏大等问题，缓解失业引发的各种矛盾，把失业造成的危害减少到最低。为实现这一目标，积极的就业政策要求做好以下几个方面的工作：

1. 加强失业调控

结合国民经济和社会发展计划中控制失业率的目标和本地区实际情况，建立失业预警机制，逐步健全失业检测体系，合理确定失业预警线，制定应急预案，采取调控措施，应对可能出现的就业局势不稳定问题。将城镇登记失业人员数量控制在合理范围内，努力减少长期失业人员数量，避免失业群体过于集中。对因国内国际经济形势发生重大变化直接影响就业的行业和企业，以及失业压力大的困难地区、困难行业，要加强失业预警，指导做好失业调控工作，保持就业局势的稳定。

2. 稳步推进国有企业重组改制和关闭破产工作

国有企业重组改制和关闭破产工作涉及的职工安置任务相当繁重，因此应严格审核并监督落实职工安置工作方案，规范企业操作行为，维护职工合法权益。职工安置工作方案需经企业职工代表大会或职工大会讨论通过，凡职工安置工作方案和社会保障不明确、资金不落实的企业，不得进入重组改制和破产程序。要严格把好事前、事中、事后几个过程中的关键环节，做好法规政策宣传，加强对职工安置工作的监督指导，落实职工安置工作方案，做好职工分流安置和社会保障工作。同时，要将分流安置的人员纳入当地就业、再就业工作总体计划，落实相关政策，促进其再就业。

3. 规范企业裁员行为

为维护职工合法权益，防止企业大规模集中裁员，减轻失业压力，积极的就业政策规定：

（1）正常生产经营的企业成规模裁减人员，人员裁减方案要经职工代表大会讨论。凡不能依法支付解除劳动合同的经济补偿金并妥善解决企业拖欠职工债务的，不得裁减人员。

（2）企业一次性减员超过一定数量和比例的，要事前向当地政府报告。

（3）企业所有者和经营者要树立社会责任意识，加强集体协商制度建设。通过政府、企业和职工三方协商机制，协调好企业和职工利益，增强职工就业的稳定性。

十、形成社会保障与促进就业联动的政策

社会保障政策对就业有着直接而重大的影响。通过政策引导帮助更多的劳动者实现就业，提高生活水平，是处理社会保障与促进就业关系的正确方向。为了有效衔接社会保障与促进就业的关系，每一轮积极的就业政策都强调，要进一步完善社会保障制度，建立与促进就业的联动机制。

1. 建立社会保障与促进就业的联动机制

主要有两方面工作：一方面，要合理确定失业保险和城市居民最低生活保障水平，拉开最低工资标准、失业保险标准、城市居民最低生活保障标准之间的距离，分清层次，相互衔接，形成合理配套的标准体系；另一方面，要推动形成促进就业的激励约束机制。严格失业保险金、城市居民最低生活保障金的申领条件和程序，在准确区分申请人员有无劳动能力的基础上，将申领条件与接受职业介绍、职业培训以及参加公益性劳动的情况挂钩，逐步形成促进就业的政策导向。

2. 加强社会保险关系转接

（1）处理好下岗失业人员离开企业和实现再就业两个环节上的社会保障关系接续。一方面要处理好下岗失业人员离开企业时的社会保险关系。下岗失业人员离开企业时，其过去的社会保险缴费年限和个人账户继续保留，企业和个人欠缴的社会保险费要一次性补缴。对接近内部退休年龄的下岗职工，经企业与职工协商一致，在解除劳动关系时，可以签订社会保险缴费协议，继续参加养老保险并按退休年龄后实际缴费年限合并计算；未继续参加养老保险中断缴费的，达到退休年龄后按实际缴费年限计发基本养老金。另一方面要处理好下岗失业人员实现再就业时的社会保险关系。下岗失业人员由企业招用再就业的，由新的用人单位和职工个人按规定继续缴纳社会保险费；自谋职业和灵活就业的，可以按照个体工商户参保办法参加养老保险。对尚未纳入基本医疗保险范围的下岗失业人员，实施社会医疗救助。

（2）解决统筹协调问题。这包括地区之间的统筹协调，2009 年年底，国务院办公厅发布了《城镇企业职工基本养老保险关系转移接续暂行办法》（国办发〔2009〕66 号），解决了跨地区就业的劳动者基本养老保险关系的转移接续问题。人力资源社会保障部、卫生部、财政部还出台了《流动就业人员基本医疗保障关系转移接续暂行办法》（人社部发〔2009〕191 号），解决了流动就业人员的医保转接问题。同时，还要解决城乡之间的统筹协调问题。

第3节 上海市促进就业政策的基本内容

一、上海市促进就业的若干规定

2005年12月29日，上海市第十二届人民代表大会常务委员会第二十五次会议通过《上海市促进就业若干规定》，主要内容有：

1. 增加就业途径，扩大就业规模

将促进劳动者就业作为调整经济结构、制定产业政策和编制城市规划时统筹考虑的重要因素，按照劳动者自主就业、市场调节就业与政府促进就业的方针，实行城乡一体的促进就业政策，通过发展非全日制就业、劳务派遣、非正规就业、自谋职业等灵活多样的就业形式，增加就业途径，扩大就业规模。通过规定最低工资标准、发布工资指导价位、调整社会保险政策和建立保证工资发放，预防、解决欠薪的机制等措施，保障劳动者的合法权益。

2. 建立政府促进就业责任考核制度

上海市人民政府应当将增加就业岗位、控制失业人数、落实促进就业政策、促进就业资金投入等指标，列入对区（县）人民政府及相关行政部门年度工作考核的内容。

3. 建立促进就业工作联席会议制度

上海市、区（县）人民政府应建立促进就业工作联席会议制度。通过联席会议定期研究促进就业工作，协调、完善与促进就业相关的重大政策，指导并督促促进就业政策的落实。市人民政府在制定和调整与促进就业有关的重大政策时，应当听取工会和企业等方面的意见。各级人民政府应当支持工会、共青团、妇联等群众团体做好促进就业工作。

4. 建立公益性的公共就业服务机构

上海市、区（县）、乡镇人民政府和街道办事处应建立公益性的公共就业服务机构，为上海市的劳动者提供免费的职业介绍、职业指导、培训指导、开业指导以及受理申领失业保险待遇事项等服务；为本市的用人单位提供免费的招聘信息发布、用工指导、招退工登记备案等服务。乡镇、街道公共就业服务机构应根据本辖区居民委员会、村民委员会的实际情况设置就业援助员，为劳动者就业提供服务。

5. 制订职业培训和职业学校教育计划

上海市人民政府的劳动保障、教育等有关职能部门应根据各阶段的就业状况和产业发

展趋势，定期向社会发布职业供求、职业培训、工资指导价位等劳动力市场信息，制订与劳动力市场需求相适应的职业培训和职业学校教育计划。市劳动保障部门应当会同市有关部门确定职业培训经费补贴的职业目录，制定补贴的标准。职业培训经费补贴的职业目录和标准定期向社会公布。

6. 推行青年职业见习制度

上海市政府通过提供职业见习补贴等措施，鼓励符合条件的用人单位为青年提供职业见习岗位。

7. 实施职业资格证书制度

涉及公共安全和人身安全的职业（工种），用人单位应当从取得相应职业资格证书的人员中录用。鼓励本市企业或者行业组织制定岗位技能规范或者要求，实行岗位培训，提高员工素质和生产服务水平。

8. 鼓励和引导劳动者组成非正规就业的劳动组织，采取多种宣传教育形式

劳动者可以采取灵活的方式自愿组成非正规就业的劳动组织，从事以适应社区服务需要为主的小规模经营活动。经政府认定的非正规就业的劳动组织可以在规定的期限内享受优惠扶持政策。各级人民政府有关职能部门应当采取多种宣传教育形式，引导劳动者树立适应市场需求的就业观念，通过多种途径实现就业；引导学校和用人单位增强社会责任意识，采取措施稳定就业岗位。各类学校应当将培养学生实践能力纳入素质教育的内容。高等院校、中等职业学校应当根据市场需求状况，调整专业和课程设置，开展就业指导，提高学生就业能力。

9. 鼓励自主创业和建立小企业信用担保体系

上海市政府和各区（县）人民政府通过优化创业环境，为自主开业的劳动者提供下列服务：

（1）开业培训。

（2）开业场地方面的扶持。

（3）市场信息、风险防范和政策等方面的咨询。

积极推进和组织建立小企业信用担保体系，建立小额贷款担保基金，对劳动者自主开办小企业或者非正规就业的劳动组织，给予开业贷款担保和贴息。对当年新吸纳本市劳动者再就业的用人单位或者从事个体经营的劳动者，可以按照有关规定减免税收或者行政事业性收费。对从事非正规就业的劳动者，应当按照本市的有关规定将其纳入社会保险范围，并实行相应的扶持政策。

10. 扶持、组建公益性劳动组织，帮助就业困难人员

上海市各级人民政府扶持、组建的公益性劳动组织，开发的公益性岗位，应当主要用于安排就业愿望迫切但难以通过市场实现就业的本市就业困难人员，并予以必要的就业保障。就业困难人员在公益性劳动组织从事公益性岗位的劳动，由政府给予岗位工薪补贴和社会保险费补贴。由公共财政出资或者实行公共政策所形成的劳务岗位，应当优先提供给就业困难人员。

11. 加强对劳动力市场的监督管理

劳动保障部门应当加强对劳动力市场的监督管理，加强对用人单位执行国家和本市有关劳动合同、劳务派遣、劳动标准、工资支付、社会保险费等规定的监察。

用人单位应当如实提供招聘信息，不得以性别、年龄等为由拒绝录用应聘者。用人单位使用劳动者，应当执行国家和本市有关劳动合同、劳动标准、社会保险费等方面的规定。

职业介绍机构应当按照诚实信用的原则，开展职业介绍等中介活动，不得提供虚假信息，不得以职业介绍为名牟取不正当利益。

职业培训、失业保险、公共实训、公共就业服务等机构应当按照本规定做好各项就业服务工作，对违反本规定不履行职责的，由市或者区（县）劳动保障部门责令改正；情节严重造成后果的，由其所在单位或者上级主管部门追究有关责任人员或者负责人的行政责任。

职业介绍机构违反本规定第二十二条第三款的，由市或者区（县）劳动保障部门责令改正，没收违法所得，并处 1 万元以上 3 万元以下罚款；情节严重的可以吊销许可证，并提请工商行政部门依法吊销其营业执照；对当事人造成损害的，应当承担赔偿责任。

二、上海市企业吸纳就业补贴优惠政策

2014 年 3 月 31 日，上海市人力资源和社会保障局、上海市财政局发布《关于调整本市用人单位吸纳“就业困难人员”一次性补贴标准的通知》，进一步加强了本市的就业促进工作。相关事项通知主要有三条：

一是适当提高本市用人单位吸纳“就业困难人员”一次性补贴标准，吸纳的“就业困难人员”属于城镇登记失业人员或者农村富余劳动力，且按规定缴纳了城镇职工社会保险的，补贴标准调整为每人每年 16 000 元；属于协保人员的，补贴标准调整为每人每年 8 000 元。

二是本次调整所需资金从失业保险基金中列支。

三是本次就业扶持政策补贴标准调整从 2014 年 4 月 1 日起实施。上海市人力资源和社会保障局、上海市财政局《关于调整本市有关就业扶持政策补贴标准的通知》（沪人社就发〔2012〕36 号）与本通知不一致的，按照本通知执行。

三、青年就业“启航计划”

2012年3月，经市政府同意，上海市启动了扶持失业青年就业的“启航计划”，推出了“五个一”专项举措，即建设一个长期失业青年信息库、建立一支“启航导师”队伍、探索一套适合青年人的职业指导模式、帮助失业青年编制落实一份有针对性的就业计划书以及开展一系列专项活动。

以浦东新区“启航计划”为例。2012年4月20日，浦东新区举行促进青年就业“启航计划”启动仪式，在陆家嘴社区启动试点“就业导航快线”活动。该社区的失业青年自4月20日起即可足不出户，在家上网接受自助式的职业指导。

浦东新区青年“启航计划”主要针对区内7 900名有就业意向的青年，结合部分青年经验少、技能弱、就业不主动、社会适应能力弱等问题，通过建立失业青年资源库、组建青年导师团，实施青年职业导航、职业能力培训计划、网络在线自助职业指导服务三套适合青年的职业指导模式，全力帮助失业青年重返工作岗位。

2012年，浦东新区“启航导师”为失业青年开展“三个一次”服务，即上门或约见面谈一次；指导一次，开展一次针对性指导；回访一次，了解青年求职和就业情况，总结分析原因。每名“启航导师”与10名有需求的长期失业青年结对，提供个性化指导和跟踪服务。

第4节 “十二五”期间促进就业政策

一、“十二五”时期上海市就业发展面临的形势

“十二五”时期是上海市全面落实科学发展观、加快实现“四个率先”、加快建设“四个中心”和社会主义现代化国际大都市的关键时期，目前上海市的就业面临机遇与挑战并存的局面。

1. 有利条件

（1）市委、市政府高度重视，全社会广泛认同。根据中央的决策部署和本市经济社会协调发展的客观需求，市委、市政府一直将推动民生持续改善作为促进经济社会协调发展的重要举措加以谋划和部署。2008年，市委将促进创业带动就业、健全社会保障资金可持续发展机制列入推进上海市经济社会建设的重大课题。2009年，在国际金融危机的形

势下，市委、市政府做出了“四个确保”的决策，其中“确保民生持续得到改善”“确保社会和谐稳定”，进一步凸显了就业和社会保障工作的重要性。本市各级人大代表、政协委员积极建言献策，与就业和社会保障相关的提案、议案和建议一直保持较大比重，体现了广大市民和社会各界对民生保障和相关工作的新需求、新期待。

（2）转方式、调结构、促发展，就业和社会保障事业发展的积极效应进一步显现。中央和市委、市政府多次明确，保障和改善民生是加快转变经济发展方式的根本出发点和落脚点。在转方式、调结构过程中，就业和社会保障等民生建设必将得到更大的关注与支持。同时，一些新兴产业的发展与大型项目的建设，如“后世博”对会展等产业的拉动、“迪士尼”项目的推进、城镇化和轨道交通建设的加快，都将带来就业岗位的有效增长。“十二五”时期，本市经济将保持平稳增长，这是本市就业和社会保障事业稳步发展最重要的保证。

（3）事业发展的基础进一步夯实。“十一五”期间，上海市积极与国家新出台的一系列法律法规和政策措施相衔接，结合上海市实际，构建起创业扶持、职业介绍、职业培训、就业援助等就业扶持政策体系，实现基本社会保障制度基本全覆盖，劳动关系协调能力进一步增强，就业和社会保障事业发展的体制机制更加健全。同时，就业和社会保障信息化程度较高，多层次的管理体系相对健全，尤其是随着大部门体制的落实，各级人力资源社会保障部门全面组建，这些都成为“十二五”期间就业和社会保障事业科学发展的有力保障。

2. 不利因素

（1）就业形势依然不容乐观。一是就业总量矛盾不容忽视。“十二五”期间，上海市经济虽保持稳定，但增长速度有所放缓，对就业岗位的增加产生不利影响。而同期新成长劳动力和户籍人口机械增长带来的劳动力供给，则较“十一五”期间有明显上升，再加上结构调整中从业人员的转岗压力，劳动力供大于求的状况依然存在。二是就业结构矛盾进一步凸显。现有劳动者素质不适应转方式、调结构的矛盾客观存在，需要积极应对。三是部分群体就业压力仍然较大。高校毕业生的就业压力难以在短期内得到缓解，困难人员特别是零就业家庭的就业安置任务始终存在，农民工的就业与技能提升问题日益成为促进就业的新挑战。随着上海市新城和大型居住社区的建设，通过发展适应性产业，帮助居民就地就近就业，也将成为需要认真解决的问题。

（2）社会保障体系有待进一步完善。《中华人民共和国社会保险法》的颁布，为上海市社会保障体系建设提供了法律依据，但上海市各项基本社会保障制度在与之衔接的过程中又将面临一些矛盾。原有城乡二元结构问题尚未根本解决，本市户籍人员与农民工的新二元结构对现有社会保障体系与制度的挑战又摆在面前。本市户籍人口老龄化程度仍在不断加深，市民的民生保障需求不断增长，老年护理保障缺失的问题进一步凸显。此外，在基本养老保险全国统筹尚未实现的情况下，解决保障资金可持续难题的任务更加紧迫，需要有更新的举措。

（3）发展和谐劳动关系任务艰巨。发展和谐劳动关系是推进社会管理及其创新的重要内容，需在实践中积极探索。劳动关系的和谐既要有利于经济发展，又要切实保障劳动者的合法权益。现阶段，上海市部分附加值较低的产业、企业难以迅速调整，而部分劳动者的利益诉求逐步超越了这些行业、企业的承受能力，这成为当前政府协调劳动关系的难点所在。劳动者在增强维权意识的同时，也时常引发突破法律和社会秩序承载力的群体性、突发性事件，导致劳动关系矛盾激化，因此需要建立更有效的预警和应急处置机制及时干预、迅速平息。劳动争议案件仍高位运行，现有调解仲裁体制机制仍需进一步完善。单位劳动用工不规范，尤其是大量劳务派遣用工的存在，有可能成为劳动关系的隐患。

二、“十二五”期间促进就业的总体指导方针

“十二五”期间上海市促进就业的总体指导方针为以科学发展为主题，以保障和改善民生为根本目的，继续实施积极的促进就业政策，着力发展和谐劳动关系，努力实现就业新发展，让改革和发展的成果更多更好地惠及广大市民，为本市加快转变经济发展方式、推进建设“四个中心”和社会主义现代化国际大都市做出应有的贡献。主要应坚持以下四个原则：

1. 坚持以人为本

以解决人民群众最关心、最直接、最现实的利益问题作为事业发展的出发点和落脚点，主动问政于民、问计于民、问需于民，提供有针对性的就业服务。

2. 坚持城乡统筹

坚持公平原则，确保城乡劳动者享受均等化的公共就业服务，为其创造平等的就业机会。

3. 坚持“保基本”

在就业方面，“保基本”就是要创造公平、有序的市场环境，为困难人群提供必要的就业援助和服务。

4. 坚持为转变经济发展方式服务

通过扩大就业，有效增加可支配收入、改善收入预期、增强市民消费信心。通过普遍提高劳动者素质，适应新一轮产业发展和结构调整。通过发展和谐劳动关系，促进企业发展，保障职工权益，维护社会稳定，为转方式、调结构、促发展营造良好环境。“十二五”时期上海市就业发展主要指标见表2—1。

表 2—1　　“十二五”时期上海市就业发展主要指标

类型	指标名称	“十二五”目标
促进就业	城镇新增就业岗位	每年不低于 50 万个
	城镇登记失业率	4.5%以内
	高技能人才占技能劳动者比重	30%

三、“十二五”期间促进就业的途径

“十二五”期间促进就业的途径大致可分为六部分，即政府转型、就业促进、职业培训、监督调控、管理服务与结构调整，此外也需要努力发挥社会保障体系对就业的促进作用。

1. 政府转型

进一步加强政府主导的促进就业的社会责任。继续将增加岗位和控制失业作为各级政府的重要责任，充分发挥促进就业工作联席会议的作用，确保促进就业目标的分解和政策落实。推动企业增强社会责任感，积极发挥稳定就业岗位、增加就业机会的重要作用。积极调动社会各方力量，充分发挥工、青、妇等社会团体及新闻媒体的作用，努力营造全社会共同促进就业的良好氛围。

（1）转变思想，协同配合。解决就业问题是各级政府部门的共同职责，市政府、区（县）政府以及各政府职能部门有必要转变思想，切实将促进就业作为工作中的重中之重。各部门之间协同配合，确立正确的政绩观与科学发展观，切实将促进就业工作重点转到依靠经济增长增加就业岗位上来，逐步淡出那种较为简单地依靠人为提供低层次就业岗位的做法。

（2）实现经济增长方式转型，构建内生化就业岗位机制。调整资金投入数量与结构，在确保一些先进行业发展的情况下，加大资金向第三产业与劳动密集型产业投入的力度，努力加大劳动力的投入，使经济发展向实现较充分就业的经济增长方式转变，加大经济增长创造就业岗位的力度，构建内生化就业岗位机制，实现经济发展与就业岗位增加的良性互动，为解决就业问题奠定良好的体制基础。

（3）积极制定促进就业的政策。在制定产业、财政与税收等政策时，积极考虑这些政策对吸纳就业的重要作用。促进都市型农业的进一步发展，巩固第一产业吸纳就业的作用；挖掘制造业吸纳就业的潜力，更好地发挥制造业创造就业的派生作用；努力促进现代服务业与传统服务业的发展，发挥服务业对吸纳就业的重要作用；积极促进劳动密集型产业的发展及其与服务业的紧密结合。制定更完善的鼓励创业与促进就业的税收政策。加快财政政策转型，调整财政支出结构，加快构建公共财政体制框架，加大财政在促进就业方面的支出比重，加大对广就业行业与劳动密集型产业的投入，积极向创业支持、就业培训、劳动力市场建设、促进社区就业与人才资源开发等方面增加财政支出。积极培育与发展新兴产业，充分挖掘新兴需求对就业的创造作用。

（4）促进所有制结构转型，充分发挥非公有制经济对就业的吸纳作用。非公有制经济在吸纳就业方面具有重要作用，应积极推进所有制结构改革，努力促进非公有制经济的发展，进一步发挥非公有制经济对促进经济发展与吸纳就业的重要作用。放宽对非公有制经济的市场准入，取消对非公有制经济的歧视，大力发展混合经济，提升非公有制经济的发展空间。

（5）建设统一、规范、灵活的人力资源市场。加强人力资源市场法制建设，根据人力资源社会保障部《人力资源市场管理条例》及相关配套规范性文件，制定本市《人力资源市场管理条例》。在此基础上，细化完善人力资源市场的准入条件、业务范围、服务产品等相关规定。

整合完善公共人力资源服务功能。按照“资源整合、统筹管理”的要求，逐步整合公共就业服务和公共人才服务，实行专业化分工和一体化运作；逐步分离公共服务与经营性服务，实现政事分开、管办分离。进一步打破城乡二元体制，努力实现公共人力资源服务均等化，将外来从业人员全面纳入本市公共就业服务体系。

大力发展人力资源服务业。发挥人力资源服务产业园的集聚效应，通过加强政策引导和扶持，推动人力资源服务业的发展。通过政府购买服务的办法，推进人力资源服务公益化。做好人力资源服务机构的审批、年检等工作，促进人力资源服务机构诚信服务。注重发挥人力资源服务行业的协会服务、自律和协调作用，推动人力资源服务行业公平竞争。

2. 就业促进

进一步培育与完善劳动力市场体系，确保劳动力市场发挥配置劳动力资源的基础性作用。切实提高劳动者个人素质，真正确立劳动者在劳动力市场上的主体地位，防止对政府的过分依赖。以经济手段与市场手段有效调控劳动力供求。进一步改善创业环境，从政策与金融等多方面予以支持，加大非正规劳动组织向小企业孵化的力度。挖掘制造业吸纳就业潜力，进一步发挥第三产业吸纳就业的重要作用，努力促进广就业行业与劳动密集型行业的发展。有效发挥就业托底机制的重要作用，防止就业托底机制的负面效应。完善积极的灵活就业方式，解决灵活就业方式的社会保障问题。规范外来劳动力的使用，确保外来劳动力与本地劳动力处于同等竞争环境。开发新型就业岗位，发挥社区服务业、后勤社会化与非营利组织吸纳就业的重要作用，促进都市型农业、都市型工业与都市型旅游业的发展，有效提高开发区吸纳就业的作用。促进农村富余劳动力适当集聚，有效扩大消费需求并创造相应的就业岗位。

（1）进一步培育与完善劳动力市场体系。有必要进一步真正确立劳动力市场供给与需求双方的主体地位，促进劳动力的正常流动，减少劳动力流动成本，规范劳动力需求行为，积极出台促进劳动力市场完善的政策法规，防止对劳动力市场的过度干预，真正实现劳动力市场配置劳动力资源的基础性作用。全面推进劳动力市场建设，有效整合各级市场，消除劳动、人事与教育等部门间的相互分割，努力构建一个高效率的一体化劳动力市场。努力促进高级劳动力市场的健全与完善。有效提高高层次与高技能人才的数量，努力促进高级人才的流动，充分发挥高级人才在经济发展中的作用，更好地发挥市场对人才资源配置与调控的基础性作用。

（2）提高劳动者个人素质。促使劳动者尤其是青年劳动者自觉提升自身素质，努力培育利于劳动者积极学习的外部社会环境与良好氛围，重点强调劳动者自身在解决就业问题方面的主导作用，真正确立劳动者在劳动力市场上的供给主体地位。促使劳动者切实转变观念，调整期望值，努力通过参加教育、培训与工作中学习，不断提升自身就业、创业与职业转换的能力，在竞争日益激烈的劳动力市场获取相对优势地位，不断提升自身的竞争能力。

（3）有效调控劳动力供给与需求。积极发展教育，延长劳动力进入劳动力市场的时间，进一步努力加强职业培训体系，在积极提升劳动力供给质量的基础上有效调控劳动力供给的数量。针对不同就业群体实施调控劳动力供给的有效措施。适当提高生活成本与进入门槛，运用经济手段与市场手段限制外来劳动力的无序进入。

实施以就业增长为核心的经济政策，积极提高经济增长创造就业岗位的能力，继续提供公益性就业岗位，更加重视第三产业与劳动密集型产业的发展，改进创业环境与氛围，为中小企业与微小企业予以金融、市场准入与税收等多方面的支持，鼓励企业增加用工，更进一步发挥非正规劳动就业组织与劳动服务企业在吸纳劳动力方面的重要作用，进一步完善城乡一体化的促进就业体制。

（4）进一步改善创业环境。创业是解决就业的重要途径，不仅可以解决创业者的就业，也可以发挥派生就业作用。要更进一步完善支持创业的金融、税收与相关政策，提供给非公有制经济与国有、集体单位同样的公平环境，加快国有经济战略性调整步伐与所有制结构整合，为非公有制经济尤其是民间资本提供足够的创业、发展空间与更为宽松的政策环境。努力形成有利于创业的社会氛围，促进形成积极创业的城市精神与文化观念。

（5）努力促进就业形势好的行业发展。进一步挖掘制造业吸纳就业的潜力，发挥制造业对于提升劳动力素质的重要促进作用。更进一步提升交通运输、仓储和邮电通信业与批发零售贸易和餐饮业吸纳就业的空间。更努力发挥社会服务业吸纳就业的重要作用，根据不断涌现的对社会服务业的需求，努力促进社会服务业的发展。教育、文化艺术和广播电影电视业与科学研究和综合技术服务业吸纳就业能力有限且对劳动力素质要求较高，有必要努力促进这两个行业的快速发展，充分发挥其吸纳就业与促进人力资本提升的重要作用。努力进一步促进其他行业的发展，有效规范其他行业的统计工作，更有力地促进其他行业对就业的吸纳作用。

（6）继续完善就业托底机制。对各类就业困难群体分门别类，在努力提升其就业能力的基础上，进一步完善就业托底机制，构建就业托底长效工作机制。努力提高就业困难群体创业与职业转换的能力，积极提升其自救能力。强化就业服务，实现个性化援助，对就业困难对象提供一对一跟踪式职业介绍、就业指导与心理咨询，提升其自主创业的积极性。加快社区服务业发展，推进社区公益性岗位的进一步发展，提高政府提供公益性岗位的效率，积极开发适合农村富余劳动力就业的岗位。不断扩大青年见习培训基地，加大实训基地规模，努力促进青年提升人力资本水平。

（7）完善积极的灵活就业方式。积极推动非全日制就业、阶段性就业与小时就业等灵活就业方式，构建更富有弹性的劳动力就业状态，完善自由职业者社会保险与小时工社会保险，积极完善促进就业的法规，努力促进灵活就业方式的发展。规范专门中介机构，提升职业经纪服务机构为非全日制就业服务的效率与水平，充分发挥行业协会、劳动保障咨询机构与民营职业介绍机构的作用，全方位改进政府管理服务模式。

（8）规范外来劳动力的使用。积极运用经济与市场手段，提高外来劳动力的进入门槛，加大规范使用外来劳动力的监督力度，努力提升本地居民劳动力的素质水平，使其拥有相对于外来劳动力的就业优势。规范外来劳动力的最低工资制度，进一步完善外来人员社会保险，有效提高企业使用外来劳动力的成本。努力加大劳动监察部门对欠薪欠保为核心的企业不法行为的执法监察力度，努力维护外来劳动者的权益。构建有序化外来从业人员流动机制，努力促进外来劳动力的有序流动。准确掌握外来人口信息，完善流动人口管理机制。

（9）开发新型就业岗位。充分发挥社区服务业、后勤社会化与非营利行业对就业的吸纳作用。制定有利于社区服务业发展的长期政策，提高社区服务业吸纳就业的数量与比重。更进一步推进机关、企事业单位与家庭后勤的社会化，发展多种经营渠道与专门化服务，为社会提供更多的就业岗位。结合政府职能转变，采取积极扶持政策，鼓励发展中间组织，开发非营利行业就业岗位，努力开辟新的就业空间。

3. 职业培训

提升职业介绍工作效率，提高与改善职业介绍工作人员的职业操守、专业水平、知识结构与综合素质。完善职业培训体系，提高政府购买培训机制实效，扩大公共实训基地规模。加大向青年与中高级培训倾斜的力度，进一步完善“灰领”培训体系。制定面向国际、面向社会、面向市场与面向就业的教育发展规划，进一步构建“学习型”都市，促进教育培育人力资本的基础性作用与培训和干中学提升人力资本的重要性作用的有机结合。

（1）促进教育发展。由于教育培养人才存在时滞性，且劳动力市场始终处于变化之中，因此有必要制定更加有效的促进教育发展的规划，使教育面向市场、面向未来，适当超前发展，为提升劳动者人力资本水平与解决就业问题发挥基础性作用。继续深化教育体制改革，加大对教育的投入，提高投入资金使用效率，改进专业课程设置，提升教育质量，注重培养劳动者接受后续教育与职业转换的能力。

健全与规范开放式与多层次的教育体制，实施教育优先发展战略，进一步完善普通教育、职业教育、成人教育与高等教育相衔接的教育体制，加快形成结构合理、相互衔接与立体开放的现代教育体系与终身教育体制，确保接受完义务教育者全部能够进入下一级教育。充分发挥网络教育的重要作用，完善远程教育网络。形成政府办学为主、各种社会力量共同参与办学的新格局。积极发展民办教育，改革非义务教育收费办法，完善教育成本分担机制。加强师资队伍建设，提升教师队伍水平，优化教育队伍结构。

构建学校、家庭与社会相互沟通的机制，加快一批素质教育基地与社会实践基地的建设。促使教育与培训紧密结合，更充分发挥职业培训与教育共同提升人力资本素质的重要作用。进一步积极调整中等职业学校，积极发展高等职业教育，全面推进职业教育装备现代化，加快构建一批现代化职业技术学校和职业教育公共实训基地。

积极构建公共教育财政制度，转移公共财政投资重点，提升财政在教育与培训中的投入比重，形成全市重视教育发展与培训的良好氛围。通过教育的发展把巨大的人口压力转化为丰富的人才资源，努力构建人人享有学习与成才机会的学习型社会，更好地发挥教育在贯彻科教兴市与人才强市战略中的重要作用。

（2）加强面向所有劳动者的职业培训。提高职业培训的针对性和有效性。健全以需求为导向的政府补贴培训机制，及时调整培训补贴范围和补贴标准，完善培训经费直补个人办法，探索建立培训经费直补企业的鼓励机制。严格履行培训机构审批及管理职责，形成职业培训机构优胜劣汰的良好机制。紧密结合产业发展和企业生产的实际需求，加快新职业开发及原有职业标准提升。进一步完善鉴定质量管理体系和国家职业资格证书制度，扩大国家职业资格证书的覆盖面。

充分整合社会各方资源参与培训。完善企业主导、政府推动与社会支持相结合的职业培训格局，引导行业和企业组织开展在职培训。进一步加强校企合作，运用学校、企业、社会等各类资源，推进公益性、开放性实训基地建设。进一步提升已建成使用的公共实训基地的功能定位，提高其面向社会开放使用的利用率。

根据劳动者需求实施分类培训。对就业困难人员，重点开展定向培训或每年开展一次技能等级培训；对在校大学生，继续实施“双证书”制度，结合所学专业开展就业前的技能培训；对在职职工，结合新技术、新技能、新工艺的运用，着力开展技能提升培训，重点加强产业结构调整或兼并重组企业职工的稳岗和转岗培训；对在岗的外来农民工，开展职业技能与安全生产知识相结合的职业培训；对涉及公共安全的岗位，严格执行职业资格准入制度。发挥企业的主体作用，拓展高技能人才培养领域，完善多元化高技能人才培养和评价模式，拓宽技能人才成长通道。

4. 监督调控

促进就业立法，从法律层面解决经济发展与促进就业的关系，维护劳动者权益，规范企业裁员，防止就业歧视。加强劳动保障监察，改进监察手段，提高监察效能。促进劳动关系和谐稳定，进一步完善协调联席会议制度。改进劳动力市场宏观调控，完善劳动力市场价格信号体系。进一步健全失业预警体系，增强分析预测的及时性与准确度，有效促进就业与防止失业。

（1）促进就业立法。根据上海市实际情况尽快制定地方性的就业促进条例，切实解决促进就业工作中的实际困难，从法律层面妥善解决经济发展与促进就业的关系，促进经济发展向实现较充分就业的经济增长方式转变。切实保障劳动者的个人权益，规范企业裁员行为，确立就业促进中的市场化与社会化解决手段，完善外来劳动力有序管理，实现完善社会保障体系与促进就业之间的良性互动。防止就业中的年龄、性别与户籍歧视，努力促进劳动力市场的正常运行。

（2）强化劳动保障监察。加强劳动监察队伍建设，改进监察手段，进一步完善网络化监察，依托劳动保障信息平台，提高劳动保障监察效能。扩大市、区（县）两级劳动保障监察队伍与劳动保障监察协管队伍，完善以市、区（县）监察队伍为核心、协管队伍为配套的劳动保障监察体系。

（3）促进劳动关系和谐稳定。进一步提高市劳动关系协调联席会议效能，针对结构调整、资产重组与改制转制过程中影响社会稳定的重大劳动关系问题，进一步完善区（县）、街道建立劳动关系协调联席会议。结合地区三方协调联席会议制度，探索新的劳动争议调解机制，完善专业调解员队伍。完善企业劳资双方就工资、福利问题协商谈判的机制，完善集体合同与集体协商制度。充分发挥小企业欠薪保障金的作用，着力建设快速反应机制，及时解决用人单位欠薪与欠保等问题。加强仲裁员队伍建设，在充实和稳定专职仲裁员队伍的基础上，提高仲裁员任职资格标准，完善兼职仲裁员制度。

（4）进一步改进劳动力市场调控。完善劳动力市场价格信号体系，进一步细化工资指导价位，扩充发布工资指导价位的职业工种，充分发挥工资指导价位均衡与稳定劳动力市场价格的作用。加强企业工人成本的调查与预测，确定好行业工资指导线，根据本市社会经济发展总体情况，及时调整最低工资标准，加强监督检查，切实提高低收入者的收入水平。

（5）健全失业预警体系。做好劳动力市场中供求情况的基础性分析与发展趋势预测，把握供求总量、行业职位的求人倍率、社会平均失业周期、抽样调查失业率等重要指标的变动情况，增强分析预测的及时性与准确度，提高向社会发布相关信息的密度，积极引导劳动力流量与流向，促进职业培训与市场需求的紧密结合，进一步完善劳动力市场的预警调控体系。

充分发挥失业预警体系对于预防大规模失业及促进就业的重要作用。正确判断当前与未来的就业水平与失业水平，提升失业预警体系在促进政府制定就业政策中的重要作用。构建以信息系统为主要支撑的就业监测与预警系统以及专门的运作机构，有效整合宏观经济分析系统、社会保障系统、劳动力市场系统与人才系统，加强对就业情况的汇总分析与风险对策研究。进一步改进每年度的失业抽查系统，提高失业预警体系判断失业状况的精确性，为各级政府控制失业率与解决就业问题提供决策支持。

5. 管理服务

健全就业与社会保障服务网络，提高政府动态管理与服务水平。改进政府对劳动力市场的管理方式，大力培育为劳动力市场服务的社会中介机构。提高社会化管理服务水平，有效促进劳动者就业。

（1）健全就业与社会保障服务网络。进一步完善全方位、一体化与多功能的三级就业和社会保障服务网络，以社区为依托，健全完善街道就业与社会保障服务中心，增强就业与社会保障相互融合、功能齐全的服务功能，进一步提高政府对劳动力市场及各类社会保障动态管理与服务的水平。

（2）改进政府对劳动力市场的管理方式。进一步培育为劳动力市场服务的社会中介机构，在职业介绍、职业培训、岗位开发与劳动保障咨询代理等多方面建立起多层次的服务网络，进一步提高服务质量。促使就业能力强的劳动者实现竞争性就业，对就业有困难的劳动者实施帮助性就业，对特别困难的劳动者通过公益性岗位实现保护性就业。

（3）提高社会化管理服务水平。进一步完善就业与社会保障电话咨询中心与咨询网站，切实提高劳动保障政策的公共性与透明度，使劳动者能够及时了解各种层次的劳动保障政策，有效促进劳动者就业。进一步完善劳动和社会保障管理信息系统，改革社会保险管理方式，促进社会保险对象由“单位人”向“社会人”转变，进行“全过程记录与状态化管理”。

6. **结构调整**

完善城镇登记失业制度，有效控制城镇失业人员，防止大规模失业的发生。完善社会保险，规范外来从业人员的使用，以经济手段提高外来从业人员进入门槛，防止外来从业人员的无序进入。提高郊区城镇化水平，加大推进城市化力度，将开发就业岗位贯穿于城镇发展之中，努力提高农村富余劳动力的人力资本水平，消除对农村劳动力的就业歧视，全方位促进农村富余劳动力就业。切实提升青年劳动者的人力资本水平，加强社会诚信体系建设，促使青年树立正确就业观，端正就业态度。努力促进“4050”就业人员自我解决就业问题，加大培训力度，提高其就业能力。深化教育体制改革，调整专业设置，提高教育质量，完善“双证书”制度，调整就业取向，切实提高高校毕业生的就业与创业能力。

（1）农村富余劳动力就业。提高郊区城镇化水平，加大推进城市化力度，解决农村劳动力非农化转移问题，将拓展上海市未来发展战略空间与大力创造新增就业岗位紧密结合。进一步加快城乡一体化进程，加快农村城市化，推进农业现代化，实现农民市民化。突破城乡二元结构，将开放就业岗位贯穿于城镇发展规划中，努力提高农村劳动力的人力资本水平，切实提升农村劳动力的就业、创业与职业转换能力。

完善城镇征用地制度，培育农村特色经济与优势产业，使人口向郊区城镇集中。更加重视对农村人力资本的开发，进一步完善“两个相同”就业措施，彻底消除对农村劳动力就业的歧视，全方位促进农村劳动力就业。

（2）外来劳动力就业。以经济手段与市场手段对外来人口与从业人员实施动态调控，改进与完善外来流动人口管理体制与机制，积极实施分类管理，加强对外来劳动力数量的宏观调控，促进外来劳动力有序流动，有效提高流动成本，合理控制流入总量，防止低素质劳动力盲目流入。

提高外来劳动力进入门槛，以经济手段与市场手段限制外来劳动力进入。完善社会保险办法，认真落实最低工资标准，提高企业使用外来劳动力的成本，实现外来劳动力与本地劳动力的平等竞争。加大对外来劳动力的培训力度，更好地发挥外来劳动力对经济发展与就业岗位创造的促进作用。

（3）高校毕业生就业。深化教育体制改革，调整专业设置，提高教育质量，实施“双证书”制度。促使高校毕业生树立良好心态，端正就业态度，调整就业取向，切实提高自身就业与创业能力。完善对高校毕业生的职业介绍与指导，积极培育全市提升劳动力人力资本水平的氛围，发挥教育、人事、劳动与财政等职能部门的共同作用，防止相互掣肘。

（4）青年劳动者就业。完善教育体制与培训体系，切实提升青年劳动者人力资本水平。加强社会诚信体系建设，加强对青年人端正就业态度与提升就业能力的宣传，促使青年端正就业态度，自我加强学习意识。进一步完善“青年职业见习计划”，扩大青年职业见习规模，提升职业见习实效。

四、“十二五”期间一些需要探讨的问题

1. 体面就业与最低工资制度对就业的正面影响与负面影响

虽然体面就业对维护劳动者权益、促进劳动力市场正常运行具有重要作用，但是在一定程度上对体面就业的过分强调也影响到了就业。

联合国国际劳工组织对体面就业较为强调，但从世界上促进就业的实践来看并非所有国家均强调体面就业。根据近年欧盟解决就业的实践来看，在高质量低就业与低质量高就业中已明确偏向后者。对体面就业的过分强调既不利于解决就业，也不利于劳动力市场的良好运行，尽管使劳动者实现体面就业是重要目标，但在一定阶段下为促进就业实在不宜对体面就业过分强调。

最低工资制度除有效维护劳动者权益与促进劳动力市场正常运行外，也可以提升外来劳动力门槛，有效限制外来劳动力的使用。但在一定情况下，尤其是在对外来劳动力难以有效实施最低工资制度的情况下，对最低工资制度的过分强调将加大企业用工成本，从而限制就业。在现有最低工资水平的情况下，不宜过快提升最低工资水平，以有效促进就业。

2. 外来劳动力与本地劳动力的关系

外来劳动力对于促进本地经济发展，弥补劳动力老龄化，提升本地消费与创造就业岗位等发挥着重要作用，与本地劳动力更多的是一种互补而不是替代的关系。但市场似乎有意无意地过多强调了外来劳动力对于本地劳动力的替代作用，而没有充分意识到外来劳动力的重要作用。对外来劳动力加剧当地就业压力的过分强调，既有违事实，也不利于促进经济的发展。

3. 政府如何更好地发挥促进就业的作用

政府在完善劳动力市场与促进就业等方面发挥了积极作用，但由于受阶段性措施的影响，在解决就业问题的同时也孕育了一些深层次矛盾，为以后解决就业问题带来了一定的困难。而且政府对劳动力市场的过度干预，既影响了劳动力市场对劳动力资源的基础性配置作用，也不利于促进劳动者作为劳动力市场供给主体地位的确立。改进与提高政府促进就业的方式与效率，防止政府对劳动力市场的过度干预，更有效地发挥政府的作用，是促进就业工作的重要影响因素之一。

4. 能否坚持促进就业策略的短中长期相结合

解决就业问题需要短中长期策略相结合，但并不能排除当期政府为本期政绩考虑，只采取促进当期就业的措施，而并不充分考虑未来就业问题的出现。因此，树立正确的政绩

观与科学发展观，坚持解决就业问题的短中长期策略相结合，对从根本上解决就业问题至关重要。

5. 如何实现较低经济发展速度与较多就业岗位间的融合

改革开放以来的事实说明，较快的经济发展速度并不意味着较多的就业岗位。实现经济发展向较充分就业经济增长方式的转变，以及构建内生化就业岗位机制，要求经济增长由主要靠投资推动向更多地依靠科学技术水平提升与人力资本素质提高转变为前提，而且要适度调整投资的结构与方向，努力加大扩大就业的投资力度，即努力加大对第三产业与劳动密集型行业的投入。虽然投资的减少在一定程度上将会影响到经济增长的速度，而且短时期内较低的经济增长速度并不会马上带来就业岗位的增加，但经济增长方式的转变是解决就业问题的核心途径。为此需要足够的耐心，有效降低经济增长速度，切实转变经济增长方式，以实现就业岗位的不断增加。

6. 产业结构与就业结构如何更好地相互促进

产业结构与就业结构的相互促进既是促进经济良性发展，也是解决就业问题的必要途径。从偏离度、就业弹性与相对劳动生产率来看，目前上海市的就业结构与产业结构处于较好的互动状态，较全国产业结构与就业结构间的偏差具有更好的发展基础。“十二五”期间，上海市产业结构转换与能级提升的力度进一步增强，在此过程中，劳动力的数量与质量要满足产业结构转换与能级提升的需要。为此，要努力提升人力资本水平，实现就业结构与产业结构的良性互动，在促进全面、协调、可持续的经济发展中不断促进就业问题的解决。

在促进就业结构与产业结构各自优化的基础上，有必要努力促进就业结构与产业结构的相互协调发展。在制定相应的就业政策与产业政策时，必须将促进对方的协调发展作为制定政策的重要考虑因素，防止相互脱节与相互割裂的情况。劳动部门与经济发展部门有必要加强沟通与协作，建立定时沟通机制，在制定相应的政策时充分吸取对方的意见。努力促使经济增长向实现较充分就业的经济增长方式转变，构建内生化就业岗位机制，通过经济增长方式的转变，实现就业结构与产业结构的协调互动。

7. 如何制定既立足于实际，又卓有成效的促进就业的方法

就业问题是世界性难题，上海市在解决就业问题方面通过借鉴国际先进经验，结合自身实际情况探索出了一条较好的途径，也取得了相当不错的成果。但是上海市解决就业问题的模式既不具备向全国推广的可能，而且成本也较高，并且更为严重的是在解决就业问题的同时，也孕育了更深层次的、急需解决的、可能影响未来就业的一些问题。因此有必要及时调整解决就业的策略，适当减少政府干预，积极提升劳动者个人的人力资本水平与解决就业问题的能力，在解决当期就业问题的同时，为解决以后时期的就业问题奠定良好的基础。在这种情况下，立足于实践，努力调整目前的就业策略，扭转经济增长方式，构建内生化就业岗位机制，努力促进就业问题的解决非常关键。

8. 如何构建内生化就业岗位机制

要努力构建内生化就业岗位机制，实现经济发展速度适度趋缓与创造较多就业岗位的良好融合。简言之，内生化就业岗位机制主要是通过经济增长方式的转变实现扩大就业，而非人为推出新增就业岗位的机制。为此，第一，要大力转变经济增长方式，努力实现向较充分就业的经济增长方式的转变；第二，在促进劳动力市场健全与完善的基础上，真正发挥劳动力市场配置劳动力资源的基础性作用；第三，调整投资力度与方向，加大扩大就业的投资；第四，切实提高劳动者人力资本水平，充分发挥劳动者个人解决就业问题的积极性与能力；第五，大力发展第三产业与劳动密集型产业。

思考题

1. 解释积极就业政策的概念。
2. 简述积极就业政策的基本框架与主要内容。
3. 概述上海市促进就业政策的基本内容。
4. “十二五”期间，上海市在促进就业方面采取了哪些措施？
5. “十二五”期间，上海市在促进就业政策方面还有哪些需要思考的问题？

3

第3章

上海市劳动力市场概述

学习目标

通过本章的学习，学生应掌握上海市劳动力市场状况、上海市劳动力市场管理、“十二五”时期上海市就业发展的形势等内容。

本章将以2010年第一季度数据为例，分析上海市劳动力市场状况。

第1节　劳动力需求的整体情况分析

一、第一季度公共就业服务机构市场增幅明显

2010年第一季度，共有2.1万家用人单位通过本市各级公共就业服务机构发布招聘岗位信息，有效招聘岗位数为40.3万个，环比增长12.4%，比上年同期增长75.1%。上海市公共就业服务机构市场需求情况如图3—1所示。

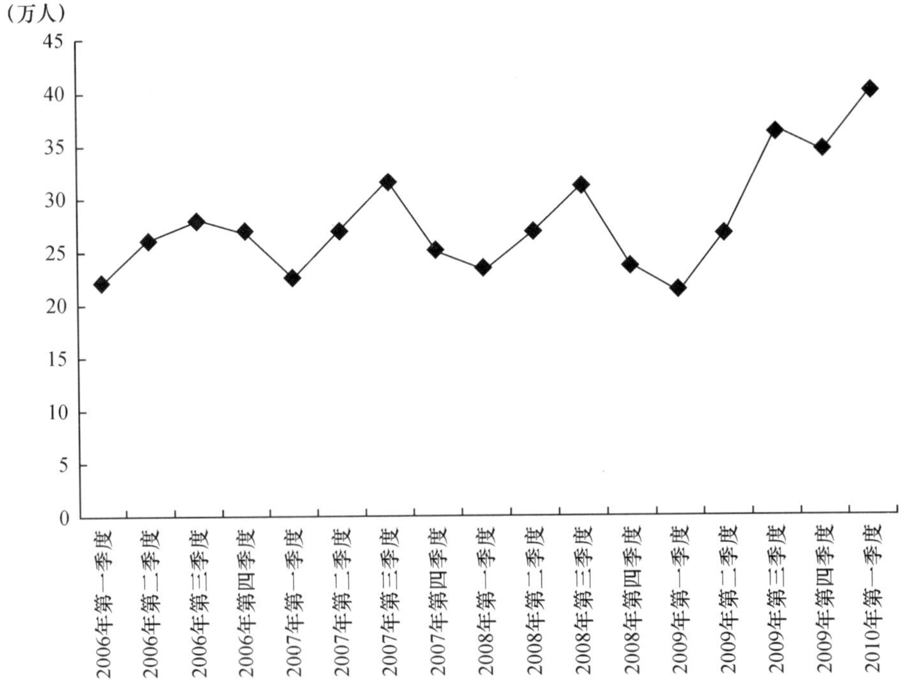

图3—1　上海市公共就业服务机构市场需求情况

二、商务服务业、批发业招聘需求量最大，传统制造业招聘需求有所增长

对行业间的比较分析显示，商务服务业招聘需求量最大。统计数据显示，2010 年第一季度商务服务业的招聘需求占全市招聘需求的 26.7%，环比上升 1.3%，与上年同期相比上升 3.8%（见表 3—1）。

表 3—1　　招聘需求量最大的 20 个行业　　单位：%

行业（大类）	2009 年第一季度	2009 年第二季度	2009 年第三季度	2009 年第四季度	2010 年第一季度
商务服务业	22.9	24.9	21.8	25.4	26.7
批发业	25.5	21.1	20.2	21.0	23.2
科技交流和推广服务业	6.2	7.9	7.5	6.2	8.4
零售业	4.1	3.7	4.2	4.4	4.9
房地产业	4.5	5.0	6.1	3.5	3.7
餐饮业	5.1	2.8	3.2	2.5	2.8
公共设施管理业	0.6	0.1	0.1	0.5	2.7
保险业	6.5	6.8	2.7	0.6	2.4
居民服务业	0.8	1.1	0.9	0.6	1.8
纺织服装、鞋、帽制造业	0.8	1.4	1.3	1.1	1.4
装卸搬运和其他运输服务业	1.2	2.7	2.4	2.5	1.3
软件业	2.4	1.8	1.7	1.1	1.2
专业技术服务业	1.0	0.8	1.2	1.8	1.2
通用设备制造业	1.3	1.5	2.7	1.4	1.1
电气机械及器材制造业	0.7	0.8	1.5	1.0	1.0
专用设备制造业	1.1	1.2	1.9	1.1	1.0
房屋和土木工程建筑业	0.5	0.7	0.9	0.7	0.8
计算机服务业	0.3	0.8	0.5	0.9	0.8
教育	1.1	1.5	1.0	0.5	0.7
道路运输业	0.4	0.8	0.5	0.8	0.7

从制造业的情况来看，纺织服装、鞋、帽制造以及电气机械及器材制造等传统制造行业，招聘用工需求有一定幅度的增长，好于上年同期水平。通用设备制造、专用设备制造等专业技术含量较高的优势行业，招聘用工需求与上年同期相比仍有一定差距。

三、营销采购类、客户服务类、生产制造类等岗位招聘需求较为旺盛

在2010年第一季度招聘岗位中，实际需求量最大的岗位是与百姓日常生活密切相关、技能要求相对不高的营销采购类岗位，如营业员、收银员、服务员等，约占总招聘需求的15.7%，环比增加1.6个百分点，与上年同期相比增加1.9个百分点（见表3—2）。

表3—2　各类岗位的招聘需求　单位：%

岗位类型	2009年第一季度	2009年第二季度	2009年第三季度	2009年第四季度	2010年第一季度
营销采购类	13.8	12.4	13.7	14.1	15.7
客户服务类	12.7	10.9	9.8	8.7	13.1
生产制造类	14.6	15.3	11.4	9.8	10.2
行政办公类	8.1	10.2	12.5	13.2	8.9
机械技工类	9.1	10.7	13.8	8.3	8.0
工程技术类	4.4	8.8	6.3	7.8	7.2
财会审计类	5.7	5.2	5.5	6.8	6.5
餐饮、娱乐服务类	6.5	7.0	3.5	4.3	4.2
IT信息类	2.2	2.1	3.8	4.1	3.2
安全保卫类	3.2	2.6	4.8	3.4	3.1
设计创意类	4.8	2.8	2.0	3.2	2.9
进出口贸易类	1.5	1.3	3.2	2.8	2.7
物流仓储类	3.8	3.8	2.8	4.2	2.5
交通运输类	2.4	1.4	1.5	1.2	1.8
社会公众服务类	1.8	1.4	0.7	1.2	1.4
教育培训类	0.4	0.3	1.2	0.7	1.3
广告会展类	0.2	0.2	0.3	0.8	1.2
法律、顾问、中介类	0.6	0.4	0.3	0.9	1.2
银行保险类	0.2	0.2	0.2	0.3	0.6
新闻媒体类	0.7	0.2	0.3	0.7	0.6
艺术表演类	0.1	0.2	0.2	0.3	0.2
其他	3.2	2.6	2.2	3.2	3.5
合计	100	100	100	100	100

客户服务类岗位也有较大需求，约占 13.1%，环比增长 4.4 个百分点，与上年同期相比增加 0.4 个百分点。生产制造类岗位需求约占 10.2%，位居排行榜第三位，但与上年同期相比仍有较大差距。

营销采购类、客户服务类岗位数量长期处于较高水平，既反映出社会经济发展对于这类人才的需求量不断增长，也在一定程度上反映出这类岗位流动性大的特点。

四、徐汇区招聘岗位数量增幅最大，松江区有所减少，浦东新区领先优势减弱

从 2010 年第一季度招聘岗位的工作地点分布情况来看，招聘岗位数量与上年同期相比增幅最大的是徐汇区，增幅为 1.9 个百分点；降幅最大的是松江区，降幅为 1.5 个百分点。

浦东新区（不含原南汇区）招聘需求量依然最大，约占全市招聘需求的 15.1%，环比下降 0.9 个百分点，与上年同期相比下降 1.0 个百分点。与其他区县的招聘岗位数量相比，浦东新区的相对优势有所减弱。

五、招聘岗位平均月薪约为 2 200 元，整体呈现稳步上升的趋势

如图 3—2 所示，2010 年第一季度本市公共就业服务机构市场招聘岗位平均月薪约为 2 200 元，高位数为 5 145 元，低位数为 1 082 元。与前几个季度相比，2010 年第一季度平均月薪环比增长 0.1%，同比增长 17.1%。从近年来的变化规律来看，招聘岗位的平均月薪整体呈现稳步上升的趋势，但增长速度有所放缓。

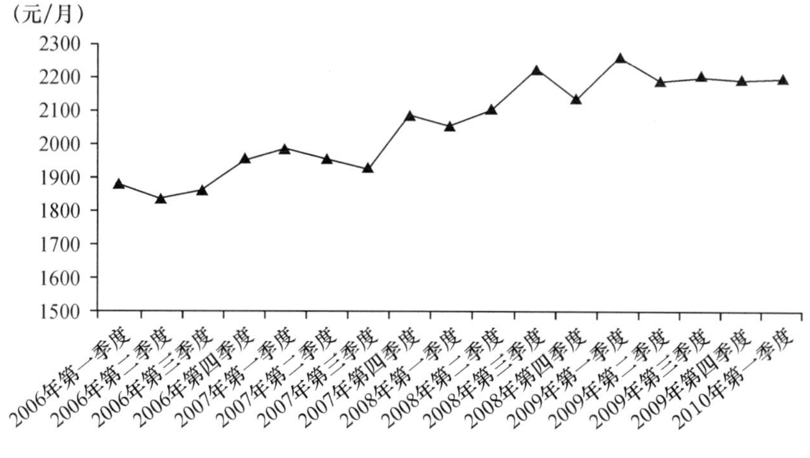

图 3—2　上海市公共就业服务机构市场招聘岗位的薪酬水平

六、招聘岗位对工作经验年限的要求平均为 1.5 年，试用期平均约为 2.8 个月

2010 年第一季度招聘岗位对求职者工作经验年限的要求平均为 1.5 年，要求 2 年以上工作经验的岗位约占 38.9%，试用期平均约为 2.8 个月。这在相当程度上表明，工作经验已经成为青年人特别是应届毕业生的最大求职障碍。

应届毕业生虽然缺乏实践经验，但他们具有丰富的理论知识，充满着激情和发展、创新的渴望，是工作群体中新鲜的、活跃的因子。用人单位应该用发展的眼光看待年轻人拥有的理论知识和他们尚不具备的实践经验的关系。

对于毕业离校后暂未就业的求职者来说，上海市人力资源社会保障部门推出的“青年职业见习计划”已经帮助了 20 余万名未就业青年积累了工作经验，其中有超过 60%的青年在见习后三个月内实现了就业。

第 2 节　市场供给情况

一、2010 年第一季度全市公共就业服务机构市场求职人数为 46.9 万人

2010 年第一季度，前往上海市各级公共就业服务机构查询岗位信息、应聘岗位的求职者累计达 46.9 万人，环比增长 6.3%，比上年同期增长 79.1%，如图 3—3 所示。

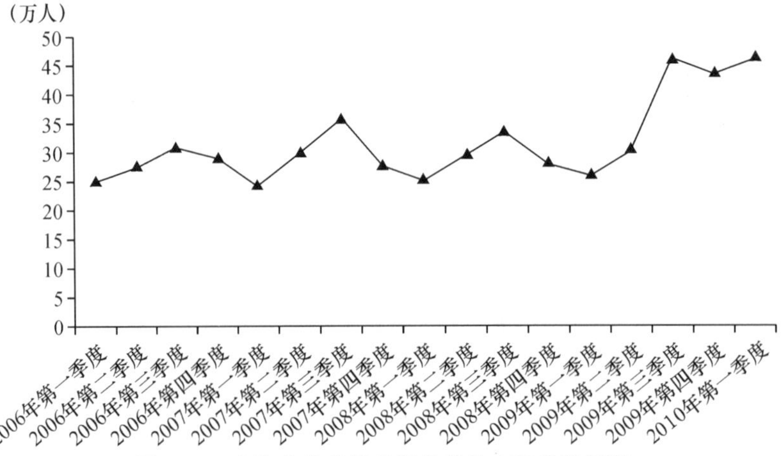

图 3—3　上海市公共就业服务机构市场供给情况

二、求职者的平均年龄约为 30.7 岁，35 岁以下的青年求职者超过 70%

近年来，上海市求职者的年龄总体呈现年轻化的趋势，2010 年第一季度本市公共就业服务机构市场求职者的平均年龄约为 30.7 岁，环比下降 0.3 岁，与上年同期相比下降 1.2 岁。35 岁以下的青年求职者约占 72.0%，环比增长 0.5%，与上年同期相比增长 3.9%。45 岁以上的求职者约占 16.8%，环比减少 0.4%，与上年同期相比减少 4.2%，如图 3—4 和图 3—5 所示。

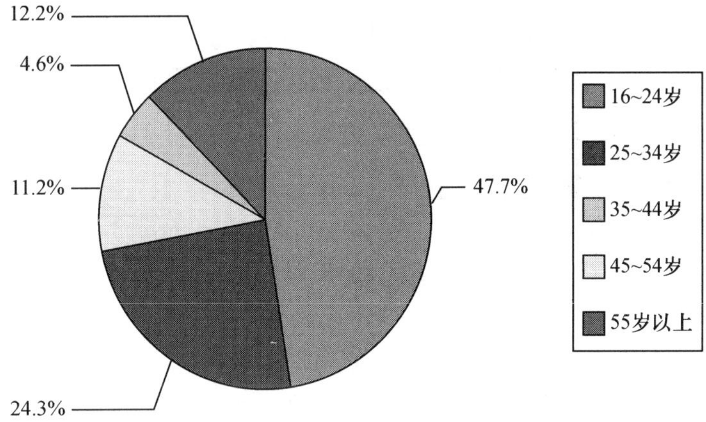

图 3—4　上海市求职者的年龄结构

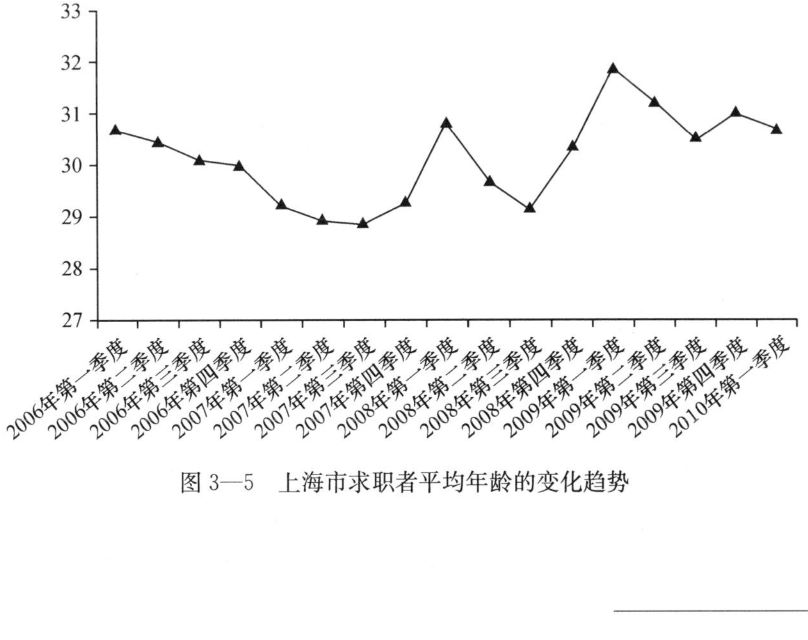

图 3—5　上海市求职者平均年龄的变化趋势

三、具有大专以上学历的求职者所占比重持续增加，初中及以下学历的仅占 13.5%

从求职者的学历结构来看，初中及以下学历的求职者仅占 13.5%，所占比重持续减少；大专及以上学历的求职者约占 50.5%，环比增加 0.1 个百分点，与上年同期相比增加了 5.3 个百分点，连续 6 个季度呈现小幅增长的趋势，如图 3—6 所示。

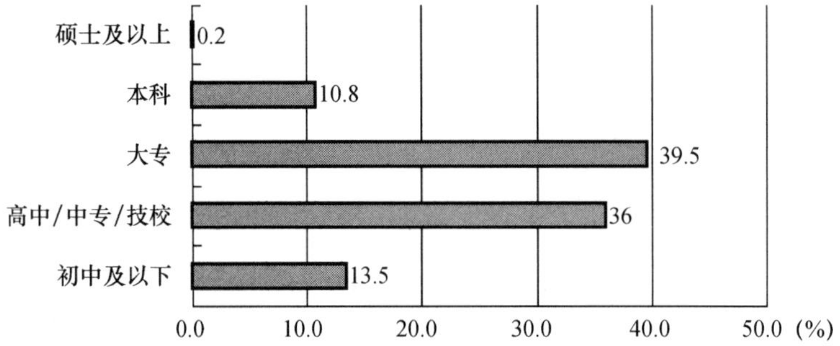

图 3—6　上海市求职者的学历结构

青年求职者最大的资本在于年纪轻、学历高、拼劲足，而工作经验匮乏则是青年人在求职过程中经常遇到的问题。青年求职者要更多地关注职业生涯的长期规划，注重行业、企业的发展前景，而不要只图一时的利益；同时要充分运用网络的优势，扩大信息搜集的渠道，及时了解就业市场的动态变化，做好从基础做起的心理准备，不靠青春靠技术，为未来的职业发展奠定坚实的基础。

第 3 节　市场供需对比情况

一、岗位空缺与求职人数的比率为 0.86，低于近年来同期水平

2010 年第一季度上海市岗位空缺与求职人数的比率为 0.86，与上季度相比略有回升，但与近年来历史同期数据相比，仍然处于较低水平。

从不同行业的岗位空缺与求职人数的比率来看，2010 年第一季度水的生产和供应业、建筑装饰业等行业较高，其中水的生产和供应业为 8.31，建筑装饰业为 5.01，用人单位的招聘需求满足率相对较低，供需矛盾呈现进一步扩大的趋势（见表 3—3）。

表 3—3　　岗位空缺与求职人数比率最高的 10 个行业

行业（大类）	2009 年第一季度	2009 年第二季度	2009 年第三季度	2009 年第四季度	2010 年第一季度
水的生产和供应业	0.82	1.11	0.30	0.09	8.31
建筑装饰业	0.70	0.66	0.50	28.13	5.01
航空运输业	1.56	0.37	0.02	—	1.93
社会福利业	0.27	0.89	0.96	2.05	1.89
新闻出版业	0.59	0.27	0.09	0.05	1.86
卫生	0.71	0.45	0.13	2.05	1.81
保险业	5.58	8.66	3.57	19.91	1.77
证券业	2.37	1.83	16.48	1.46	1.68
造纸及纸制品业	0.58	0.75	0.61	2.47	1.58
住宿业	1.15	1.16	20.79	9.89	1.56

对于岗位空缺与求职人数比率较高的行业，用人单位在招聘时应充分考虑人力资源市场的现实状况，适时调整岗位设置和薪酬水平，才能招聘到合适的人才。

岗位空缺与求职人数比率较低的行业主要是具有一定技术含量、薪资待遇普遍较高的岗位，呈现出较强的人才集聚能力，每个招聘岗位都吸引了较多求职者前来应聘，求职竞争相当激烈。其中，银行业岗位空缺与求职人数的比率最低，仅为 0.14，竞争激烈程度与上季度相比大幅度增强。

岗位空缺与求职人数比率较低的行业，看似岗位准入门槛较低、人人都可以胜任，因而受到部分自我定位不够明晰的求职者的盲目跟风应聘。事实上，此类岗位也蕴含着丰富的工作内涵和广阔的职业发展空间，没有一定的专业知识和丰富的工作经验，是很难胜任的。求职者在选择职业时切忌盲从市场的热点，不宜一味扎堆，要结合自身特长和专业特点，寻找个人爱好、特长与市场需求之间的最佳契合点。

二、市场最大匹配率为 0.67，三成就业机会因市场供求的结构性矛盾而流失

从市场供求结构来看，2010 年第一季度上海市公共就业服务机构市场的最大匹配率为 0.67，这意味着 33%的就业机会由于市场供求不匹配而流失。一般情况下，求职者在求职过程中总是会优先考虑工作条件、薪资待遇、发展前景较好的岗位，而条件相对较差的岗位往往无人问津，由此产生有些岗位“岗少人多”，而另外一些岗位“有岗无人”的现象，导致部分岗位资源事实上难以得到有效匹配，从而形成市场供需双方之间的结构性矛盾。

从发展趋势来看，上海市市场最大匹配率自 2006 年以来始终保持在 0.6～0.8 的水平（见图 3—7），市场供需的结构性矛盾仍然较为突出。

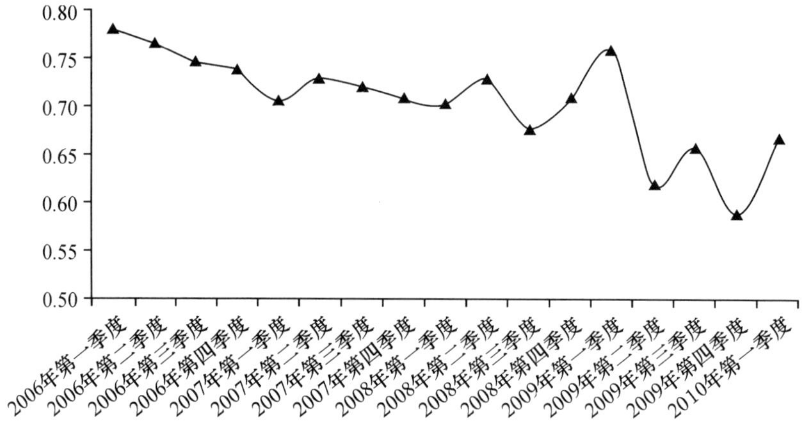

图 3—7　上海市市场最大匹配率的变化趋势

行业比较数据表明，证券业、纺织业等行业的市场最大匹配率相对较低，结构性矛盾最为突出，从发展趋势来看，有进一步加剧的趋势。商务服务业、居民服务业等行业的市场最大匹配率则有不同幅度的上升，结构性矛盾有所缓解（见表 3—4）。

表 3—4　　市场最大匹配率最低的 10 个行业

行业（大类）	2009 年第一季度	2009 年第二季度	2009 年第三季度	2009 年第四季度	2010 年第一季度
证券业	0.76	0.68	0.76	0.17	0.38
纺织业	0.42	0.89	0.42	0.91	0.43
橡胶制品业	1.00	1.00	1.00	0.96	0.53
保险业	0.26	0.16	0.26	0.27	0.54
卫生	0.84	0.79	0.84	0.83	0.58
体育	0.55	0.69	0.55	1.00	0.59
研究与试验发展	0.57	1.00	0.57	1.00	0.68
居民服务业	0.58	0.70	0.58	0.65	0.71
商务服务业	0.53	0.69	0.53	0.68	0.72
科技交流和推广服务业	0.67	0.71	0.67	0.64	0.73

思 考 题

1. 近年来上海市劳动力市场劳动力需求的整体情况如何？
2. 近年来上海市劳动力市场有哪些紧缺岗位？

3. 如何理解上海市劳动力供给和劳动力需求关系的演变?

4. 上海市劳动力市场具有哪些结构性矛盾?

5. 上海市劳动力市场发育和就业体制转轨所面临的难点有哪些?

6. 如何理解上海市转轨时期劳动力市场的特征和当前劳动力市场政策中存在的一些问题?

第4章

上海市就业服务

学习目标

通过本章的学习，学生应了解上海市就业服务的概况，上海市公共就业服务机构的概况，上海市职业介绍机构的概况，开办职业介绍机构应具备的条件，上海市对中外合资、中外合作职业介绍机构的管理，职业介绍机构的服务内容，上海市构建促进就业社会责任体系的实践等内容。

第 1 节　上海市就业服务概述

新中国成立前，上海市劳动就业服务工作做得极少，有些工会组织和其他民间组织办过一些职业指导、登记介绍的就业服务机构。抗战胜利后设立过上海市失业工人救济委员会和辅导委员会，采取了一些临时救济和就业辅导措施。新中国成立后，中国共产党和人民政府的各级组织十分重视劳动就业问题，上海市根据就业任务和就业方针的变化，适时调整就业服务机构，不断充实和发展就业服务工作的内容。

1978 年党的十一届三中全会后，随着经济体制的改革和所有制结构的调整，上海市实行了“三结合”的就业方针，市、区（县）先后建立劳动服务公司，担负介绍就业，输送临时工，组织生产、服务，进行职业培训等各项任务，开始形成就业登记、职业介绍、培训教育、生产自救、待业保险等相互衔接、紧密结合的综合性就业服务体系。

近年来，上海市在就业服务方面形成了一些具有地方特色、经过实践后效果不错并可以向其他地方推广的新思路，主要包括以下几个方面：

其一为就业援助。这是一个“托底”的思路，主要针对就业困难群体。政府通过调剂出的一些公益性岗位，努力提供相应的托底性岗位，创建阳光基地，为就业困难群体提供就业援助，实现市场化就业。

其二为开业辅导。2000 年，上海市组建了一支开业指导服务专家志愿者队伍，对下岗人员进行创业培训和开业指导。2006 年，上海市强化了开业指导专家服务，增加开业指导咨询项目，改进了贷款贴息担保等政府支持措施，鼓励有潜力的下岗失业人员开业、创业，通过这种灵活的就业形式，发挥就业的倍增效应。

其三为创业支持。支持创业，特别是支持社会各界设计、投资、执行困难就业群体就业项目的创业，并给予一定的政策支持，包括享受一次性项目开发补贴的扶持；有条件享受 3 年内免一切地方税费的政策；符合开业担保条件的，可向市促进就业基金申请开业贷款担保等。

其四为从业培训。失业人员就业困难的原因不仅在于年龄，还在于缺乏适应市场需要的技能和素质。因此，上海市在促进就业过程中，十分注重对失业人员的职业培训。通过实行职业资格证书制度、增加培训网点、拓展培训领域、发放培训经费补贴等做法，强化职业培训的针对性和实效性。

以上这些思路，同时还融合着“市场化”和“社会化”的特色。能市场运作的都按市场规律来运作，鼓励企业聘用失业人员；而对于培训经费补贴，则实行“培训社会化、补贴个人化”，鼓励失业人员参加培训。

第 2 节　上海市公共就业服务机构

上海市公共就业服务机构是指由市、区（县）劳动保障部门和街道（乡镇）设立的，以促进就业为目标，为劳动者和用人单位提供免费、无偿的就业服务，帮助各类就业困难群体实现就业的公益性机构。

市就业促进中心是市人力资源和社会保障局所属的事业单位，负责全市就业服务工作的指导和业务管理，并对区（县）就业促进中心实行业务指导。

区（县）就业促进中心是区（县）人力资源和社会保障局所属的事业单位，根据市就业促进中心的工作要求，承办本辖区内的各项就业服务工作。

街道（乡镇）就业服务机构是街道办事处或乡镇政府所属的事业单位，根据区（县）就业促进中心的工作布置，承办本辖区内的各项就业服务工作。

居委会层面也要为居民提供相应的就业服务，应明确 1 名主任兼管劳动保障工作，聘用 1 名专职就业援助员。根据上级就业服务机构的工作安排，为社区居民提供有关就业服务。

一、上海市就业促进中心

上海市就业促进中心是上海市人力资源和社会保障局直属的全额拨款事业单位，主要职能包括贯彻执行国家和本市的人力资源和社会保障法律法规；指导和协调全市 19 个区（县）开展职业介绍、职业指导、劳动力资源管理、开业指导、来沪人员就业管理、职业培训、职业见习、外国人及港澳台人员就业管理、失业保险申领、专项就业补贴发放等各类公共就业服务工作，落实就业促进的有关措施；负责全市公共就业服务机构的规划布点、设施配备、人员培训和业务指导等工作。作为上海市公共就业服务体系的主要组成部分之一，上海市就业促进中心紧密围绕上海市经济社会发展的需求，始终坚持“服务至上、公信第一”的主旨，构建网上、网下两个平台，指导、协调全市各区（县）提供公益免费、严谨诚信、专业权威、人性便捷的公共就业服务。

上海市就业促进中心的主要职能如下：

1. 管理和组织开展本市职业介绍工作。

主要包括围绕上海市公共招聘网开展职业介绍、职业指导服务；开展以提高未就业青年实际动手能力，丰富其工作经验为目的的青年职业见习计划；提供以促进农村富余劳动力非农就业为目的的跨区（县）就业补贴和低收入农户就业专项补贴服务等。

2. 协助做好本市劳动力资源管理工作。

主要包括开展劳动力调查摸底工作、劳动用工登记备案工作、就业失业登记证的发放工作以及失业人员档案管理工作等。

3. 负责本市失业保险基金的使用和管理工作。

主要包括全市失业保险及促进就业项目的支付工作，失业保险基金使用情况的统计和分析，对基金使用情况进行跟踪检查与监督等。

4. 对非正规劳动组织和公益性劳动组织进行规范管理，管理开业指导专家志愿服务团，开展本市就业援助工作。

5. 负责本市外地劳动力的就业服务工作。

主要包括配合行政部门制定和落实来沪人员就业、社会保险的有关政策；开展来沪人员就业管理和就业服务工作；组织开展跨省（市）劳务协作和交流活动等。

6. 负责本市外国人就业服务和相关管理工作。

主要包括外国人、港澳台人员来沪就业以及定居国外人员回国来沪就业的受理申请、发证以及相关的管理服务工作等。

7. 负责本市职业培训指导和公共实训管理工作。

主要包括对培训机构和项目实施管理；组织协调职业培训师资管理，开发和运行远程培训项目；维护管理市级公共实训基地的项目等。

二、区（县）就业促进中心的主要职责

1. 组织开展本辖区劳动力资源管理工作。办理招、退工登记备案手续和进行档案管理以及劳动者个人信息维护，组织开展劳动力资源调查。

2. 组织开展本辖区职业介绍工作。接受用人单位的用工需求，负责劳动者求职登记，收集和发布空岗信息，提供岗位信息查询服务，匹配供需双方信息；开展专业人员职业介

绍工作。

3. 组建专职职业指导员队伍，开展有针对性的职业指导，为求职者提供个性化服务，指导求职者参加职业培训。

4. 管理该辖区失业保险工作。负责失业保险财务管理工作，对失业保险基金的使用情况进行跟踪和监督；负责核定失业人员享受失业保险的期限和标准，负责失业保险待遇的审批、核销和发放，负责享受失业保险的个人信息记载工作等。

5. 组织开展该辖区开业指导服务工作。负责非正规劳动组织与公益性劳动组织的发展和管理，协调和落实各项开业优惠政策；负责开业项目开发、开业咨询支持、开业培训、开业融资支持、开业信息服务。

6. 负责该辖区就业困难人员的就业保障工作，就业困难人员的认定以及就业困难人员个人信息的动态维护。

7. 负责劳动保障信息管理系统劳动子系统区（县）业务功能的维护。

8. 开展该辖区就业服务政策的咨询和宣传。

9. 负责上级部门交办的其他工作。

三、街道（乡镇）就业服务机构的主要职责

街道（乡镇）就业服务机构应统一称为“街道（乡镇）劳动保障事务所”。主要职责包括：

1. 受理该辖区失业人员的失业登记，发放劳动手册和农村富余劳动力求职登记卡。

2. 负责对该辖区失业人员开展职业指导和职业中介服务工作。

3. 按规定受理该辖区失业人员申请各类失业保险待遇的工作。

4. 组织开展该辖区劳动力资源的统计和调查工作、就业困难人员的调查核实和跟踪管理工作，掌握动态变化情况。

5. 负责该辖区非正规劳动组织和公益性劳动组织的申办受理和日常管理工作。

6. 指导该辖区居委会就业援助员开展就业援助工作。

7. 负责开展该辖区外地劳动力的就业管理工作。

8. 开展该辖区劳动保障政策的咨询和宣传。

9. 负责上级部门交办的其他工作。

四、居委会劳动保障工作的主要内容

1. 开展劳动保障政策的宣传和咨询。通过各种形式对社区居民开展劳动保障政策宣传，组织社区内的劳动保障政策咨询活动。

2. 开展劳动力资源调查核实工作，掌握社区失业、协保、无业人员和就业困难人员等的动态状况。

3. 指导社区就业困难人员办理相关认定手续，并为其提供各类就业服务。

第 3 节　上海市职业介绍机构

一、上海市职业介绍机构简介

1. 职业介绍机构概述

《劳动力市场管理规定》第十五条规定，我国的职业介绍机构可分为非营利性职业介绍机构和营利性职业介绍机构两大类，如图 4—1 所示。其中，非营利性职业介绍机构包括公共职业介绍机构和其他非营利性职业介绍机构。公共职业介绍机构是指各级人力资源社会保障部门举办的，承担公共就业服务职能的公益性服务机构，使用全国统一标识。其他非营利性职业介绍机构是指其他政府部门、企事业单位、社会团体和其他社会力量举办的，从事非营利性职业介绍活动的服务机构，如妇联、工会等组织举办的职业介绍机构。营利性职业介绍机构是指由法人、其他组织和公民个人举办的，从事营利性职业介绍活动的职业介绍机构。

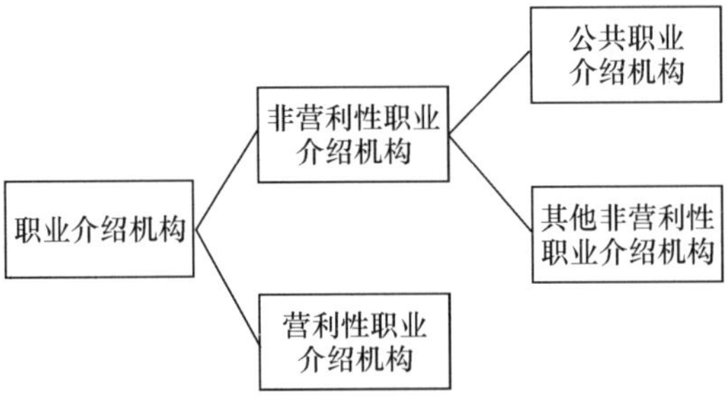

图 4—1　职业介绍机构分类

2. 上海市人才发展服务中心

上海市人才发展服务中心是上海市实施“科教兴市、人才强市”战略确定建设的人才服务平台，是政府人事部门所属的人事人才服务机构，通过集聚人事系统的人才服务资源和服务功能，运用人事人才服务品牌和高覆盖的服务网络，发挥政府职能部门在人事人才方面的主渠道作用。上海市人才发展服务中心坚持“专业化、信息化、规范化、网络化”的宗旨，采取集约化管理、专业化分工、一体化运作的整体发展模式，以“市、区（县）联动”机制为纽带，以统一的服务形象、统一的项目标准、统一的服务流程以及覆盖全市的工作网络为抓手，通过全市范围的“一点受理、多点服务”，为广大用人单位和各类人才提供便捷的公共化、社会化、市场化服务，为上海市的经济和社会发展提供充足的人才保障和源源不断的智力支持。

二、上海市对职业介绍机构的管理

1. 开办职业介绍机构应具备的条件

（1）有开展职业介绍活动所需的场所和设施。

（2）有经过专业培训的工作人员。

（3）有健全可行的工作规范。

申请设立营利性职业介绍机构的，除符合法律法规规定的条件外，还应当具有与其经营范围相适应的职业介绍经纪人：

（1）公司或者非公司企业法人应当有 5 名以上的职业介绍经纪人。

（2）合伙企业应当有 2 名以上的职业介绍经纪人。

（3）个人独资企业应当有 1 名以上的职业介绍经纪人。

要求开办职业介绍机构的单位和个人，应向劳动行政部门提出申请，经劳动行政部门审核合格后，发给上海市职业介绍许可证；申请并经营营利性职业介绍机构的，领取上海市职业介绍许可证后，需在工商行政管理部门办理工商登记。营利性职业介绍机构如需变更，在同一行政区域内的，应当报经原审批部门同意；跨行政区域的，应当报经原审批部门同意后，在新的行政区域内，按设立营利性职业介绍机构的程序，重新办理审批、登记手续。营利性职业介绍机构如需终止，应当到原审批部门办理终止手续，并到工商行政管理部门办理注销登记手续。

上海市对职业介绍机构实行年检制度。提供无偿服务的职业介绍机构和非营利性职业介绍机构的年检，由劳动行政部门进行；营利性职业介绍机构的年检，由劳动行政部门会同工商行政管理部门进行，每 2 年审验一次。

2. 职业介绍机构的服务内容

（1）接受用人单位的用工登记和求职人员的求职登记。

（2）为用人单位提供劳动力资源信息，进行用工指导咨询，推荐合格求职人员，介绍临时性的劳务人员。

（3）为求职人员提供求职机会和信息，进行择业指导咨询。

3. 经劳动行政部门委托，职业介绍机构可办理的事项

（1）收集、整理、发布本市劳动力供求信息和职业培训信息。

（2）发放《劳动手册》，办理用工、退工手续。

（3）收取失业保险费，发放失业救济金和医疗补助费。

（4）举办失业人员的就业培训或者转业培训。

（5）劳动行政部门委托的其他事项。

求职人员可凭身份证和有关证明，向职业介绍机构提出求职申请。职业介绍机构收到求职申请后，负有为求职人员联系、推荐用人单位的义务。

用人单位可凭单位简介、招工简章和有关证明，向职业介绍机构办理招工登记。职业介绍机构接受招工登记后，负有为用人单位推荐求职人员的义务。

4. 职业介绍机构不得介绍求职的人员

（1）未满 16 周岁或者正在接受义务教育的人员。

（2）未经批准的外省市人员。

5. 劳动行政部门对职业介绍活动的管理职责

（1）制定职业介绍事业的发展规划。

（2）审批设立职业介绍机构。

（3）指导和监督职业介绍机构的业务活动。

（4）培训职业介绍机构的工作人员。

（5）处理职业介绍活动中的违法行为。

三、上海市对中外合资、中外合作职业介绍机构的管理

上海市劳动保障部门、外商投资企业审批部门和工商行政管理部门在各自职权范围内负责中外合资、中外合作职业介绍机构（又称职业介绍类经纪机构）的审批、登记、管理和监督检查工作。

设立中外合资、中外合作职业介绍机构应当经市外资委及其授权的审批部门批准，到工商行政管理部门进行登记注册，并到市劳动保障部门办理申领职业介绍许可证书手续。职业介绍经纪人应向市工商行政管理部门办理执业注册、资格认定备案和登记注册。

1. 申请设立中外合资、中外合作职业介绍机构（又称职业介绍类经纪机构）应具备的条件

（1）申请设立中外合资、中外合作职业介绍机构的中方投资者应持有市劳动保障部门颁发的《上海市职业介绍许可证》。

（2）拟设立的中外合资、中外合作职业介绍机构应当具有 5 名以上职业介绍经纪人。

职业介绍经纪人应当取得执业资格和执业证书。职业介绍经纪人执业资格考试的考试大纲和考核要求由市工商行政管理部门会同市劳动保障部门共同审定。

2. 申请设立中外合资、中外合作职业介绍机构的程序

(1) 设立中外合资、中外合作职业介绍机构，应依法向市外资委或其授权的审批部门提出立项申请，审批部门在收到项目建议书的 20 个工作日内做出批准或不批准的决定。批准的，给予立项批准文件，并抄送市劳动保障部门、工商行政管理部门及有关行政部门；不予批准的，应当说明理由。

(2) 项目建议书批准后，申请者应向工商行政管理部门办理中外合资、中外合作企业名称核准手续。

(3) 企业名称核准后，申请者应向市外资委申报可行性研究报告、合同及章程，市外资委在收到之日起 30 个工作日内决定批准或不批准。批准的，颁发中外合资、中外合作企业批准证书；不予批准的，应当说明理由。

中外合资、中外合作职业介绍机构投资者变更、股权比例发生变化或设立分支机构等，应按《中外合资中外合作职业介绍机构设立管理暂行规定》第五条、第六条规定的审批程序经原审批机构审批同意后，到工商行政管理部门办理相关变更登记手续，并到市劳动保障部门办理变更备案手续。

第 4 节　上海市构建促进就业社会责任体系的实践

一、完善促进就业社会责任体系的意义

当前，上海市已经逐步建立起以政府责任为主导的促进就业社会责任体系。构建和完善促进就业社会责任体系的意义并不在于重复“就业事关改革、发展与稳定的大局”，而在于从构建政府责任体系向构建社会责任体系的转变中，探索如何形成以政府责任为主导，各利益主体有效参与，各利益主体间的责任边界明确，资源更加合理有效配置，市场化、社会化程度更高的社会责任体系。

首先，明确各利益主体的责任边界，是为了各利益主体能各司其职，承担各自的责任。其次，以政府责任为主导，而不是大包大揽，一方面是为了在划分责任边界之后由政府推动各利益主体的工作；另一方面是为了避免过多地由政府行政权力配置资源，减小政

府工作的压力，代之以责任共担的机制。从宏观上来讲，这也符合国际上普遍倡导的“小政府、大社会”的改革方向。

二、促进就业社会责任体系中各利益主体责任边界的划分与责任共担机制的建立

1. 确定利益主体，划分责任范围

促进就业社会责任体系中主要包括政府、企业、社区、个人四个利益主体。在就业工作主要针对社会弱势群体这一前提条件下，政府必然在体系中处于主导地位，其责任主要包括引导、监督和监察其他利益主体创造和保持就业岗位，制定规则、政策和建立经费保障体系等。

企业作为重要的利益主体，其责任不言而喻。就业岗位主要由企业创造和保持，企业的作用直接关系到上海市各级政府就业指标的完成与否，因此，企业应该充分意识到并承担起在就业方面的社会责任。但是，企业作为市场竞争的主体，强调其社会责任必然会与其经营活动发生冲突，这就要求企业在市场经营与承担社会责任，也就是效率和公平这两者之间寻求较好的平衡。同时，政府应该为企业承担就业的社会责任创造条件，包括提供政策倾斜。

社区基层各组织是近年来促进就业社会责任体系当中的新主体，因其直接面对社区失业和无业群体，其工作成效直接影响到社区基层的安定。近年来，社区基层组织在协助政府创造“保安”“保绿”“保洁”“保养”等就业岗位方面颇有成效。此外，随着国家和上海市政府逐步加强社区建设，社区基层组织在体系当中的责任和主体地位也将会逐步强化。

个人是社会责任体系当中最重要的主体，促进就业工作的效果直接关系到个人及其家庭生活；同时，千万个作为社会弱势群体的个人，其就业问题也关系到上海市的整体社会稳定。因此，个人主观上不能依赖政府或社区的工作安置、低保等社会保障，而应该从建设自己的幸福生活和为社会稳定做贡献的角度出发，积极寻找就业机会或自主创业。对于只能由政府或社区安排就业岗位的特困群体，则要安心工作，而不要在工作条件和报酬上过于挑剔。

2. “4050”工程与责任共担机制的建立

明确促进就业社会责任体系中各利益主体的责任，并不是“各人只扫门前雪，哪管他人瓦上霜”，恰恰相反，责任边界明晰的同时，许多促进就业的工作需要各利益主体的共同参与，建立起责任共担机制。

进入 20 世纪 90 年代，上海市各行业开始调整产业结构，改革用工制度，企业内部下

岗待工的人员增多。据市劳动部门统计，1990—1993 年，全市下岗待工人员共 32.9 万人。为解决这些下岗工人的就业问题，上海市开展再就业工程，建立再就业服务中心，推进“4050”工程，妥善分流安置了因国企改革产生的大量下岗职工，推进了劳动力结构的战略性调整，使市场化的就业机制开始形成。

“4050”工程是上海市专门为下岗失业者中年龄在 40 岁以上的女性、50 岁以上的男性等就业困难群体量身定制的就业项目，由社会各方献计献策、经专家科学评估而筛选出来。为鼓励就业困难人员以各种形式实现灵活就业，上海市于 2008 年 6 月 1 日起，将就业困难人员灵活就业社会保险补贴的年龄条件由原来的“4050”放宽到“4045”。上海市在全国首创并推出“4050”工程以来，迄今经劳动保障部门确认的项目达 1 214 个，其中已经启动的 900 多个项目，已吸纳大龄下岗失业人员 4 万多人。更多上海人则由此萌生了自主创业、当“小老板”的冲动。经过探索和实践，这一政府运用市场化、社会化的方式开发的工程，创造出了一种下岗失业人员、企业、社会多赢的促进就业新模式，产生了“众人拾柴火焰高”的效应。目前，全市已初步形成了政府搭建服务平台，以民营企业为主体，外资、合资和国有集体改制企业、社会有识志士、海归人士共同参与的新格局。

上海市构建促进就业社会责任体系中最有特色的动作，即建立了“五人”运作模式。所谓的“五人”运作模式，是指对一个项目实行项目设计人、项目招标人、项目执行人、项目出资人和项目评估监理人共同参与的模式。“五人”中第一“人”是项目设计人。市内外、国内外的法人或自然人都可以来设计适合困难群体就业的项目，各级政府将有偿征集这些“金点子”，鼓励有识之士献计献策。第二“人”是项目招标人。有了具有可操作性的项目之后，各级政府，主要是区（县）政府的相关部门将充当招标人，向社会公开招标，并组织专家进行评标。第三“人”是项目执行人。中标的法人或自然人即成为该项目的执行人，负责组织实施该项目。第四“人”是项目出资人。项目要启动，离不开资金，由谁出资主要看项目的性质，如果是政府项目，例如河道整治、植树绿化、市政设施维护等，自然是由政府出资；有些项目，例如一些劳动密集型的加工业、服务业等，就可以是企业或个人出资，而由政府就业促进基金提供辅助性投资或贷款担保。第五“人”是项目评估监理人。主要由独立的中介机构来担任，确保项目能够顺利执行。项目的实施主体没有定规，非正规劳动组织、个人独资企业、合伙企业、公司等都可以，兴办这些项目，政府将助以一臂之力。这个模式充分体现了以政府为主导，整合社会资源，各利益主体有效参与，责任共担的社会责任体系理念。

三、上海市构建促进就业社会责任体系的实践

自 2000 年起，上海市就致力于建立一个以净增就业岗位为重要内容的政府责任体系。

通过实施净增就业岗位计划，2011 年全市新增就业岗位 64.2 万个，超额完成当年 50 万目标任务的 128.4%，走出一条在市场经济条件下落实政府促进就业责任的新路。在促进就业市场化和社会化的过程中，上海市意识到促进就业不仅仅是政府的责任，还需要全社会的参与。社会责任体系就是强调政府为主导，发挥各种社会组织的作用，积极促进就业。

张丽勤女士就是这个模式的受益者。张丽勤女士在上海市开业项目招标会上看中了一个豆业连锁的项目。对创业一无所知的她有很多担心之处，例如她的条件是否适合这个项目，地段该如何选择等。她把这些疑问告诉上海市开业指导中心的专家后，这些来自企业管理层、咨询机构、金融界的专家根据她的实际情况一一分析后，建议她投资十多万元开办加盟店。如今，张丽勤女士 30 多平方米的加盟店每月营业额达到 5 万元左右，纯利润超过 1 万元。她激动地说："没有政府部门搭建的个人创业平台，没有这些经验丰富的专家的指导，我这么一个没门路没经验的中年妇女怎么可能取得成功?"

思考题

1. 简述上海市公共就业服务机构的性质和组成。
2. 职业介绍机构分为哪几类？各个类型的主要特征是什么?
3. 开办职业介绍机构应具备哪些条件?
4. 职业介绍机构的服务内容有哪些?
5. 完善促进就业社会责任体系的意义是什么?
6. 简述上海市构建促进就业社会责任体系的具体实践。

5

第 5 章

上海市就业促进政策

学习目标

通过本章的学习，学生应掌握上海市创业带动就业的政策措施、就业困难人员的界定、就业援助政策、青年大学生就业、特殊群体就业、农村劳动力就业、涉外就业以及青年就业状况、就业政策等内容。

第 1 节　创业扶持

就业是民生之本，创业是就业之源。为进一步落实党的十七大提出的“实施扩大就业的发展战略，促进以创业带动就业”的要求，加大鼓励扶持创业的工作力度，充分发挥创业带动就业的倍增效应，优化创业环境，根据《上海市促进中小企业发展条例》《上海市人民政府关于进一步做好本市促进创业带动就业工作的若干意见》（沪府发〔2009〕1 号）、《上海市人民政府贯彻国务院关于进一步促进中小企业发展若干意见的实施意见》（沪府发〔2010〕11 号）等，上海市制订了鼓励创业带动就业三年行动计划（2012—2014 年），主要政策措施如下：

一、加大财税支持力度，改善创业融资环境

1. 增加创业扶持的资金投入

扩大中小企业发展专项资金规模，加大对小企业创业基地的扶持力度，逐步增加对小微企业的资金支持比例，市中小企业发展专项资金用于小微企业的资金比例应该不低于 1/3。增加创业投资资金供给，充分发挥创业投资引导基金在引导社会资金加大创业投入力度中的积极作用，逐步扩大引导基金带动社会投资的放大比例，支持信息技术、生物、新能源、新材料、节能环保等战略性新兴产业以及文化创意、高技术服务等领域处于种子期、起步期的创业企业。（责任部门：市经济信息化委、市发展改革委、市财政局等）

2. 加大大学生创业基金等专项资金的扶持力度

增加大学生创业基金、青年创业就业基金的资金投入。拓宽资金支持的对象范围，将大学生创业基金扶持的对象范围扩大到全国高校毕业 5 年以内在沪创业的高校毕业生，设立覆盖本市各层次、各类别院校以及各大学园区及高校集中区域的分基金会。创新符合青年创业需要的资助模式，以无偿资助、贷款担保、利息补贴、股权资助、债权资助等多种方式，扶持青年创业。引导社会各界创立扶持创业专项资金，用于鼓励和支持多种群体、

多种行业的创业活动。（责任部门：市科委、市教委、团市委、市财政局等）

3. 完善小额贷款担保和贴息的政策扶持

将小额贷款担保政策的适用范围从创业3年以内的创业组织扩大到所有小微创业组织。自主创业的微量开业贷款担保政策延续实施至2014年年底，符合相关规定的，给予贷款贴息扶持。将小额贷款公司发放的劳动密集型企业小额贷款纳入贴息范围。扩大小额担保贷款的合作银行范围，增加放贷网点。（责任部门：市财政局、市人力资源和社会保障局、市金融办等）

4. 贯彻落实国家有关支持和促进就业的税收优惠，加大对小微企业税收扶持力度

对本市登记失业半年以上人员、零就业家庭或享受城市居民最低生活保障家庭中劳动年龄段内的登记失业人员、毕业年度内的高校毕业生从事个体经营的，可按规定依次扣减营业税（“营改增”企业减免增值税）、城市维护建设税、教育费附加、河道工程修建维护管理费和个人所得税；对商贸企业、服务型企业、街道社区具有加工性质的小型企业实体按规定吸纳有关人员的，可按规定依次扣减营业税（“营改增”企业减免增值税）、城市维护建设税、教育费附加、河道工程修建维护管理费。贯彻落实国家有关提高增值税和营业税起征点、小微企业减半征收企业所得税等政策，加大对符合国家产业和环保政策、吸纳就业的科技、服务和加工业等小微企业的支持力度。（责任部门：市财政局、市地税局等）

5. 完善创业金融服务环境

鼓励银行金融机构结合小微企业特点，制定明确的业务发展策略，在风险可控前提下，提高贷款审批效率，合理定价，建立尽职免责和正向激励机制，加大对小微企业的信贷支持力度。鼓励金融机构加强与融资性担保公司的合作，积极开展金融产品和技术创新，完善担保模式。鼓励风险投资基金、股权投资基金与创业企业的对接，支持创业企业多渠道直接融资。进一步扶持发展小额贷款公司，充分发挥小额贷款公司在服务“三农”、支持小企业发展方面的积极作用。（责任部门：市金融办、市银监局等）

二、创新创业登记管理办法，深化行政审批制度改革

1. 扩大经营场所集中登记的行业范围

允许从事工业设计、软件和信息服务、网络技术、翻译服务、电子商务、摄影摄像或设计、咨询等不扰民、不影响周边环境和公共安全的新型企业、文化创意类企业，在政府指定的场地集中登记。（责任部门：市工商局等）

2. 优化企业登记流程，继续试点筹建登记制度

全面实施企业设立并联审批，进一步缩短工商、税务、质量技术监督等部门联合审批的时间；拓展网上办事功能，推出网上企业登记服务。允许筹建周期长且从事不涉及公共

安全和人身健康的许可经营项目企业，在未取得相关审批文件或证件前，申请核发“项目筹建”的营业执照。（责任部门：市工商局等）

3. 拓展出资方式，放宽注册条件

继续实施大学生创业注册资本“零首付”政策。鼓励公司股权出资、债权转股权，盘活公司资产，促进公司将财产性权利转化为资本。扩大知识产权出资范围，开展专利使用权、域名权等新类型知识产权出资试点工作。允许企业适当延长出资期限。允许公司增加注册资本时，货币出资比例以全部注册资本额为基准计算。（责任部门：市工商局等）

三、加强创业教育和培训，提升创业者能力

1. 全面推进高校创业教育体系建设

各高校和中等职业学校以培养学生创新精神和创新能力为重点，全面开展各种形式的创业教育，并将创业教育纳入培养计划，给予一定的学分；进一步扩大创业教育体系建设试点学校范围，加大对试点学校创业教育的支持力度；加快建设高校创业教育基地，打造创业教育教学、指导、实训实习的公共资源平台。建立上海市创业教育指导专家资源库，为高校创业教育师资队伍建设提供支持，将教师培训基地覆盖到各大学园区或高校集聚区域。（责任部门：市教委等）

2. 建设高校创业实践孵化平台

充分利用大学科技园、经济技术开发区、高新技术开发区、工业园区等资源，创建一批大学生创业实践和孵化基地。（责任部门：市教委等）

3. 完善创业能力提升模式

构建创业培训、创业实训和创业见习三个阶段有机衔接的创业培训体系，大力开展创业培训。建设上海市创业者公共实训基地、创业实训平台，在对创业者开展更为有针对性的创业知识培训的基础上，为创业者提供创业实训的场地、设备和实训项目，通过创业实训提高创业培训的实效性，提升创业者的创业能力。

四、完善创业服务体系建设，提升服务水平

1. 加强综合性创业服务平台建设

由中国（上海市）创业者公共实训基地、中小企业公共服务平台、青年创业服务平台等综合性公共创业服务平台积极研究制定规范化的创业服务指南，培育专业化服务队伍，提升信息化服务水平；加快建设示范性创业孵化和指导园区，跟踪培育一批创新创业主体，鼓励小微企业创业，支持“专精特新”中小企业发展。由政府资助、购买服务资源，向创业者提供免费的公益服务。（责任部门：市人力资源和社会保障局、市经济信息化委、

市科委、市教委、团市委、市财政局等）

2. 聚焦重点产业，建设创业孵化服务载体链

扩大建设创业孵化器，推广创业苗圃服务模式，将创业场地补贴政策扩展至创业苗圃。（责任部门：市科委、市人力资源和社会保障局等）

3. 通过政府购买服务，扶持小微创业组织，并为中小企业预留政府采购比例

积极探索政府购买社会创业服务，各有关部门通过委托专业性社会机构或非政府组织，为小微创业组织提供创业辅导、项目孵化培育、技术创新、融资服务、人才培养、市场拓展等服务的道路，所需资金由同级财政予以保障。负有编制部门预算职责的各部门在满足机构自身运转和提供公共服务基本需求的前提下，应当预留本部门年度政府采购项目预算总额的一定比例，专门面向中小企业采购，并适当向小型和微型企业倾斜。（责任部门：市财政局、市经济信息化委、市科委、市人力资源和社会保障局等）

五、鼓励区县积极参与，创建创业型城区

1. 鼓励有条件的区县积极开展创业型城区的创建

参与创建的区县通过建立健全组织领导体系、政策扶持体系、创业培训体系、创业服务体系、工作考核体系等，实现创业活动率、创业存活率、创业对就业贡献率、创业环境满意率等创业指标有新的上升，使区域创业氛围更加浓郁，创业环境更加优化。（责任部门：各区县政府、市人力资源和社会保障局等）

2. 对参与创建创业型城区的区县，每年根据创建指标进行考核评估

对达到创建基本标准或超过全国平均水平的，可推荐其上报国家级创建城市（城区）。（责任部门：各区县政府、市人力资源和社会保障局等）

第 2 节　就 业 援 助

为切实做好上海市就业促进工作，保证就业局势持续稳定，上海市政府发布《上海市人力资源和社会保障局关于进一步加强就业援助工作的若干意见》（沪人社就发〔2010〕16 号），提出如下意见：

一、就业困难人员认定标准

就业困难人员主要是指上海市法定劳动年龄段内的失业、协保人员和农村富余劳动力

中有一定劳动能力且就业愿望迫切，但因自身就业条件差而难以实现市场化就业，连续处于实际失业状态6个月以上的下列人员：

（1）大龄失业、协保人员（男性年满45周岁、女性年满40周岁）。

（2）城镇零就业家庭成员。

（3）农村低收入家庭成员。

（4）连续享受最低生活保障3个月以上的家庭成员。

（5）经鉴定为中度残疾或部分丧失劳动能力的人员。

（6）被征地并领取生活费补贴期满后仍难以实现就业的人员。

（7）刑释解教人员等有特殊困难的其他人员。

二、就业援助政策

1. 鼓励用人单位吸纳就业困难人员

上海市企事业单位、社会团体、民办非企业等用人单位（劳务派遣类公司除外）吸纳经认定的就业困难人员，并签订一年以上劳动合同的，给予一次性补贴。其中，吸纳的就业困难人员属于城镇登记失业人员的，补贴标准为每人每年10 000元；吸纳的就业困难人员属于协保人员、农村富余劳动力以及一次性缴纳社会保险费已满15年的征地人员的，补贴标准为每人每年5 000元。

补贴期限最长不超过3年，所需费用从失业保险基金中列支。

2. 鼓励就业困难人员灵活就业

鼓励有一定能力的就业困难人员，包括大龄失业人员，通过自谋职业、自主创业等灵活就业的方式实现就业，并按原规定继续享受就业岗位补贴和社会保险费补贴。

3. 加大公益性岗位就业援助的工作力度

各区县政府在控制公益性岗位现有规模不扩大的前提下，可根据当前就业状况，合理调整公益性岗位结构，在充分发挥公益性岗位吸纳就业困难人员的过渡性安置作用的同时，积极鼓励公益性岗位中的就业困难人员实现市场化就业，拓宽就业困难人员的就业门路。凡公益性岗位吸纳新认定就业困难人员的，失业保险基金按月给予岗位补贴、社会保险费补贴。

对满足该意见就业困难人员认定标准中除“连续处于实际失业状态6个月以上”的其他条件，但就业确有特殊困难的人员，可在总量控制的前提下，经区（县）人力资源和社会保障局审核同意，认定为就业困难人员，并安排到公益性岗位就业，按规定享受公益性岗位相关扶持政策。

4. 进一步完善就业援助服务

上海市人力资源社会保障部门充分认识加强就业援助、稳定就业局势的重要性，整合各方面资源，加强组织协调，明确相关责任，加大扶持力度，落实政策措施。对新出现的困难人员，要及时将其纳入就业困难人员范畴。要确保“零就业家庭”在确认后 1 个月内至少 1 人实现就业，确保就业困难人员在认定后 3 个月内实现就业。将就业援助常规性工作和专项活动有机结合，根据不同困难群体的不同情况，提供有针对性的职业介绍、职业培训等就业援助服务。进一步加大对就业援助工作的宣传力度，以就业援助专项活动为契机，依托就业援助员等基层服务资源，深入社区，开展宣传，提高相关就业援助政策和服务措施的知晓度。

三、上海市政府的青年就业援助制度

失业青年除了调整心态、明确定位，通过人才市场实现自主择业外，相关政府部门也为他们量身定制了一系列就业援助计划。

上海市青年职业见习计划，又称为职业见习，是上海市职业培训指导中心推出的通过政府经费补贴的方式，组织青年到一些符合上海市产业发展方向、具有相当知名度的企业中，在具有一定技术含量的实际岗位上，进行一段时间的见习，来提高青年包括职业经历、动手能力和敬业精神在内的综合职业素质的计划。2011 年 2 月，在上海应用技术学院、上海对外贸易学院等 6 所高校试点实施该计划，以拓展大学生校外实习的途径，提高其就业竞争能力。

为进一步提升高校毕业生的实践能力、综合素养与就业竞争力，积极鼓励高校毕业学年学生参加上海市青年职业见习计划，上海市制定了以下工作方案：

1. 对象范围

申请参加职业见习的学生应同时符合下列条件：

（1）学籍所在高校属于上海市教育委员会、上海市人力资源和社会保障局确定的试点高校范围。

（2）属于毕业学年。

（3）经学籍所在高校批准同意。

2. 见习期限

见习时间为毕业学年，周期一般为 2～3 个月。

3. 见习流程

（1）见习申请

1）毕业学年学生参加职业见习前，试点高校应将毕业学年学生的姓名、身份证号、学校名称、专业、攻读学历等主要信息发送给市职业介绍中心。由市职业介绍中心建立相关数据库，有针对性地收集见习岗位信息，切实做好毕业学年学生办理见习注册手续的工作。

2）有意向参加职业见习的学生，可通过“上海公共招聘网”查询、应聘合适的见习岗位，并填写毕业学年学生职业见习申请表，报学籍所在高校相关部门审核。

学生持经本人签字和学籍所在高校审核通过的毕业学年学生职业见习申请表、本人身份证、学生证参加见习基地组织的面试。经见习基地面试并同意吸纳为见习学员的学生，见习基地应在毕业学年学生职业见习申请表上盖章确认。

3）学生持经学籍所在高校审核通过和见习基地盖章确认的毕业学年学生职业见习申请表、本人身份证、学生证到见习基地所属管理区（县）就业促进中心办理相关手续，由区（县）就业促进中心对学生的相关信息进行审核。

4）通过区（县）就业促进中心审核的学生在正式上岗前，与见习基地签订见习协议书。

（2）见习考核

1）见习学生应在见习结束前两周向见习基地递交见习小结。

2）见习基地在收到见习小结后的5个工作日内，为学员出具职业见习意见书，准确、客观地评价学员见习效果，并在见习期满的一周前将职业见习意见书送达区（县）就业促进中心。

3）区（县）就业促进中心对职业见习意见书进行审核。审核通过后盖章，并将职业见习意见书发放给学生。

（3）见习终止

1）凡属见习基地提出终止学生见习的，见习基地应填写职业见习终止申请表；凡属见习学生提出终止见习的，由本人向见习基地提出，并填写职业见习终止申请表。

2）见习基地应在学生见习终止后的1周内把职业见习终止申请表报至区（县）就业促进中心。

（4）经费核销

1）区（县）就业促进中心每月按试点高校汇总本区（县）高校毕业学年学生职业见习带教费汇总表，会同按试点高校分类的高校毕业学年学生见习学员名册，报送市职业介绍中心。

2）市职业介绍中心按试点高校汇总全市高校毕业学年学生职业见习带教费汇总表和高校毕业学年学生见习学员名册后，发送至各试点高校。

3）各试点高校对高校毕业学年学生职业见习带教费汇总表中的金额按见习基地分类

汇总，将见习带教费发放到各见习基地账户，同时根据高校毕业学年学生见习学员名册为学生购买保险，用于对见习学员见习过程中自身遭遇意外伤害、造成他人人身意外伤害以及造成见习基地设备损坏等突发情况的保障。

4）参加见习的学生所需见习带教费和相关保险费，从各试点高校业务费中列支。

第3节　青年大学生

一、上海市大学生就业发展现状调查与分析

1. 上海市大学生毕业前的准备

通常上海市大学生毕业前要做两项准备：考外语证书与参加社会实践。

（1）证书。证书是反映大学生能力的硬件条件，也是学生心目中企业挑选人才的量度之一。一般来说，掌握一门外语、懂计算机知识，同时又有一门专业知识的复合型人才较受欢迎。

调查显示，大学生普遍对自己的英语能力与英语证书相当重视，尤其是大学英语四六级证书。相比较之下，专业类证书的受重视程度较小。分析其原因主要有两个：一是培养全面素质人才的观念深入人心，大学生对成为全才的愿望比较强烈，相对降低了对专业的要求；二是考取初级证书已成为普遍现象，但大学生缺乏主动深入学习的能力。

但是企业对证书的信赖度并没有大学生想象的那么高。原因是，如今证书种类繁多，加上近年来各种培训机构层出不穷，其中又以进行短期培训和针对应试培训的居多，证书的价值有所降低，甚至在一定程度上背离了以其选拔优秀人才的本意。企业面对这支日益壮大的“考证大军”产生了疑虑——持证人是否真的具有相应能力？因此，相比于证书，企业更看重个人素质和实际操作能力。

大学生和企业看待证书的不同态度，间接反映了大学生对社会的了解仍存在一定误区，对考证乃至就业存在一定盲目性，认为证书是就业的“敲门砖”，急于求“证”，而相对忽略了提高自身能力这一考证本意。由此可见，证书不过是“一纸空文”，要体现证书的含金量，还得把所学知识应用于实践，拿出让人信服的能力。

（2）社会实践。一般企业对职员的能力要求有：书面表达、口头表达能力，专业技术，分析问题、解决问题的能力，领导力，人际交往能力，决策力，创造力，应变、组织与计划能力等。除此之外，还有一些“关键能力”，如工作态度、创造性和革新能力、把

握和创造机会的能力、对风险进行评估的能力、自我谋职的能力等，也应引起重视。如今的大学生在校期间都很重视培养工作能力。大学生通过校内校外的工作，了解自己的能力倾向，奠定决定职业生涯目标及策略的基础；提高自身能力，争取在毕业后的职业生涯中最大限度地发挥自己的才能。

经调查，同学们普遍认为校内的学生会工作以及校外的公司实习是最有利于今后职业发展的两种社会实践。

在校内，大学生的能力形成一般可分为三个环节：社会性能力重点培养环节（大一阶段）、技术性能力重点培养环节（大二、大三阶段）、综合能力形成和提高的重点培养环节。

而在校外，有相当一部分大学生都有假期打工的经历，在众多的打工经历中，从事体力劳动的比例要稍高于脑力劳动，其中家教类比重超过三成。大学生认为打工是一种比较好的锻炼能力的方式，但是企业并不这样认为，调查的企业对应聘者是否有打工经历不是很看重，还建议如果打工也要尽可能选择在专业相关的单位进行。

如此说来，大学生还是应该立足学校，锻炼能力，打工要在学有余力的基础上有选择地进行。

2. 大三是就业观念波动期

在调查中发现，近半数的大学本科在校生毕业后的首选不是找工作，而是继续深造、出国或者自己创业。相比于过去，现在的大学生就业观念已发生很大的变化，这和上海市经济发展的趋势、人才市场的逐渐完善、选择多元化的趋势相吻合。

六成以上的大学本科在校生对于以后的就业有模糊的打算，有明确规划的人占20%以上，11%的人没有作任何打算。调查也发现，随着年级的增长，打算毕业后直接就业的大学生的比例呈上升趋势。有近40%的大学生在大三以后观念会有所改变，选择毕业后直接工作。导致这个现象的主要原因是大部分大学生没有比较明确的就业规划，而大三是一个波动时期，多数大学生在大三以后才开始认真考虑自己的发展问题。

大学生自主创业是大学生比较关注的一个问题。创业是一种新型的就业选择，也是社会对大学生素质的检验。创业改变了大学毕业进机关、进企业等传统的就业渠道，为大学生就业寻找到新的出路，这既是一场自我挑战，也是对成功的另一种诠释。

专家认为，深厚的科技知识、成熟的心理态度和丰富的管理经验是大学生创业亟待跨越的三道坎。调查显示，大学生对创业的认识并不全面，甚至存在明显的缺陷，其中重要的一点就是缺少管理经验，对行业缺少深度认识，对市场和营销缺少深入了解。

3. 企业和大学生选择的求职手段一致

（1）求职渠道。选择有效的求职渠道，能够保证就业信息的准确性、全面性和有效性，使之更好地为自己的求职服务。

目前常见的求职渠道主要有：

1）各类招聘会，具有时间集中、信息量大、针对性强、双方了解更直接的特点，是毕业生了解信息、成功择业的主要平台。

2）社会实践活动，可以通过广泛接触社会，获取一些有价值的就业信息。各类实践活动使大学生能与生产实际直接接触，一方面使用人单位对学生有所认识和了解，另一方面使学生对用人单位、择业范围有更深的认识。

3）互联网，现在既有专门的人才网站比较集中地提供人才求职信息，也有综合网站开辟专门栏目刊登招聘广告。网上应聘方便快捷，信息反馈也较其他形式迅速。

4）各种社会关系，这是一个庞大的信息源，而且他们提供的信息，一般比较具体、准确，求职成功率较高。

有近半数的大学生希望通过社会实践活动来获得工作机会，而倾向于校内招聘会和社会招聘会的大学生各占20%左右，网上求职和委托代理人等方式则不被普遍采取，分析原因包括：

第一，大学生希望直面社会，因此比较青睐通过亲身实践这种传统方式取得信息。

第二，大学生对于新兴的求职渠道理解不深，普遍认为其可信度不高。

第三，大学生公平竞争的意识强，相信实力是取得好工作的关键。

第四，大学生在求职过程中讲究有效性，希望在集中的信息源中筛选出较为理想的工作。

大多数公司也希望首先能够通过实践筛选人才，其次是招聘会。可见，在求职手段上，企业和大学生的选择基本一致。

（2）面试。面试是人事选拔中使用最为广泛的技术方法。用人单位在选拔人才时希望通过面试这一环节来了解、估测求职者的业务水平、组织能力、知识面、社会态度、个性特征、心理素质等方面的情况。

调查显示，大学生认为在面试的时候，取胜的关键因素是现场发挥，其次是细节问题，最后是履历表。

4. 求职涉及的具体问题

（1）专业对口问题。2000年基本实现毕业生就业制度的新旧体制转轨后，国家不再以行政分配，而是以方针政策指导、奖学金制度和社会需求信息来引导毕业生在一定范围内自主择业。在这种就业体制下，大部分毕业生按照个人的能力条件到市场参与竞争，一定程度上减少了专业对择业的限制。

调查中，只有三成的大学生表示担心专业不对口，而被调查的所有企业则都表示比较注重专业的对口，并希望在履历表中看到应聘者曾经从事与专业相关工作（包括到相关单位打工）的经历。这反映出专业的优势不可小觑，立足专业是大部分用人单位的首选，也提醒广大学生要重视本专业的学习和进一步深造。

（2）起薪问题。起薪是大学生就业、择业所考虑的重要问题之一，也是大学生自我定位的体现。

部分毕业生就业期望值依然居高不下。自由竞争的环境可以使大学生为自己选择更好的环境，但过高的期望值也不可避免地给他们带来更多的失落，而就业中更多的挫折，也会造成人才的失衡和浪费。在某种程度上过高的期望值是学生自己为顺利择业设置的一道障碍，也为此花费了不必要的成本。

对此企业也存在担心，认为现在大学生普遍存在目标太多、太高又怕吃苦的问题。

（3）试用期问题。试用期是指用人单位和劳动者为互相了解、选择而约定的考察期。我国劳动法规定，试用期最长不得超过 6 个月。

调查显示，62%的大学生能够接受 3～6 个月的试用期，另有极少部分人表示能接受 6～12 个月的超出法定期限的试用期。调查同时也发现，许多大学生对于就业相关政策和规定不甚了解。

（4）留沪问题。经调查，非上海市生源中，一半学生对留沪问题关心程度一般。

这种现象较以往有所不同，反映出大学生择业的区域范围不仅仅局限于上海市本地，为谋求自身的更好发展，向沿海地区延伸，或出于个人志愿到中西部等人才匮乏的地区就业。

5. 职业发展

（1）发展机会。现在的大学生认可金钱对人的价值的认定，在择业中表现出追求功利和实惠的倾向；同时也绝不鼠目寸光，他们强烈要求用人单位充分发挥他们的能力，渴求单位给他们学习的机会、发展的机会，并主动创造适合自己早日成才的环境。

调查显示，晋升作为传统的“个人升值”行为，在大学生心中的地位已不那么重要，而出国则取而代之成为发展的首选。同时，他们也更加重视就业单位对自身技能的培养，渴望得到学习深造和专业培训等机会。

被调查的企业，近九成给予员工专业培训的发展机会，另有一成则给予员工晋升的发展机会，几乎很少考虑到出国和学习深造。

（2）跳槽。经济和社会的飞速发展，客观上为人才提供了更大的发展空间和选择余地，跳槽逐渐成为大多数人职业生涯中的必然经历之一。跳槽现象随时可能出现在我们身边，但该不该跳槽、为了追求什么而跳槽是值得考虑的问题。

从对大学生跳槽原因的分析可以看出，首先，大学生对自身能力是自信的，大多数人相信自己可以适应工作环境；其次，他们眼光更加长远，认为到更有实力的公司就职，能给自己提供更大的发展空间；最后，他们看待发展问题更加现实。所以，对公司而言，更好的待遇是吸引人才的重要因素。

二、上海市高校毕业生就业政策

1. 引导和鼓励高校毕业生到城乡基层、中小企业、中西部地区和艰苦边远地区就业

继续扎实推进、精心实施好“西部计划”“三支一扶计划”和“到村任职”等已有基层项目。高度重视免费师范毕业生的就业工作和履约管理；继续配合做好住院医师规范化培训工作，推进见习教师规范化培训工作；继续做好重大科研项目聘用吸纳高校毕业生的工作。

大力拓展高校毕业生的就业领域，鼓励多渠道多形式就业，引导毕业生到战略性新兴产业、先进制造业、现代服务业、文化创意产业和城乡社区公共文化服务业等领域就业，落实好鼓励中小微企业吸纳毕业生的有关政策，积极为其招聘高校毕业生搭建平台。加强服务外包人才培养，配合相关部门进一步完善服务外包企业吸纳毕业生就业的长效机制。要紧密结合国家文化输出需要，鼓励相关专业毕业生到海外汉语教学岗位就业。

2. 全面提高大学生职业发展教育专业化水平

要贯彻实施《上海市学生职业（生涯）发展教育“十二五”行动计划》，确立为了每一个学生的职业生涯发展的指导理念，全面提升职业（生涯）发展教育的专业化和国际化水平，努力建立具有中国特色和上海市特点、适应学生终身发展需要的学生职业（生涯）发展教育体系。

依托相关高校学科优势和专业研究机构的建设，创设职业生涯教育专业硕士点和博士点，培养学生职业（生涯）发展教育的高学历人才。进一步完善职业咨询师从业资格鉴定标准和认证体系。加强对高校院系一线职业（生涯）发展教育教师的培养和选拔，逐步培育和设立若干职业（生涯）发展教育名师工作室。

3. 进一步完善高校毕业生就业服务体系

各有关部门要大力推进毕业生就业信息服务平台建设，着力提高需求信息的真实性、可靠性和可用性，提高就业信息化服务质量。各高校要深入挖掘和开发行业、企业及校友等资源，继续发挥好毕业生就业服务主渠道作用，鼓励高校组织各类协助体，联合开拓就业市场。各高校要充分利用好市学生事务信息化平台和“全国高校毕业生就业服务一体化系统”，探索利用手机报、微博、微信等新型传播手段发布就业信息。

市、区（县）人才服务中心和公共职业介绍机构要专设高校毕业生就业服务窗口，主动加强与企业的联系，大力推进上海市就业信息化平台建设，为高校毕业生、用人单位提

供方便、快捷、高效的就业信息服务，提供政策发布、岗位信息、网络招聘、远程面试、指导咨询等就业服务。各区县要进一步完善职业供求信息收集和发布制度，加强信息监督管理，根据本区域产业结构调整的要求和基层人才队伍建设的实际，努力加大人才储备力度。要大力引导和鼓励本区域用人单位积极开拓和发布大学生实习实训岗位信息，切实增加大学生实习实训的机会，提升学生的就业能力。

4. 利用多方资源促进就业困难和少数民族毕业生就业

认真做好就业困难的离校未就业大学生的就业援助工作，对就业困难的高校毕业生实施“一对一”职业指导、向用人单位重点推荐、就业援助、职业见习等帮扶措施，要注重增加高校毕业生见习岗位的技术含量，进一步加强对见习基地的管理和评估，提高高校毕业生的职业技能。要切实落实社会保险补贴、公益性岗位补贴、职业技能培训和鉴定补贴等各项就业援助政策。对“零就业家庭”“低保家庭”“农村低收入家庭”中的高校毕业生，各区县可按规定认定为就业困难人员，对吸纳其就业的用人单位按规定给予一次性补贴。充分发挥街道（社区）、乡镇就业网络作用，摸清离校后未就业毕业生的情况，实施定向援助，落实托底安置责任，确保实现“只要对就业岗位不挑不拣，都能实现就业”的承诺。

高度重视少数民族毕业生就业，摸清少数民族毕业生底数，进一步拓宽少数民族毕业生就业渠道，及早启动对就业困难的少数民族毕业生的帮扶和援助，努力促进少数民族毕业生充分就业。要根据少数民族毕业生的特点，加强国家通用语言培训、就业技能培训，提高其就业竞争力。

5. 大力推进创新创业教育和自主创业

普遍开展创新创业教育和实践活动，成立创新创业教育和自主创业工作领导协调机构，把创新创业教育作为培养创新型人才的重要途径，融入专业教学和人才培养的全过程，建立和完善“覆盖全面、层次合理、运行有效、特色鲜明”的创新创业教育体系；注重创新创业教育的实践性特点，认真实施“本科教学工程”国家级大学生创新创业训练计划，积极组织学生参加各类创新创业竞赛、模拟创业等实践活动，培养学生的创业意识、创新精神；鼓励各高校和各区县开辟专门场地或依托大学科技园、高新技术产业开发区、工业园区等，开展大学生创新创业教育实践、实习和项目孵化，提高其创业能力。

各高校要积极出台并不断完善本校促进学生自主创业的措施办法，有条件的高校要设立校级大学生自主创业资金，并继续做好高校毕业生自主创业证的审核、发放工作，让毕业生切实享受到自主创业税收减免政策。充分利用好“全国大学生创业服务网”提供的创业资讯、创业指导、项目展示、项目对接等服务。各区县要建设创新创业实践、实习和项目孵化基地等创新创业平台，引导有创业意向的高校毕业生参加创业培训和创业实训，提升创业能力，积极落实有关创业培训的费用补贴。拓展融资渠道，通过财政和社会投入等多种渠道，进一步扩大大学生创业扶持资金规模。落实工商注册、行政审批、申请小额担保贷款等政策并简化程序，提高政策实效性。

6. 实施大学生“双证书”制度

在校大学生参加高校职业技能鉴定、获取国家职业资格证书也是提升就业竞争力的办法。自2002年开始，上海市劳动部门开始在高校推行“职业资格认证”制度，大学生可报名参加相应专业的政府补贴职业培训，并进行国家职业技能鉴定，从而在学历证书之外拥有一张职业资格证书，作为职业技能的证明。对于缺乏工作经验的大学生，尤其是将来从事专业技术岗位的大学生来说，“双证书”不失为提升竞争力的策略之一。

三、青年就业

1. 开展青年心理辅导

中共市委宣传部、上海市社会科学联合会、上海市劳动和社会保障局等部门在“东方讲坛·职业生涯”系列讲座上进行了一次就业问题的调查，当被问及“当前青年成功就业最主要的障碍在哪里”时，选择“就业结构性矛盾”的占25%，选择“缺乏必要的工作经验”的占18%，选择“缺乏积极的就业精神”的占16%，选择“缺乏必要的就业指导”的占15%，选择“缺乏竞争力和承受力”的占11%，选择“就业环境有待改善”的占9%。在“造成青年失业的主要原因是什么”这一问题上，30%的人表示是“对收入期望值太高”，23%的人表示是因为“吃不起苦”，表示因为“相容性差”的占20%，表示因为“过分追求体面工作”的占16%。从调查结果看出，大部分青年的就业障碍是心理期望等原因造成的，所以，首先应帮助青年树立正确的就业观。

(1) 帮助青年克服“想做的”和“能做的”之间的差距，即就业期望与实际岗位之间的差距。一方面，很多刚走出校门的年轻人总想着马上找到最适合自己的、薪水高、职位高的工作；另一方面，很多年轻人对自我的认识极度匮乏，求职目标不明确，或者设定的目标根本就不适合自己。

(2) 帮助青年克服对综合素质的忽视心态。企业在招聘过程中，更侧重于对个人综合能力的考察，而非单一技能或者专业知识上的特长。很多年轻人以为只要有一技之长就行，其实沟通能力、团队协作能力等方面恰恰是他们的“软肋”。

(3) 帮助青年克服“倚老”“啃老”心理。记者在采访中了解到，很多职业介绍所的职业指导师都有这样的体会：年轻人找不到工作，急的不是本人，而是父母。上海市人民广播电台“空中职介”栏目每次做青年就业专题，打进电话的有2/3是父母，甚至是外公外婆、爷爷奶奶。“接待咨询者时，常常碰到这种情况——年轻人自己不来，来的是家长，而孩子要么在家打游戏，要么到处闲逛。”这种情况在失业的年轻人当中相当普遍。缺乏择业主动性和依赖父母的心理是影响他们找工作的重要原因。

2. 上海市政府的青年就业援助制度

失业青年除了调整心态、明确定位，通过人才市场实现自主择业之外，相关政府部门也为他们量身定制了一系列就业援助计划。

（1）青年职业见习计划。适用群体：缺乏职业资本的失业青年。

“给我一个支点，我将撬起整个地球。”很多年轻人，特别是应届高校毕业生，由于缺乏经验，导致他们的职业生涯找不到支点。上海市青年职业见习计划正是为缺乏工作经验的年轻人制订的。自 2002 年 4 月开始实施。

上海市青年职业见习计划的内容是：年龄在 16～25 岁（有特殊需要的可放宽至 30 岁）的青年进入有一定发展前景和行业知名度的企业（即见习基地），在有一定技术含量的工作岗位上，进行 3 个月至半年、最长不超过一年的见习；见习期间，见习者和见习单位不建立劳动关系；政府给予见习者一定的生活补贴，并为其购买特定的综合保险；对见习单位，政府也给予一定的补偿。目前，加入见习基地的企业中有相当一部分是世界 500 强企业，年轻人通过见习获得了在知名企业就职的工作经验，在职业技能、职业素养方面都得到了锻炼，不少在见习中表现出色的年轻人被名企留用。

（2）郊区青年技能培训项目。适用群体：郊区县失业青年。

上海市正在市郊各区县的失业青年中推行郊区青年技能培训项目，帮助失业青年提升技能，实现就业。

目前上海市郊区县 35 岁以下的失业或富余青年劳动力有 30 多万，但各郊区县的人才需求结构性矛盾也很突出，普遍存在生产性、技术性岗位“等人”的情况。如果能对失业青年进行有效培训，则既可满足郊区县企业的用人需求，缓解结构性矛盾，又能促进郊区县青年就业。上海市 10 个区县已根据产业发展导向，开发了一批适销对路的定向培训项目，如松江区的电工、数控机床工、绿化工；青浦区的家政服务员、服装设计定制工、无线电装接工、超市营业员；闵行区的河道保洁工；浦东新区的高尔夫球童等。

郊区县失业青年可凭劳动手册、农村富余劳动力求职登记卡、下岗证明和身份证，到所在郊区县的劳动保障部门报名参加技能培训。

第4节　特殊群体

一、妇女就业

1. 妇女就业存在的问题

（1）城镇女性的劳动就业层次需进一步调整。在女性从业者较为集中的社会服务业，女性从业者所占的比重仍明显低于男性，而机关团体中女性从业者比例则更低。同时，女性从业者中高层次、高学历的中高级人员相对较少，就业层次有待进一步提高。

（2）重男轻女的就业观念需要进一步扭转。据劳动力需求调查显示，女性需求量仍比男性低得多，因此应进一步树立女性新形象，大力宣传男女同工同酬及男女就业平等的观念，切实改变劳动就业中的重男轻女现象，使上海市的女性从业人员在不同的就业层次中有更多的就业机会。

（3）城镇女性的劳动就业培训工作仍需加强。据统计数据显示，参加过就业培训的女性占全部女性下岗、协保和失业人数的比例较低。与此同时，全市招工单位在招工时要求招用人员经过培训的占50%以上，因此有必要对失业下岗女性加强职业培训、技术培训和转岗培训，提高女性就业竞争能力。

（4）男女劳动年龄的性别差异需逐步缩小。宪法规定妇女享有和男性同样的经济地位，但在现实生活中，劳动权存在着很大的性别差异。现行的法规中，男女参加劳动的起始年龄是一样的，但终止劳动的退休年龄却明显不同。现行的对两性退休年龄的规定是不合适的，应作为一个历史遗留问题，逐步加以解决。

2. 上海市政府部门促进妇女就业、创业的政策措施

（1）对下岗及失业妇女进行培训，增强其自我创业能力。上海市妇联针对有办企业能力和创业意向的下岗、失业妇女，开办了创业者培训班，对资金有困难者帮助申请再就业基金贴息贷款。同时为妇女创业者提供了政策咨询、市场营销、企业规划等一系列跟踪服务活动。

（2）对创业成功的妇女在政治上和舆论上给予及时的鼓励和支持。政府及妇联组织对成功的女企业家应给予高度的重视，并注重发挥他们的示范带头作用，如开展“十佳巾帼创业者”评选活动，加强对女企业家的“交友、宣传、服务”，帮助她们提高综合素质，注意维护她们的合法权益，使她们真正体会到“娘家人”的关心和帮助。

3. 扩大妇女就业、创业的政策建议

扩大妇女就业既是妇女获得劳动收入、得到社会承认和提升自尊的需要，也是社会安生之本，即安家、安康、安泰、安定。

（1）对妇女经济活动做新的定义。统计上应计算和评估妇女的农业无报酬劳动价值和生育、家务劳动价值。当妇女的时间花费被低估时，一些政策、计划的成本收益会失真。如局限于工资劳动力概念，妇女对家庭收入的贡献只有20%，但若扩及市场导向生产消费，妇女的贡献则上升到55%，因此，需要对妇女经济活动重新定义，重视妇女无报酬劳动的统计工作。另外，对自然失业率与实际失业率的偏离也需调整，以便对失业性质做出正确判断。

（2）重视非正规部门对妇女就业、创业的作用。非正规部门对妇女至关重要，妇联组织要通过业已存在的妇女组织网络，筹建女性行业联合协会、女性服务中心、女性经济实体，根据女性特点，开办弹性上班、在家办公、环保卫士等实绩实效工作，发挥女性联合的最佳优势，增加临时性、非周期性的就业岗位，适应我国家庭和住房单元化、人口老龄化、生活现代化的新变化。

（3）培育非公企业，作为妇女再就业的新渠道。非公企业吸纳就业能力强，且形式灵活多样，上海市实施的“4050”工程已起到一定的对妇女劳动力的消化作用。妇女就业与经济发展之间具有互动作用，鼓励非公经济的发展将提供更多与女性相适应的就业形式和就业岗位，为妇女再就业开辟更多的新渠道。

（4）加强女性就业权益保障的监察工作，加强妇女就业观念转变工作。对上海市地方法规《上海市女职工劳动保护办法》和《上海市劳动保护监察条例》进行修改，增加对女性就业权益保障实施监察、管理和监督的条款，内容包括：劳动行政部门对各单位贯彻实施女性就业权益保障的各项规定进行国家监察；劳动行政部门及其所设立的劳动保护监察员，应将对女性的就业权益保障列为实施监察的主要职责之一；行业管理部门应对本行业各单位的用人问题进行管理，对用人单位在招工招聘中的性别歧视和侵害女性就业权益的行为进行监督和批评，责成其改正；凡经上海市劳动保护监察部门查实的招工招聘中严重歧视女性、侵害女性就业权益的行为，由主管部门对侵权单位的负责人和直接责任人，根据情节轻重，分别给予相应的行政处分；工会和妇联依法代表劳动者对用人单位贯彻实施女性就业权益保障的规定进行群众监督；劳动行政部门、行业管理部门应公开办事制度，受理有关侵害妇女就业权益的投诉，在各自的职能范围内，进行调查、核实，并根据事实分别依法予以处理；劳动行政部门、行业管理部门应对报刊、电视、广播以及其他新闻媒体贯彻实施女性就业权益保障的规定进行监督，发现有违反国家有关规定，传播限制妇女就业的招工、招聘启事的情况，应向市人大、市政府反映，督促其改正。

（5）分步落实男女平等的劳动年龄、退休年龄。劳动年龄的性别差异是一个历史遗留问题，现行的退休年龄是20世纪50年代初期定的，那时人的寿命都比现在短，男性在体力劳动方面的先天条件比女性优越，但现在人的寿命越来越长，而女性的寿命比男性更长。

促进女性创业和就业，从大的方面来讲，包括三大类措施：一是加快培育女性创业的主体，比如说在上海市产业中提出发展创意产业，由于女性在创意产业中有独特的优势，所以从现在创意产业人才队伍建设和创意产业园地的开发上对女性予以支持；二是加大创业扶持的力度，现在有关部门也在研究支持女性创业扶持的举措，比如说小额贷款的贴息等；三是加大社会舆论和引导，比如推出"青年女性职业飞翔计划"，还有表彰优秀创业女性等，可以动员全社会女性学习先进，一起走上创业就业的道路。

二、未成年人就业保护

1. 国家明确规定禁止使用童工

童工是指未满16周岁的劳动者。《劳动法》第十五条规定，禁止用人单位招用未满16周岁的未成年人。《禁止使用童工规定》（国务院令第81号）、《使用童工罚款标准的规定》（劳力字〔1992〕27号）等法规和文件都明确规定禁止使用童工。

2. 对未成年工实行特殊劳动保护

根据《劳动法》的规定，未成年工是指年满16周岁未满18周岁的劳动者。《劳动法》第五十八条规定，国家对女职工和未成年工实行特殊劳动保护；第六十四条规定，不得安排未成年工从事矿山井下、有毒有害、国家规定的第四级体力劳动强度的劳动和其他禁忌从事的劳动；第六十五条规定，用人单位应当对未成年工定期进行健康检查。

《未成年工特殊保护规定》（劳部发〔1994〕498号）也对未成年工的使用在工种、劳动时间、劳动强度和保护措施等方面制定了具体规定，禁止安排其从事过重、有毒、有害的劳动或者危险作业。

3. 违反相关法律规定的处罚

法律明确规定劳动和社会保障行政部门负责有关禁止使用童工和未成年工特殊保护法律法规的执法检查工作。对使用童工的单位处以罚款等行政处罚；对使用童工情节恶劣的，提请工商行政管理部门吊销企业的营业执照；对使用童工的有关责任人员，提请有关主管部门给予行政处分，构成犯罪的，由司法机关依法追究刑事责任。对用人单位违反劳动法对未成年工的保护规定，侵害其合法权益的，由人力资源社会保障部责令改正，并处以罚款；对未成年工造成损害的，应当承担赔偿责任。

违反未满16周岁未成年人保护规定的罚款标准为：

(1)《劳动法》第九十四条：用人单位非法招用未满16周岁的未成年人的，由劳动行政部门责令改正，处以罚款；情节严重的，由工商行政管理部门吊销营业执照。

(2)《禁止使用童工规定》第十三条：有下列行为之一的，由县级以上劳动行政部门处以罚款：（一）单位或者个人使用童工的；（二）父母或者其他监护人允许未满16周岁的少年、儿童做童工，经批评教育仍不改正的；（三）职业介绍机构以及其他单位或个人为未满16周岁的少年、儿童介绍职业的；（四）单位或者个人为未满16周岁的少年、儿童出具假证明的。

(3)《使用童工罚款标准的规定》第三条：对违反《禁止使用童工规定》的个人，罚款标准如下：（一）使用童工从事营利性生产劳动的，每使用一名童工，罚款600～1 200元；（二）使用童工从事家庭服务性劳动的，每使用一名童工，罚款300～600元；（三）父母或者其他监护人允许儿童做童工，经批评教育仍不改正的，罚款300～600元；（四）为未满16周岁的少年、儿童介绍职业的，每介绍一名童工，罚款600～1 200元。

第四条：对违反《禁止使用童工规定》的单位，罚款标准如下：（一）对单位使用童工的，根据国务院《禁止使用童工规定》的规定，由各省、自治区、直辖市规定具体罚款标准；（二）为未满16周岁的少年、儿童做童工出具假证明的，罚款1 500～3 000元。

第五条：数次（两次及其以上）、长期（三个月及其以上）使用或一次使用多名（三名及其以上）童工及数次为童工出具假证明的，在原罚款标准基础上加重罚款三倍。

违反未成年工保护规定的罚款标准为：

(1)《劳动法》第九十五条：用人单位违反本法对未成年工的保护规定，侵害其合法权益的，由劳动行政部门责令改正，处以罚款。

(2)《违反〈中华人民共和国劳动法〉行政处罚办法》（劳部发〔1994〕532号）第十二条：用人单位安排未成年工从事矿山井下、有毒有害、国家规定的第四级体力劳动强度的劳动和其他禁忌从事的劳动的，应当责令改正，并按每侵害一名未成年工罚款3 000元以下的标准处罚。

第十五条：用人单位未按规定对未成年工定期进行健康检查的，应责令限期改正；逾期不改正的，按每侵害一名未成年工罚款3 000元以下的标准处罚。

第5节　平等就业

一、平等就业概述

1. 平等就业权的概念

平等就业权是公民宪法上的平等权在劳动就业领域的延伸和具体化的反映。平等就业权，一是指劳动者享有平等的就业权利，二是指劳动者享有平等的就业机会。劳动者就业，不因民族、种族、性别、宗教信仰不同而受歧视；妇女享有与男子平等的就业权利。在录用职工时，除国家规定的不适合妇女的工种或者岗位外，不得以性别为由拒绝录用妇女或者提高对妇女的录用标准。可以说，平等就业权不仅是文明社会的价值标准，同时也是我国建设和谐社会的内在要求。

2. 就业歧视的界定

维护平等就业权，就必须反对就业歧视。国际劳工组织第111号公约《消除就业和职业歧视公约》对“就业和职业歧视”做出的定义为：基于种族、肤色、性别、宗教、政治见解、民族血统或社会出身等原因，具有取消或损害就业或职业机会均等或待遇平等作用的任何区别、排斥或优惠。国际社会界定的歧视的种类通常分为三种类型：直接歧视、间接歧视和制度歧视。直接歧视是指明显歧视或忽略某一个人或一个群体的行为，有歧视目的，也称“形式上的歧视”或“有目的的歧视”。间接歧视是指没有歧视企图但是有歧视效果的行动或忽略，即指某项规定、标准或做法看似中立，没有区别对待任何人或群体，但实际上却导致某人或某一群体不成比例的不利影响，也称“实质性歧视”。制度歧视是指基于对社会分工的一系列假设和期望进行制度设计而造成的歧视或忽略。

判断是否歧视的一个关键指标是区别对待是否合理，以下几种情况不构成就业歧视：

（1）出于职业本身的客观、特殊需要，譬如剧中角色要求招聘男演员或女演员、女子监狱的狱警由女性担任等。

（2）因某种临时特别情况出现需要给予的特别优待，譬如对怀孕或哺乳妇女的优惠措施。

（3）给予因某类处于不利地位的人群的特别照顾，譬如对残疾人的优惠措施和特殊保护等。

二、残疾人就业

残疾人就业是世界各国普遍存在的就业难点，尤其是在市场经济形势下，一方面，残疾人由于自身生理的障碍，就业竞争力较弱；另一方面，受传统观念的影响，社会对残疾人就业能力的认知还存在误区，残疾人感受到了比正常人更严酷的就业“寒流”。“天行健，君子以自强不息”，残疾人在自强自立的同时，上海市各级劳动保障部门、残疾人联合会和各类残疾人劳动服务机构也在不断探索残疾人就业的有效渠道，通过职业培训、扶持创业、提供服务等各种途径来促进残疾人多元化就业。

1. 上海市残疾人就业状况

上海市残疾人就业事业取得显著成效，有就业能力和就业愿望的城镇残疾人就业率达到95%。“十一五”期间，上海市进一步扩大和提高了残疾人就业的规模和层次，全市新安置2万名残疾人就业，其中大、中专残疾人应届毕业生当年基本得到就业安置。上海市积极鼓励和扶持非正规就业组织吸纳残疾人就业，大力扶持残疾人个体就业；继续发展“阳光之家”，帮助智障人士实现就业；并借鉴国外经验，在社区、农村探索建立若干庇护性工场，形成多元化的就业格局。

2. 上海市有关残疾人就业的相关政策

（1）培训方面。一是失业、无业残疾人经区（县）残疾人劳动服务机构同意，参加初级职业技能培训成绩合格者，培训费给予全额补贴，参加中、高层次职业技能培训成绩合格者，培训费给予80%的补贴；在职残疾人符合岗位需要的，经所在单位推荐、区（县）残疾人劳动服务机构同意，参加初级职业技能培训成绩合格者，培训费给予80%的补贴，参加中、高层次职业技能培训成绩合格者，培训费给予70%的补贴（上述培训费原则上两年补贴一次）。

二是聘请各行各业的能工巧匠（一般是指具有高级技术等级或行业标兵称号的），以师带徒形式，签订名师带徒协议，对失业、无业残疾人提供技能培训。取得成效的，给予与培训期限相适应的培训费补贴，期限为3～6个月，标准为每月200元。

上述各项补贴，由残疾人向户籍所在地区（县）残疾人劳动服务机构提出书面申请，区（县）残疾人劳动服务机构同意后报区（县）残疾人联合会，经区（县）残疾人联合会审核批准后从培训费中列支。

（2）就业方面。一是对一次性新安置残疾人5人及以上的单位，确实需要为残疾人添置的特殊设备、设施费用给予一定补贴，标准为所需特殊设备、设施费用的50%，但补贴总额不超过5 000元。对福利企业中超比例安置残疾人职工的，按每人3 000元的标准一次性给予社会保险补贴，补贴金从残疾人就业保障金中列支；对符合困难企业认定条件的福利企业，由区（县）民政部门列出困难企业名单报送区（县）人力资源和社会保障局予以落实。对经认定为“困难企业”的福利企业组织职工开展技能提升或转岗培训等做出如下规定：“对培训后鉴定合格的按规定的补贴标准给予100%培训补贴；其他受金融危机影响的福利企业组织职工参加技能提升培训或转岗培训，鉴定合格的按规定的补贴标准给予50%培训补贴。”

二是对从事个体经营的残疾人，除按中央和市里有关文件规定，由工商、税务等职能部门在核发营业执照、办理有关手续、减免税费和落实经营场地等方面给予优先和照顾外，给予一次性开办费补贴，补贴标准为失业、无业残疾人每人 5 000 元，协保残疾人每人 2 500 元。

残疾人凭残疾人证、身份证（或户口簿）、营业执照、劳动手册和书面申请到所在区（县）残疾人劳动服务机构申请补贴，区（县）残疾人劳动服务机构核准后报区（县）残疾人联合会，经区（县）残疾人联合会批准后给予补贴，补贴金从残疾人就业保障金中列支。

三是对于申请开办非正规劳动组织的残疾人业主，可一次性给予开办费补贴 5 000 元。

残疾人可以凭市再就业工程领导小组颁发的“非正规就业劳动组织证书”和书面申请到所在区（县）残疾人劳动服务机构申请补贴，区（县）残疾人劳动服务机构核准后报区（县）残疾人联合会，经区（县）残疾人联合会批准后一次性给予开办费补贴，补贴金从残疾人就业保障金中列支。

对具有本市户籍、持有中华人民共和国残疾人证（以下简称残疾人证）、在法定劳动年龄内，年收入低于上一年度全市职工平均工资的 60%（含 60%，暂以社会保险个人账户结算单中的缴费基数为依据），并按规定参加城镇社会保险的贫困残疾人，以上年全市职工月平均工资的 60%为缴费基数，乘以城镇社会保险缴费率所得数额的 50%作为月补贴标准，给予补贴。

3. 上海市促进残疾人就业的工作实践

（1）服务促进多元就业。开展有效的就业服务是促进残疾人就业的重要前提。多年来，上海市劳动保障部门积极配合残疾人劳动服务机构开展工作，不断完善服务手段，提高服务质量，为残疾人就业铺了一条“无障碍通道”。

上海市残疾人劳动服务中心自成立以来，始终把加大服务力度作为促进残疾人多元化就业的工作重点。积极开展职业指导，帮助残疾人分析就业形势及其就业的优势与劣势，为残疾人求职者量身定制个性化培训计划，并为残疾人开发相适应的岗位。比如针对聋人就业难点，组建了东方国际手语学校，通过手语培训，改善聋人就业环境，并相继开发了洗车、保洁、擦鞋等多种适合聋人的就业项目。

同时，服务中心与劳动保障部门还加大对残疾人就业的推荐力度。各区（县）残疾人劳动服务中心在调查、统计单位残疾职工比例时，对缺比例单位突出宣传依法安置残疾人就业的重要性，同时宣传残疾人的劳动能力和敬业精神，并根据用工需求不厌其烦地带残疾人上门推荐，以诚动人。

市人力资源和社会保障局发动全市 5 000 多名就业援助员，通过走访就业困难残疾人员，摸清基本情况和就业需求，积极上门送政策、送岗位、送技能，帮助他们解决就业问题。同时，落实好“社区助残员”万人就业项目，配合市残疾人联合会采取有效措施，稳定从业人员队伍，加强日常管理，扩大队伍规模，为残疾人提供更多的就业机会。

（2）扶持创业带动就业。创业是时下的一种潮流，然而即使是对身体健全的正常人来说，做自己的老板也不是件轻松的事，残疾人创业，其间的艰辛与困苦更不言而喻。

残疾人创业的成功离不开他们自身的努力，而同时政府的扶持也为残疾人创业提供了良好的环境。上海市规定，对从事个体经营的残疾人，在核发营业执照、办理有关手续、减免税费和落实经营场地等方面给予优先和照顾，并一次性给予开办费补贴，补贴标准为失业、无业残疾人每人 5 000 元，协保残疾人每人 2 500 元。

（3）职业培训练就“绝招”。随着改革开放的深入，残疾人的就业格局正悄然发生着变化：原先在福利工厂固定上班，领取国家工资，现在转而需要走向社会，走向市场，在企业按劳取酬。这是一个艰难的转变过程，在市场的大潮中，残疾人只有通过培训，掌握职业技能，身有“金刚钻”，才不怕“瓷器活”。

为了进一步帮助残疾人练就“绝活”，上海市创建了残疾人职业技能培训中心，目前培训项目有电脑、雕刻、电子仪器仪表、广告设计和手工艺制作等，并设立了残疾人实训工作室。同时，在奉贤、松江等区建立了“农村残疾人农业实用技术职业技能见习基地”。一个残疾人职业技能培训体系在上海市已见雏形。

（4）社会动员热心助残。上海市规定，本市辖区范围内的国家机关、社会团体、企业、事业单位均需按本单位上一年度在职职工人数 1.6%的比例安排残疾人就业（一名盲人按两名残疾人计算），如果安排残疾人就业未达到规定比例，则应当按本单位上一年度职工工资总额 1.6%的比例缴纳残疾人就业保障金。帮助和扶持残疾人就业不仅仅是政府的职责，同时也应该是全社会的责任与义务。

三、农村劳动力就业

1. 上海市农村劳动力就业的基本情况

2012 年上海市全社会从业人员达到 1 115.50 万人，比上年增加 11.17 万人，增长

1.0%，城镇登记失业人员为27.8万人，登记失业率为4.1%。上海市城市居民失业率连续三年出现下降。同年，上海市新增就业岗位61.38万个，其中11.02万个用于农村富余劳动力实现非农就业，同时以援助困难群体为重点的就业项目继续推进，共吸纳就业人员13.6万人。

为提高城市就业率、帮助困难群体实现就业，上海市一直将推进灵活就业作为促进就业的重要措施。灵活就业形式的有效推行，对缓解城市就业压力、改善失业状况起着重要作用。

2. 上海市农村劳动力转移与外来流动人口就业

(1) 上海市农村劳动力向非农就业的转移。千方百计增加农民收入，是上海市委、市政府农村工作最主要的着眼点。2012年，上海市郊区的农民人均收入已达到17 804元，较2011年上涨10.9%。最明显的是，大量的上海市农民从过去的“纯农户”转为非农就业人员，农民可支配收入中来自非农就业的工资性收入已成为农民收入的主渠道。

上海市郊区产业结构的调整，第二、第三产业迅速发展和农村城市化进程加快是“拿工资”的农民越来越多的基本前提。像松江这样原来的农业大区，工业总产值已占到全市的1/9。工业反哺农业，城市带动农村，郊区第二、第三产业的迅速发展和城市化进程的加快，使得农民增加非农就业和非农收入有了可能。郊区在大力招商的过程中，都把吸纳当地劳动力作为重要内容，让郊区农民充分享受到改革开放的成果，使农民利益随着经济发展“水涨船高”。

对市郊农民加强非农培训是上海市近年来的另一项大工程。早在21世纪初，市委、市政府就下发文件，将农村富余劳动力非农就业纳入城镇劳动力就业服务体系之中，实行就业服务相同和就业优惠相同的“两个相同”政策。通过实施培训费用补贴政策，充分运用企业定向培训等培训基地和电视远程教育等社会化、开放式的教育培训网络，有针对性地对农村劳动力开展了多形式、多层次、多渠道的职业教育和技能培训，使培训后农村劳动力的转岗就业率达到80%，促进了农村劳动力的非农转移。

上海市各郊区县还努力拓展新的非农就业渠道，绿化养护、治安巡逻、环境保洁等非正规公益性岗位，成为农民就业拿工资的新途径。

根据市农委的有关规划，上海市在推进农业现代化，建设社会主义新农村过程中的一个重要思路，就是通过转移农村富余劳动力、扩大农业规模经营、创新农业发展方式，提高农民家庭经营性收入，促进非农转移，稳定增加农民的工资性收入。上海市建立“专业农民”制度，减少农业从业者的数量，提高农业从业者的技能素质。同时加快郊区自然村落的归并，促使农业区域连片种植，实现农业生产的规模化、现代化，提高生产力。通过推进“三个集中”，加快农村人口居住向城镇和规划的农村新社区的集中，使农民的生活方式适应生产方式的变革，提高农村居民的收入水平，进一步缩小城乡差距。

（2）上海市加大对农村富余劳动力的扶持力度。在2007—2009年三年间，上海市实现年新增农村富余劳动力非农就业岗位10万个。市人力资源和社会保障局出台的《关于进一步促进本市郊区农村富余劳动力就业的若干意见》，提出进一步完善城乡统筹就业机制，大力推进本市郊区农村富余劳动力向非农产业和城镇转移就业。

2007—2009年，上海市每年通过为5万名农村富余劳动力建立职业培训补贴个人账户，调动其参加职业技能培训的积极性和主动性，提高他们的职业技能，实现素质就业；同时要充分利用和整合社会资源，根据郊区发展观光农业、生态农业的需求，在休闲服务、水产养殖、蔬菜栽培、绿化养护等方面开发符合区域发展特点、适合农村富余劳动力就业特点的培训项目和实训项目，并将其纳入区域性补贴培训目录。

与此同时，上海市进一步加大对农村富余劳动力创业的资金扶持。农村富余劳动力以个人和家庭名义进行自主创业的，可以根据不同情况申请3万元以下的小额创业担保贷款，对按期还款并符合相关规定的，可获得贷款利息的补贴，期限一般为3年。从事农业生产经营和服务的农民专业合作社，可以参照本市非正规就业的劳动组织的相关规定申请开业担保贷款。

3. 上海市促进农村劳动力就业的政策措施

（1）上海市出台政策鼓励创业。上海市出台政策规定，鼓励区（县）积极参与开展建立创业型城区，对参与创建创业型城区的区（县），每年根据创建指标进行考核评估。对达到创建基本标准或超过全国平均水平的，可推荐其上报国家级创建城市（城区）。

根据上海市人民政府办公厅《关于印发上海市鼓励创业带动就业三年行动计划（2012—2014年）》的通知，参与创建的区（县）通过建立健全组织领导体系、政策扶持体系、创业培训体系、创业服务体系、工作考核体系等，实现“创业活动率、创业存活率、创业对就业贡献率、创业环境满意率”等创业指标有新的上升，使区域创业氛围更加浓郁，创业环境更加优化。

（2）“城乡一体化”的职业培训。为了推进农村富余劳动力的职业技能培训，上海市从多方面采取了积极措施。

第一，上海市制定了政府培训费用补贴的相关实施意见，将农村富余劳动力纳入政府补贴范围。农村富余劳动力参加政府补贴培训并经鉴定合格后，培训费用给予全额补贴，参加定向培训后实现就业的培训费用也全免。

第二，为上海市就业有困难、需要提高职业技能素质的劳动者建立“职业培训补贴个人账户”，在现有政府培训补贴政策的基础上，实施劳动者持卡参加培训。

第三，根据郊区农村的区域产业和经济发展需求，组织开发农家乐服务、食用菌栽培工、蔬菜园艺工等适合农民特点的职业培训项目。对参加技能鉴定并鉴定合格的，颁发国家职业资格等级证书；对参加社会需要的上岗培训的，颁发专项能力证书。

第四，在原有的河道保洁、林业养护两个项目的基础上，上海市又开发了“农村生活垃圾管理处置就业项目”等。此外，还鼓励各郊区结合自身实际，继续开发适合农村富余劳动力就业的“千人、百人项目”。

第五，面向青年群体组织实施“郊区青年技能培训”。上海市通过政府补贴培训的方式，积极开发了一批就业需求量较大的培训项目，帮助郊区青年提高职业技能和就业能力。

(3) 农民“充电”的多种选择。2012 年，上海市农民培训任务已完成 70%以上，共培训专业农民 10 383 名，取得了一定的成效。以家庭农场、合作社（场）等为主，以稳定从事粮食、蔬菜、水产、畜禽、农机等经营规模较大的生产、有一定文化程度、年龄在 65 周岁以下的农民为重点，形成针对性课件和教案并组织实施。培训方式以知识普及、辅导讲座、远程教育、现场技术指导等为主，共培训 64 740 人次。通过培训，提高了农民单项的实用知识和技能水平以及对农业生产关键技术、关键环节和新品种、新技术的运用能力。

上岗培训是农民实现非农就业的重要前提，培训内容也与当地经济发展直接相关。嘉定区根据国际汽车城建设的需要，举办叉车工、高速公路收银员、电子监控员等的培训；南汇区根据临港新城建设的需要，举办仓储员培训等；崇明县根据生态岛建设和旅游业发展的需要，举办林业、农家乐、特色农业等培训。

职业技能培训已经融合在专业农民培训中，但它又增加了技能的考核鉴定与资格证书的颁发，从而打通了从普通农民到专业人才的培训通道。2013 年松江区的家庭农场已增加到 1 206 户，经营面积达 13.66 万亩，覆盖该区 80%的粮田，持有中、初级证书的家庭农场主已达 89.5%。

农民创业培训主要聚焦于适宜农民从事的服务业、旅游业等领域，其中不但包括专业技术指导，还包括相应的法律法规、金融服务和经营管理等指导。

四、流动人口就业

1. 上海市流动人口现状及就业状况

流动人口是有中国特点的名词，这跟中国的户籍制度有关。西方国家只有迁移人口和移民的说法。在人口学的研究范畴内，户籍人口、流动人口、常住人口以及实有人口是在研究中常被引用的不同指标。

户籍人口不难理解，但是户籍人口并不等于居住人口，因为拥有本地户籍的人不一定就在当地居住。常住人口是指居住在本地的户籍人口和居住超过半年的流动人口。非本地户籍的人口都称为流动人口。而实有人口则包括了常住人口以及短期过境人口。

上海市是我国流动人口最多的城市之一。上海市流动人口的大规模增长始于20世纪80年代中期以后，根据上海市有关部门组织的历次流动人口抽样调查资料显示，1993年上海市流动人口数量为281万人，1997年为276万人，2000年为387万人，2003年为498.79万人。

上海市最近的一次人口调查是2010年1%人口抽样调查。上海市常住人口为2 301.92万人，同2000年第五次全国人口普查（以下简称“五普”）相比，10年共增加661.15万人，增长40.3%，高于同期全国人口5.8%的增长水平。据最新的第六次人口普查资料显示，2012年19个区（县）中有3个区的流动人口数量超过了户籍人口数。

2. 上海市流动人口的特点分析

（1）流动人口增长速度全国最快。流动人口数量大、增长速度快是最大的特点。根据不同的研究目的，流动人口常常被划分为不同的群体进行研究。流动人口中有很大一部分是高端人群，他们属于社会强势群体，常常被排除在研究之外。上海市的流动人口中超过七成是农民工群体，常常成为政府流动人口管理和学者流动人口研究的主体。

从历年流动人口调查的结果中可以看出上海市流动人口“以青壮年为主、以初中毕业生为主、以出于经济原因来沪为主、以来自华东地区为主”的人口学特征，这些流动人口长期在上海市生活，他们中的大部分已经成为事实上的上海市人。

2012年的人口抽样调查显示，上海市人口总量在高位持续增长，来沪流动人口比重越来越大。全市常住人口在“十二五”期间年均增加3%，2012年年末，常住人口为2 380万人。2012年，来沪流动人口为982.3万人，其中居住半年以上的常住流动人口为960万人，占全市常住人口总量的40.3%。

（2）选择长期留沪。上海市人口计生委曾在2006年10月18日外来流动人口专题调研报告中指出，多数外来流动人口选择长期留沪。

来沪常住流动人口的平均年龄为30.9岁，其中35岁以下年龄段的占84.15%。年轻流动人口的进入对于促进上海市经济发展以及改善人口年龄结构都具有积极意义。73%的来沪常住流动人口为已婚，41.55%的人是举家来沪。81.14%的人认为目前的收入水平比在老家时有所改善。租房居住的流动人口占75.70%。

新的流动人口也存在80后、90后现象。这部分年轻人与前辈相比，缺少前辈吃苦耐劳的精神，对工资要求高，更加注重保护自身权益。随着经济和教育的发展，流动人口整体素质也将逐渐提高。

流动人口在持续流入上海市的情况下，在地区分布上越来越往郊区分散。原因在于，中心城区居住成本逐渐升高，在居住成本的挤压下，流动人口被迫走向郊区，尤其是带有小孩的；中心城区已经没有民工子弟学校，而郊区存在。

若结合居住时间和居住处所来看，可以发现，居住时间越长，居住条件越好。表现最明显的是居住宿舍、工棚的比重依次降低，居住租赁的公有住房和自购房的比重依次上升。

这充分表明，在上海市的长期居住使流动人口的社会和经济地位得到提升，生活水平和居住质量得到改善和提高，逐渐趋向于条件更好、更稳定的居住房屋。

（3）“福利导向”型人口流动现象出现。流动人口快速增长的相关统计资料显示，上海市从 1993 年开始，户籍人口自然变动就出现了负增长，城市人口的增长主要依靠人口迁移和流动。

上海市经济进入一个快速增长的时期，单靠本地户籍人口根本不能满足经济迅速发展的需求，因而通过劳动力市场的调节，吸引了规模庞大的外来流动人口大军，且流动人口增长势头不会停下来。目前上海市已出现了“福利导向”型人口流动现象。

由于上海市对流动人口子女的义务教育制度日趋完善，已有父母为了让子女接受良好教育而主动变成“流动人口”。

随着上海市对外来流动人员的福利制度进一步完善，这种流动人口融入加速的趋势可能成为未来困扰上海市政府的主要问题之一。

3. 外来流动人口的就业状况分析

（1）从事的职业。在 2006 年和 2010 年的两次调查中，流动人口从事的职业都是以制造加工、商业、服务和建筑为主。但在 2006 年和 2010 年的两次调查期间也有变化，制造加工业从业人员比例上升较快，已经占到全部经济活动人口的 1/3，从事商业的比例也有一定增加，建筑保持占 1/5 左右的比例，而农林牧渔业比例明显下降，各类专业技术人员在增加。

分性别来看，女性在制造加工业、商业、服务业、餐饮业等职业类别中有明显优势，而男性则在建筑施工、运输等职业中有优势。

（2）来沪原因。在 2010 年流动人口抽样调查中，有 72.1%的流动人口从事经济活动，与前几次调查的比例接近，从事经济活动的绝对人数有 360 万人左右；其次属于婚嫁、随迁、探亲访友、旅游购物、旅途中转、治病疗养等社会型流动人口，占全部外来流动人口的 1/4；从事文化活动和其他活动的外来流动人口的比例很低。

（3）收入水平。根据 2010 年的调查，在上海市从事经济活动的流动人口，平均每月的收入大约为 800 元，分收入区间来看，501～800 元占的比例最高，为 45.2%；其次是 301～500 元和 801～1 000 元两个区间，所占比例都是 19.2%；月均收入 5 000 元以上的人口占的比例很低，只有 0.3%，人员规模约为 1 万人。

4. 上海市关于外地劳动力就业的政策法规

上海市关于外地劳动力就业的政策法规见表 5—1。

表 5—1　　上海市关于外地劳动力就业政策法规一览表

标题	文号
《关于对“医院外来护工”等四类来沪从业人员试行开展灵活就业登记的通知》	沪人社就发〔2013〕13 号
《关于外来从业人员参加本市城镇职工基本养老保险若干问题的通知》	沪府发〔2011〕26 号
《关于外来从业人员参加本市城镇职工基本医疗保险若干问题的通知》	沪府发〔2011〕27 号
《关于外来从业人员参加本市工伤保险若干问题的通知》	沪府发〔2011〕28 号

第 6 节　涉外就业

一、申办外国人就业许可证书

用人单位应在外国人入境之前申办外国人就业许可证书。

1. 柜面申办外国人就业许可证书携带材料

（1）填写正确的外国人就业申请表一份（可在网上下载）。

（2）营业执照或注册证或登记证（复印件），组织机构代码证（复印件），外商投资企业还需提供批准证书（复印件）。

（3）外国人履历证明（含最终学历和完整的经历；需要中文打印，由用人单位加盖公章；如履历证明是外文的，需同时提供中文翻译件，翻译件由用人单位加盖公章）。

（4）外国人任职的相关资格证明（此证明是指有关机构出具的相关资格或技术技能证书，如无此证书，应由该外国人原工作过的单位出具从事与现聘用岗位工作相关的资历证明，或提供相关的学历证明；如资历证明和学历证明是外文的，需同时提供中文翻译件，翻译件由用人单位加盖公章）。

（5）本人的有效护照复印件。

2. 网上申办外国人就业许可证书流程

（1）进入上海市劳动和社会保障网（http://www.12333sh.gov.cn）或进入上海市境外人员就业服务网（http://shwjzx.12333sh.gov.cn）（两网址以下简称“12333”）。

（2）点击“外国人业务申请”。

（3）点击“许可证新增”后，按提示步骤输入相关内容，即可在网上申请。

申办外国人就业许可证书需要 5 个工作日。

3. 注意事项

（1）用人单位的直接投资人或营业执照上指明的法定代表人，提供投资人的证明材料或营业执照（复印件，可不携带上述第四项材料）。

（2）在用人单位担任副总经理以上职务的人员，提供董事会决议；不设董事会的，提供企业章程和由法定代表人签字的聘书（可不携带上述第四项材料）。

（3）外国人就业许可证书自签发之日起 6 个月有效，过期不办有关手续的，许可证书自动失效。

（4）用人单位持外国人就业许可证书到被授权单位（市外经贸委或浦东新区外办）办理通知签证函。

二、外国人就业许可证书、外国人就业证两证并办对象及程序

1. 两证并办的对象及要求

两证并办的对象为持 L、F、X 字签证入境并在本市就业，且签证在有效期内的外国人，具体包括人员及要求为：

（1）执行国家级、市（部）级科技项目、重点工程协议、人才交流项目以及执行政府间无偿援助协议的人员，提供所签协议和有关部门出具的证明或函件（复印件）。

（2）国家和市（部）级科研机构、重点高等院校聘用的学术、科研带头人以及有关单位聘用的具有副教授、副研究员以上职称或享受同等待遇的学术、科研骨干。

（3）在用人单位担任副总经理以上职务或享受同等待遇的高级管理人员、重要专业技术人员，提供董事会决议；不设董事会的，提供企业章程和由法定代表人签字的聘书（可不携带下列第四项材料）。

（4）用人单位注册资金在 300 万美元以上的管理人员和专业技术人员，提供验资报告或已注明资金到位的营业执照（均为复印件）。

（5）外国跨国公司设立在上海市地区的总部中工作的外国人，提供市外经贸委发给的认定证书或批准证书（复印件）。

2. 柜面申办两证并办手续携带材料

（1）填写正确的外国人就业登记表两份（可在网上下载）。

（2）营业执照或注册证或登记证（复印件）、组织机构代码证（复印件），外商投资企业还需提供批准证书（复印件）。

（3）外国人履历证明（含最终学历和完整的经历，需要中文打印，由用人单位加盖公章；如履历证明是外文的，需同时提供中文翻译件，翻译件由用人单位加盖公章）。

（4）外国人任职的相关资格证明（此证明是指有关机构出具的相关资格或技术技能证书，如无此证书，应由该外国人原工作过的单位出具从事与现聘用岗位工作相关的资历证明，或提供相关的学历证明；如资历证明和学历证明是外文的，需同时提供中文翻译件，翻译件由用人单位加盖公章）。

（5）用人单位与被聘外国人签订的劳动合同或聘用协议（复印件。属境外派遣且劳动报酬等由境外支付，以及涉外项目中的技术人员不与用人单位签订劳动合同或聘用协议的，应由境外派遣单位出具相应的证明材料，证明材料应明确：劳动报酬的支付者、被聘人职位和聘雇期限；如劳动合同或聘用协议以及相应的证明材料是外文的，需同时提供中文翻译件，翻译件由用人单位加盖公章）。

（6）本人的有效护照及签证（正本及复印件）。

（7）上海市出入境检验检疫局出具或确认的健康证明（复印件）。

（8）近期两寸证件照片三张。

3. 网上申办两证并办流程

（1）进入“12333”。

（2）点击“外国人业务申请”。

（3）点击“就业证新增”。

（4）点击“两证并办”后，按提示步骤输入相关内容，即可在网上申请。

申办两证并办需要5个工作日。

4. 注意事项

（1）用人单位的直接投资人或营业执照上指明的法定代表人，提供投资人的证明材料或营业执照（复印件，可不携带上述第四项、第五项材料）。

（2）被聘外国人的就业证期限可根据劳动合同或聘用协议的期限确定，但最长不超过5年，同时不能超过护照有效期和营业执照或注册证或登记证的有效期。

（3）本人需持外国人就业证和外国人就业登记表一份，到上海市出入境管理局申办居留许可手续。

三、外国（地区）企业上海市代表处首席代表、代表申办外国人就业证

1. 外国人担任首席代表、代表，柜面申办外国人就业证携带材料

（1）填写正确的外国人就业登记表两份（可在网上下载）。

（2）代表机构的登记证（复印件）、组织机构代码证（复印件）。

(3) 本人的有效护照和签证（正本及复印件）。

(4) 本人的代表证（正本及复印件）。

(5) 上海市出入境检验检疫局出具或确认的健康证明（复印件）。

(6) 近期两寸证件照片 3 张。

2. 外国人担任首席代表、代表，网上申办外国人就业证流程

(1) 进入“12333”。

(2) 点击“外国人业务申请”。

(3) 点击“就业证新增”。

(4) 点击“代表机构办就业证”后按提示步骤输入相关内容，即可在网上申请。

外国人担任首席代表、代表申办外国人就业证需要 5 个工作日。

3. 注意事项

(1) 首席代表和代表的就业证期限，可根据登记证和代表证的有效期确定，但不能超过本人的护照有效期。

(2) 本人需持外国人就业证和外国人就业登记表一份，到上海市出入境管理局申办居留许可手续。

四、对不按规定办理就业登记的外国人及用人单位的处罚

对检查发现未办理台港澳人员就业证的用人单位，人力资源社会保障部将处以罚款。对未按规定申领就业证的外国人和聘用外国人的用人单位，公安机关将按照国家相关规定，对涉案个人和单位做出终止任职或者就业、罚款、限期出境等处理。对私自雇用外国人的单位和个人，可处以 5 000 元以上 50 000 元以下的罚款，并责令承担遣送私自雇用的外国人的全部费用。

第 7 节　上海市青年就业

一、上海市青年就业现状

“十三五”期间，上海市青年就业总量仍将维持较大规模，就业压力不减，结构矛盾将继续存在，青年就业问题仍然突出。

青年就业的两大重点群体即大学生和农村青年的就业问题会更加突出。“十一五”期

间，中国高等教育毛入学率达到25%，更多的大学生加入到就业行列中，而农村还有1亿多富余劳动力需要转移。此外，技能人才短缺等就业结构性矛盾还将继续存在。

近年来，中国系统化的积极就业政策正在形成。针对普通青年群体，中国目前已经采取了一系列促进就业的措施。针对大学生就业，国家已经和正在采取一系列措施，如鼓励大学生到基层和艰苦地区工作、鼓励各类企事业单位特别是中小企业和民营企业聘用高校毕业生、鼓励高校毕业生自主创业和灵活就业等。此外，针对失业青年和青年农民工，中国还通过一系列的培训工作和计划，提高其就业素质，促进就业。

但就目前来看，上海市青年失业人数仍占全市失业人口总数的20%以上。一方面是超过10万的上海市青年处于失业状态，另一方面是上海市公共职业介绍机构发布的针对青年的大批岗位却乏人问津，两者形成了巨大的落差。

二、上海市青年失业原因分析

1. 求职渠道不畅通

上海市青年的求职渠道呈现多元化趋势。除公共职业介绍机构外，青年还可以通过人才中介机构、人才交流会、校园招聘会、报刊招聘、网络招聘等求职。公共职业介绍机构只是诸多求职渠道中的一种。另外，有不少媒体在发布有关数据时往往不加分辨和说明，从而对社会舆论和职场人士产生了一定程度的误导。

大部分上海市失业青年的就业愿望并非不强烈，这从各类招聘渠道发布的有关信息中可以看出。因此，很多专家提出，应改变目前各自为政的局面，将上海市现有的公共职业介绍机构、人才中介机构和高校就业指导机构等进行整合，构建一个畅通的就业平台，并统一发布有关信息。

2. 高学历失业成难题

上海市失业人群出现年轻化和高学历化的特征。以往，上海市失业青年中“三校生”（中专、技校、职校生）的比例超过40%，大专以上学历的接近20%。近年来，应届大学毕业生求职渐成难题，失业青年中大专以上学历的比例上升更快。

上海市公共职业介绍机构提供的职位以一线操作工种为多，且报酬较低，因而遭到了上海市失业青年中学历层次较高群体的冷落；而一些需要高技能的高级工种或灰领职位，虽报酬不低，合格者却寥寥无几。

3. 高投入图高收入

“高不成、低不就”的确是客观存在的现象，但如果仅将之归结于失业青年的观念有问题则有失偏颇。

近年来上海市失业青年的文化程度有了很大提高，人力资源成本也相应提高，他们普遍对低技能、低报酬的职位提不起兴趣，而上海市家长的投入大，高投入当然希望有高回报。上海市家庭生活水平普遍较高，而且都是独生子女，暂时失业不会影响他们的生活，因此上海市失业青年与外地来沪找工作的青年情况不同，家庭条件优越的失业青年不急于找工作，不会屈就不好的工作；而少数家庭条件特别差的失业青年则希望找到收入较高的职位，也不愿意降格以求。

4. 心态引发摩擦性失业

上海市劳动部门的调查分析认为，上海市青年的失业是一种摩擦性失业，并非简单地由于岗位数量的缺乏。年轻人在就业市场上寻寻觅觅，对现有的或者已经从事过的岗位感到不合适、不满意、不认同，因此重新回到就业市场上求职，这种情况在年轻人中间十分普遍。简言之，不是缺岗位，而是想做的事情做不了，现有的岗位又不愿意干，岗位和人才之间发生“错位”而导致青年失业的发生。

思 考 题

1. 解释创业扶持政策。
2. 上海市的就业援助政策有哪些？
3. 简述青年就业援助制度以及上海市高校毕业生就业政策。
4. 上海市在特殊群体就业上做出了哪些努力？
5. 上海市涉外就业有哪些规定及政策？
6. 上海市外来人口流动具有怎样的特点？
7. 上海市促进农村劳动力就业的政策措施有哪些？
8. 上海市青年就业的现状如何？
9. 如何理解青年失业群体的心态引发摩擦性失业？
10. 为什么上海市青年群体中会出现高学历失业的现象？

第 6 章

上海市职业培训

学习目标

通过本章的学习，学生应掌握职业培训的概念、类型，上海市职业培训对社会、经济发展的作用，上海市经济发展对职业培训的新要求等内容。

在上海市，职业培训工作由人力资源和社会保障局管理，这种体制长期以来一直是比较稳定的。上海市的职业培训工作与上海市的社会、经济发展同步，处在深化改革、不断发展和逐步完善的过程中。

第 1 节　职业培训概述

一、职业培训的概念

职业培训是一种按照不同职业岗位的要求，对接受培训的人员进行职业道德教育，传授职业知识，培养职业技能，进行职业指导的教育培训活动，是提高劳动者职业技能水平和就业创业能力的途径，其目标在于把受训者培养训练成为具有一定文化知识和技术技能素质的劳动者。

职业培训的目的是开发受训者的职业技能，使受训者获得或提高某个方面的职业技能。当然，有些与文化素质教育有联系的职业培训方式（如职业技术学校培训方式），在职业培训的同时也进行高中阶段的文化课程教学，但这只是职业培训与普通教育相结合的方式，并不改变职业培训的目的。

为了实现职业培训的目的，职业培训的内容是相关岗位或工种的技术业务知识和实际操作能力。受训者经过职业培训，获得谋求职业或保障职业安定必需的技术业务知识和实际操作能力。劳动者的职业素质的高低和劳动权的实现在很大程度上与所受职业培训的程度有关。综上所述，职业培训在对象、目的和内容上，与普通教育都不相同。一个合格的劳动者既要有良好的文化水平，也应有精湛的职业技能。各国劳动法一般都将职业培训列为一项重要的法律制度。我国《劳动法》第六十六条至第六十九条也对职业培训做了规定，但条文内容规定得比较原则，中国的职业培训法律制度从总体上看还不够完善。

二、职业培训的类型

根据培训对象和培训内容的不同，职业培训分为就业技能培训、岗位技能提升培训和创业培训三类。

1. 就业技能培训

一般是指为城乡各类有就业要求和培训愿望的劳动者提高就业能力而进行的必备的职业知识、职业技能的培养训练活动。

2. 岗位技能提升培训

是指企业按照工作需要对职工进行的职业道德、技术业务、操作技能等方面的教育和训练活动。

3. 创业培训

是对具有创业愿望和相应条件的人员所进行的开办小企业或自谋职业所必备的基础知识和必备能力的培训。目前，创业培训模式主要采用“SIYB”（创办和改善你的企业）培训模式。

三、职业培训对社会、经济发展的作用

1. 开展职业培训是促进就业的重要途径

当前，就业方面的矛盾主要体现在：劳动力供求总量矛盾和就业结构性矛盾同时并存，城镇就业压力加大和农村富余劳动力向非农领域转移速度加快，新成长劳动力就业和失业人员再就业问题相互交织。

为解决好就业问题，需要大力加强职业培训。对于求职者来说，无论是新生劳动力初次就业，还是下岗失业人员再次就业，都可以通过职业培训获得工作技能，提高就业能力，尽快找到工作，缩短失业期；对于在职职工来说，可以通过职业培训获得更高技术等级或一专多能，提高适应岗位变化的能力，激发创新能力，增强就业的稳定性；对于那些具有潜在创业素质的人员来说，可以提高创业能力，提高自主创业的成功率，形成以培训促进创业，以创业带动就业的良性机制。

在上海市，职业培训按照人本化的要求，实施细分化的指导，结合不同人群特点，有针对性地全面提升劳动者的职业技能水平，促进就业。

市场需求信息又引导了职业培训机构的培训方向，以确保实效，使培训的可信度得到了市场和社会的充分认可；并且职业培训机构还根据市场对职业人才的需求，开展新职业新工种培训，以促进就业工作的突破。

与此同时，上海市职业培训行业引进了国际一流的资格认证机构联合发证，使上海市的资格证书与国际一流水平接轨，以此提升上海市职业培训的整体水平。

2. 开展职业培训是提升企业竞争力的必要途径

从目前上海市企业职工队伍总体素质状况来看，技术工人短缺问题已经相当突出。普

遍存在技工等级偏低，结构不合理，技师、高级技师数量短缺、年龄偏大等问题。一些老工业基地和老企业甚至出现了技术工人青黄不接、严重断档，产品有订单、生产缺技工的现象。不从根本上改变这种状况，将严重影响上海市企业竞争力的提高，影响企业的发展后劲，影响经济的持续快速健康发展。

上海市要真正成为经济、贸易中心，就必须有一支素质过硬的技术工人队伍。可以从发达国家引进外资，引进先进技术，引进管理经验，甚至引进一些拔尖的管理和技术人才，但是，一支庞大的高素质的技术工人队伍是无法引进的，只能靠自己来培养。培养这样一支产业大军，正是新时期职业培训和教育的使命所在。

作为国民教育体系中的重要组成部分，职业培训和教育承担着培养具有时代创新精神、良好职业道德和较高文化、技术、管理水平的各类技能人才的重任。在经济全球化大趋势面前，上海市经济正加速与世界经济融为一体，不论是劳动密集型产业，还是技术密集型、科技含量高的产业，都不同程度地面临新技术、新设备的研发、引进、掌握、应用、推广的问题。

在上海市这样的经济发达地区，企业对受过专业技术培训的高级、中级技能人才和高素质劳动者的需求显得更为迫切。如前所述，有些企业由于技术力量薄弱、专业素质偏低，不能很好地掌握先进技术设备，适应不了现代化管理的要求，直接影响了产业和产品的市场竞争力，成为企业生存与发展的重要制约。因此，开展职业培训，发展职业教育，培养高素质的劳动者，已经成为当前上海市企业界的迫切要求。

在郊县地区，要发展现代农业，促进粮食生产稳定发展和农民持续增收，增强农业科技创新和转化能力，都需要发展不同门类的职业培训。因此，必须开展各种职业技能培训，使广大农民掌握文化科学技术知识和生产专业技能，成为新农村建设的骨干力量，成为农村劳动力向非农产业和城镇有序转移的工业后备力量。

四、职业培训的基本内容及特点

1. 职业培训的基本内容

职业培训的基本内容一般包括基本素质培训、职业知识培训、专业知识与技能培训。

（1）基本素质培训包括文化知识、道德知识、法律知识、公共关系与社会知识、生产知识与技能培训。这种培训主要是培养熟练工，培训的内容以基本素质为主，并结合用人单位的岗位设置及职业要求进行培训。

（2）职业知识培训包括职业基础知识、职业指导、劳动安全与保护知识、社会保险知识等的培训，旨在使求职者了解国家有关就业方针政策以及个人选择职业的知识和方法；掌握求职技巧、开业程序与相关政策；了解职业安全与劳动保护有关政策和知识；掌握社会保险方面的知识和政策。

（3）专业知识与技能培训包括专业理论、专业技能和专业实习培训。学员在专业理论的指导下掌握一定的专业技能，并通过在企业的实习，提高解决实际问题的能力，为就业打好基础。

2. 职业培训的主要特点

（1）具有较强的针对性与实用性。职业培训目标、专业设置、教学内容等均根据职业技能标准、劳动力市场需求和用人单位的实际要求确定。经过职业培训的毕（结）业生可上岗作业。

（2）具有较强的灵活性。在培训形式上可采取联合办学、委托培训、定向培训等方式；在培训期限上采取长短结合的方式，可以脱产也可以半脱产；在培养对象上依据岗位的实际需要灵活确定；在教学形式上不受某种固定模式的限制，而是根据职业标准的要求采取多种形式的教学手段。

（3）教学与生产相结合。主要体现为教学要紧紧围绕生产实际进行，要贯彻勤工俭学、自力更生和艰苦奋斗的原则，通过教学与生产相结合，既培养了人才，又创造了物质财富，获得社会、经济的双重效益。

（4）在培训方法上，突出技能操作训练，强调理论知识教育与实际操作训练相结合。

第2节　上海市职业培训面临的新形势、新要求

一、上海市职业培训的新形势、新举措

1. 转向青年、转向中高层次技能提升、转向新兴技术产业及服务业

上海市正进入大发展的新时期。而上海市新一轮的发展，离不开一支高素质、高技能的劳动者大军。但摆在我们面前的现实非常严峻：上海市高技能人员占技术性从业人员比重大大低于发达国家和地区，持有较高学历和技能双证书的劳动者更少；失业者中60%为初中以下文化程度，他们因技能差、学历低而失去工作。上海市劳动力素质的状况已难以适应构建新型产业体系、实施“科教兴市”战略的要求。为此，市政府决定，使上海市的职业培训进行“转向青年、转向中高层次技能提升、转向新兴技术产业及服务业”的大转变。

2. 从以下岗失业人员上岗培训为主，转向以中高层次技能提升为主

目前上海市的产业结构调整基本完成，上岗培训已很难适应新产业的岗位技能要求。所以这一转变就是从以下岗失业人员上岗培训为主，转向以中高层次技能提升为主，这不仅是对青年培训提出的高要求，也是对蓝领队伍提出的新要求，在岗人员想要稳定，就要接受高技能培训，以适应发展，否则面临的将是被淘汰出局。政府对此培训有经费补贴，失业人员全免，在岗人员补贴50%。

3. 从以传统制造业为主，转向以新兴技术产业及现代服务业为主

上海市的新兴产业有生物医药、新材料、环保、现代物流，还有包括信息、会计、咨询、会展、房地产、都市型旅游在内的现代服务业等。职业培训机构的培训重点要跟上产业发展的速度，随着市场的变化而迅速做出反应。在推出了诸如IT、IC、IE等适合上海市发展需要的新产业培训领域的基础上，上海市做出职业培训产业方向的大变化：从以传统制造业为主，转向以新兴技术产业及现代服务业为主。因为新兴技术产业和现代服务业将是未来上海市实现跨越式发展的强大支撑。

为了适应培训大转变，上海市职业培训指导中心制定出的一系列有效措施正在有条不紊地进行。

首先，新的职业培训根据不同人群特点，采取不同措施。

对在校大学生推行大学学历证书和国家职业资格证书相结合的“双证书”制度，注重提高大学生的动手能力和职业素质，使其一毕业就可成为“准高级”技术人才。目前，市职业培训指导中心设有包括现代轿车维修、电梯安装维修、数控机床应用、电工电子技术、制冷与空调技术、服装成衣及现代测量技术等各专业的资格考核基地。通过与教委、各高校的联合，根据不同专业的要求在大学里设置实训室，拓展在校生培训的广度与深度，传授适合现代企业发展要求的实践知识，并探索面向大学生的综合职业能力鉴定模式。高校学生职业资格鉴定的开考职业（工种）达到20个，考核人员将达1.5万人。

对青年求职者，以见习计划为抓手，在见习期提高他们包括专业技能、职业经历、敬业精神在内的综合职业素质。

对高技能人才，通过组建技师进修服务中心，为其创造进一步提升技能的有利条件和优越环境；对“4050”人员，通过开业指导和创业培训，并给予一定比例的培训补贴经费，提高其自主创业能力；对传统产业中的现有劳动者，主要进行新技能培训，推动其顺利转岗，防止出现新的规模性失业。

其次，政府投入大量资金，进一步提升上海市职业培训整体水平。面向社会全体劳动者，政府对整个社会的培训资源进行整合，根据劳动力市场的变化和需求信息，引导社会办学机构招投标，并给予一定经费补贴，构建起一个全社会职业培训的平台。

同时，政府出钱扩建开放式职业实训基地，全面跟踪国内外新产业、新职业在上海市的发展趋势，不断更新实训手段，及时配置最新的实训设施，拓展实训领域，切实提高职业实训水准。构建水平更高、辐射更广的培训服务平台，将国外著名职业培训机构和技能认证机构请进来，推动建立以这些高资质专业机构聚集的培训服务园区，让上海市的蓝领精英们不出国门就能学到世界一流的实用技术。

考虑到市郊区（县）培训能力不足的问题，上海市职业培训中心积极推进远程培训，充分发挥市区优质培训资源的作用，加快远程培训项目的开发力度，扩大远程培训的覆盖面。

另外，对整个行业发展趋势了解最清楚的莫过于行业协会，在实施大转变中应充分发挥行业协会的作用，引入行业协会参与实训，加快新产业和现代服务业的标准开发和培训应用。

二、上海市经济发展对职业培训的新要求

为了适应劳动市场对劳动者提出的基本要求和动态要求，职业培训应树立能力本位的观点。也就是说，在传授知识和能力的同时，应着重培养受教育者在社会竞争中生存与发展的能力。

1. 劳动分工出现单一工种向复合工种转变，技术进步导致简单职业向综合职业发展，要求劳动者具备跨岗位和跨职业的能力

随着复合劳动的出现，需要劳动者更多的是靠脑而不是靠手，在工作时要更多地去制订计划并评估计划，而不仅仅是执行计划。新的工作环境需要人们在工作中有一个比以往更大的行为空间和决策空间。对“多面手”的需求决不会少于对“专家”的需求。现代社会中相互封闭、相互隔绝的劳动岗位已不复存在，发展中的劳动岗位呈现出边际岗位的形态，逐渐形成一种主要岗位与多种岗位结合的新的岗位架构，即所谓复合型的岗位架构。这就要求劳动者掌握从传统意义上来看是同一职业不同岗位的多种技能与知识，因此，现代职业教育应使受教育者具备跨岗位的能力。

同时，伴随着技术的进步，社会职业越来越综合已是大势所趋，一方面，原有的一些职业消失，出现了许多交叉职业，其中一部分是由许多“老”职业综合而成，另一部分则是现代社会所需要的新兴职业；另一方面，现代职业所要求的智能结构已经大大跨越传统职业所界定的内容，其中的许多技能和知识已成为许多职业活动和事业发展的共同基础。这表明职业的发展也呈现出边际职业的架构，任何职业都需要的基本素质成为社会对劳动者的普遍要求，劳动者应掌握不同职业都需要的通用本领，即适应所谓宽基础的职业智能结构。因此，现代职业教育应使受教育者具备跨职业的能力。

2. 信息爆炸催化由一次学习向终身学习跃迁，竞争机制迫使劳动者终身寻找理想职业，要求劳动者具备不断开发自身潜能和不断适应劳动力市场变化的能力

现代社会是一个信息密集的社会，各种专门学科和交叉学科如此之多，各种经济的、科学的、技术的、社会的、文化的信息如此之多，以至于人们既不可能通过一次性学习全面系统地掌握本专业、本行业、本职业领域所有的知识、技能和本领，也不可能指望一次性学习所掌握的知识、技能和本领能够受用终身。因此，终身一次性学习的思维定式已经过时，现代职业教育应向职后进修教育延伸，使受教育者具有不断开发自身潜能的能力。

此外，竞争作为市场经济的根本原则，为经济的发展拓展了广阔的空间，也为人才的发展提供了广泛的舞台。因此，人们不大可能维系终身静态的一次性工作岗位或职业，而可能出现的是终身动态的多次性工作岗位或职业。

第 3 节　上海市职业培训的具体实施

目前，上海市职业培训的种类按照劳动者就业状态，可分为劳动预备制培训、再就业培训和企业职工培训。依据职业技能标准，培训的层次分为初级、中级、高级职业培训和其他适应性培训。培训工作主要由职业院校、就业培训中心、社会力量办学、中外合作办学等各级各类职业培训机构承担。

一、职业院校

职业院校是以培养中、高级技能人才为主要目标，集职业学校教育和职业培训为一体的综合性职业培训基地，是职业培训工作的主体力量，是培养技能人才的重要渠道。上海市是经济最发达的地区之一，也是对各类技术人才需求量最大的聚集地。

二、就业培训中心

上海市职业培训指导中心是上海市劳动和社会保障局的直属事业单位。它自身不办学，是专事职业培训指导服务的公益性机构，是体现政府在职业培训领域指导和服务职能的公共服务平台。

部分区（县）也成立了各自的培训指导中心、人才服务中心等机构。

三、社会力量办学

上海市民办职业培训机构近几年来迅速发展。截至 2010 年，上海市民办职业培训机构有 700 余家，遍及上海市各个区（县），形成一个庞大的职业培训网络。自 2005 年 10 月 1 日起，《上海市民办职业培训机构审批和管理暂行办法》开始实施，对上海市民办职业培训机构起到了很好的规范作用，同时，又对上海市职业培训市场的有序规范运行起到积极作用。

四、中外合作办学

通过积极引进国外优质的教育资源，上海市中外合作办学机构的总量逐年提高。截至 2012 年 12 月 31 日，上海市共有中外合作办学机构和项目 199 个，其中机构 31 个、项目 168 个。31 个机构中，有独立机构 19 个（本科 1 个、中职 2 个、学前教育 5 个、非学历教育 11 个，其中高等非学历教育 3 个），非独立机构 12 个（研究生 2 个、本科 5 个、专科 1 个、高等非学历教育 4 个）；168 个项目中，有学历教育 147 个（博士 1 个、研究生 28 个、本科 58 个、专科 39 个、中职 21 个），非学历教育 21 个，其中高等非学历教育 18 个。实施本科及以上学历教育的机构和项目数占中外合作办学机构和项目总数的 47.2%。外国合作方主要来自美国、澳大利亚、德国、英国、法国等 17 个国家和地区。

与国际接轨的中外培训项目成为职场人士“充电”的重要来源。中外培训项目带来了先进的国际培训理念，提升了职业培训能级，有助于大力促进职业培训整体发展，并满足民众多元化的需求。

此外，中外合作办学在提高对办学者要求的同时，也有利于提升办学者自身的素质，如师资力量与教学管理水平等；而对于学习者来说，则有了更多的选择渠道与选择余地。

通过上海市推行的多种职业培训渠道，广大劳动者通过职业培训提高了技能素质，找到了岗位，找回了自信。2012 年，上海市参加职业培训的人数就高达 47.63 万人，在这样一个庞大的职业培训市场上，职业培训机构的作用不可低估。

第 4 节　上海市职业培训其他方式

一、政府补贴培训

根据劳动力市场的供求比例和需求情况，上海市人力资源和社会保障局发布政府补贴培训的职业（工种）目录，享受政府培训费用补贴的对象参加目录中的培训项目，经鉴定合格后，将享受政府 50%～100%的培训费用补贴。

想参加培训的人员可以选择或查询相关培训项目和培训机构，在网上完成培训报名，也可前往各区（县）职业介绍所或市职业培训指导中心的培训窗口报名。

1. 确定政府补贴培训项目目录的目的和原则

确定政府补贴培训项目目录，一是明确政府补贴培训范围的需要，只有劳动力市场急需的培训项目，经过一定程序确定并正式对外公布的，才纳入政府补贴培训的范围；二是引导职业培训方向的需要，引导培训机构积极开办这些劳动力市场上有需求的培训项目，鼓励劳动者积极参加相关培训，提高就业技能。

确定政府补贴培训项目目录的原则是：以突出动手能力的培训项目为主；以劳动力市场需求量较大的培训项目为主；以面向通用性技能的培训项目为主。政府补贴培训项目分为两类：一类是面向通用性的补贴项目，本市各区（县）都适用；另一类是根据部分区（县）区域性的培训需求，部分区（县）适用的区域性补贴项目。

2. 确定政府补贴培训项目目录的方式

（1）培训需求分析汇总。定期向各区（县）公共就业服务机构、有关行业协会、培训机构广泛征询补贴目录意见，了解有关培训需求，汇总分析本市劳动力市场的需求信息，把握培训需求发展趋势。

（2）会同市有关部门确定职业培训经费补贴的职业目录，制定补贴标准。

（3）定期向社会公布职业培训经费补贴的职业目录和标准。政府补贴培训项目目录一般是每年年初公布，每年下半年根据市场需求情况做适当增补调整。

3. 根据《上海市职业技能培训补贴暂行办法》的规定，可以享受职业技能培训补贴（含培训费补贴和鉴定费补贴）的人员

（1）本市户籍、在法定劳动年龄段内的以下人员：

1）失业人员、协保人员和农村富余劳动力。

2）在职从业人员（其中也包括本市户籍的灵活就业人员、非正规就业劳动组织从业人员）。

3）中等职业学校和高等院校的毕业学年学生。

4）其他按有关规定批准的人员，如本市接收的退役士兵等。

（2）外省市户籍、在法定劳动年龄段的以下人员：

1）参加本市社会保险并处于缴费状态的来沪从业人员。

2）本市中等职业学校和高等院校外省市生源的毕业学年学生。

4. 补贴范围和标准

补贴对象根据参加培训或鉴定的情况不同，可以享受不同种类和额度的职业技能培训补贴。

（1）培训费补贴（包含培训和一次鉴定两部分补贴费用）。以下补贴对象在上海市补贴培训实施机构参加补贴培训目录内的培训项目，经鉴定合格的（含自鉴定考核之日起一年内补考合格），按以下比例享受培训费补贴：

1）本市户籍的失业人员、协保人员和农村富余劳动力参加补贴培训目录内各培训项目，可按规定的补贴标准享受100％培训费补贴。

2）在职从业人员（含来沪从业人员）参加补贴培训目录内各培训项目，可按规定的补贴标准享受50％培训费补贴。

3）高等院校毕业学年学生（含外省市生源学生）参加补贴培训目录内高级及以上培训项目或创业能力培训项目的，可按规定的补贴标准享受50％培训费补贴。

4）经批准的其他补贴对象按相关规定享受培训费补贴。

补贴对象参加补贴目录内中级及以下或专项职业能力培训项目，鉴定不合格的，不予补贴；参加补贴培训目录内高级及以上培训项目，鉴定不合格的，按照鉴定合格应补贴培训费的50％予以补贴。

补贴对象参加经上海市人力资源社会保障部门评估认定为办学质量和诚信等级A级的培训机构或示范性培训项目的补贴培训，在享受培训费补贴时，补贴标准上浮10％。

（2）鉴定费补贴。上海市中等职业学校和高等院校学生参加当年补贴培训目录内中级或相当于中级的专项职业能力鉴定且合格的，在毕业学年或毕业学年获证后的六个月内，本人凭身份证（或社保卡）、国家职业资格证书或专项职业能力证书、学籍证明（加盖院校或二级学院公章）及学生证或毕业证书，到就近区（县）公共职业介绍部门申请鉴定费补贴，并向申请区（县）的失业保险部门提供本人相关银行账号。经审核确认，自申请之日起三个月内，相应的鉴定费补贴将核拨至个人提供的银行账户内。

（3）自学成才、岗位成才补贴。通过岗位成才或自学成才的劳动者，以个人鉴定方式到市职业技能鉴定中心办理鉴定申报手续。所有鉴定项目全部合格后，自获证之日起六个月内，本人凭身份证（或社保卡）及国家职业资格证书，到就近区（县）公共职业介绍部门申请补贴，并向申请区（县）的失业保险部门提供本人相关银行账号。经审核确认，自申请之日起三个月内，相应的自学成才、岗位成才补贴将核拨至个人提供的银行账户内。

（4）自行付费参加培训的补贴。失业人员、协保人员和农村富余劳动力自行付费参加补贴培训目录内的培训项目，经鉴定合格且自发证之日起一年内被用人单位录用并签订一年以上劳动（劳务）合同的，本人凭身份证（或社保卡）、国家职业资格证书或专项职业能力证书、财税部门监制的培训费发票或收据（不包括限用于内部结算、捐赠或代办费收入的收据）及劳动（劳务）合同，到就近区（县）公共职业介绍部门按补贴标准的100%申请培训费补贴，并向申请区（县）的失业保险部门提供本人相关银行账号。经审核确认，自申请之日起三个月内，相应的培训费补贴将核拨至个人提供的银行账户内。

5. 补贴次数

补贴对象一般每年可享受一次培训费补贴，对参加已获得相关证书的培训项目的，不得重复享受补贴。在校学生的鉴定费补贴在其在校期间只可享受一次。

但在下列情况下，补贴对象可在一年内享受两次职业技能培训补贴：

（1）本市户籍的失业人员、协保人员和农村富余劳动力享受过一次培训费补贴后，年内因就业需要可以再享受一次定向培训的培训费补贴。

（2）补贴对象在享受创业能力项目培训费补贴的同时，年内根据开业需要可以再享受一次相关技能类培训项目的培训费补贴。

（3）高等院校毕业学年学生享受过一次鉴定费补贴的，还可再享受一次培训费补贴。

6. 培训费补贴操作流程

劳动者参加职业技能补贴培训流程如图6—1所示。

（1）申领培训信息卡。劳动者需要参加补贴培训的，本人凭身份证（或社保卡），到就近区（县）公共职业介绍部门申领上海市职业培训信息卡。

原已申领的上海市职业培训账户卡可继续使用。

（2）接受培训指导，选择培训项目。有培训需求的劳动者，应当持相关证件和证明材料，在区（县）公共职业介绍部门指导下自主选择培训项目。

1）在职从业人员持培训信息卡，及本人身份证（或社保卡）。

2）失业人员、协保人员和农村富余劳动力（以下简称三类人员）持培训信息卡、本人身份证（或社保卡）及劳动手册。

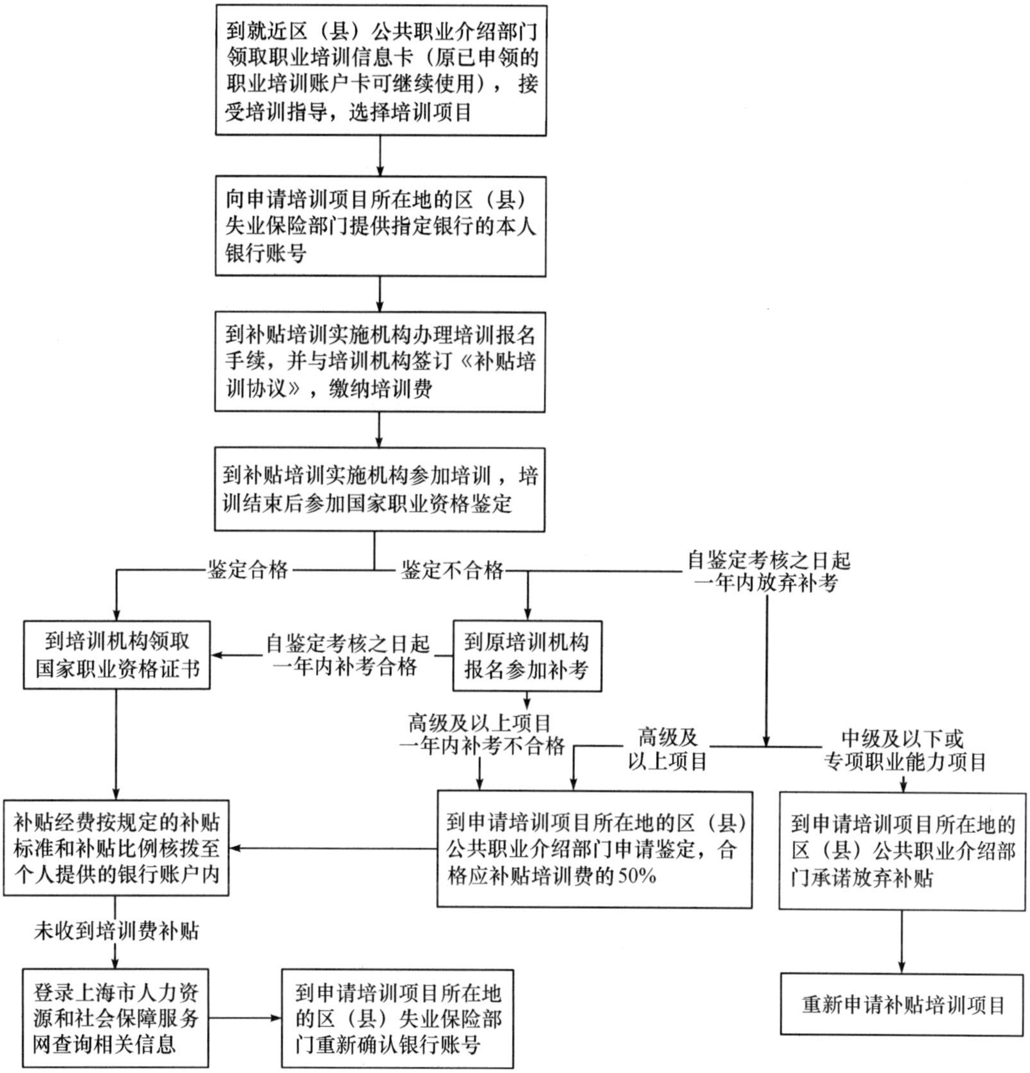

图 6—1　劳动者参加职业技能补贴培训流程

3）高等院校毕业学年学生持培训信息卡、本人身份证（或社保卡）、学生证及学籍证明或毕业生就业推荐表原件（加盖院校或二级学院公章）。

劳动者的身份状态以申请培训项目时劳动力资源管理系统认定的为准，有效期为三个月，逾期未参加培训的，需重新确认身份状态。

（3）提供银行账号。劳动者在选择培训项目的同时，应到申请培训项目所在地的区（县）失业保险部门，提供由区（县）指定银行的本人银行账号。

（4）参加培训

1）选择培训机构。劳动者选择培训项目后，可在全市范围内，选择相应的补贴培训实施机构参加培训。

2）培训报名。劳动者应在培训前持培训信息卡及本人身份证（或社保卡），到补贴培训实施机构办理培训报名手续。

3）签订协议。劳动者与补贴培训实施机构应在平等、自愿、协商的基础上签订补贴培训协议。

4）缴纳培训费。三类人员参加补贴培训目录内中级及以下或专项职业能力培训项目的，培训费补贴标准为50%，其中就业困难人员向培训机构支付的培训费为规定补贴标准的25%。除以上情形以外的补贴对象按规定的补贴标准和补贴比例支付。

在职从业人员、高等院校毕业学年学生，参加高级及以上项目的三类人员，及其他相关人员参加补贴培训，向培训机构支付的培训费，应根据培训机构经物价部门备案并向社会公布的收费标准和补贴培训协议约定的收费方式执行。

5）参加技能培训。学员应按照培训机构制订的教学计划及协议约定参加培训，遵守培训机构的教学管理制度及相关管理要求，并配合接受人力资源社会保障部门开展的督导评估及相关检查工作。

（5）参加技能鉴定。学员在培训结束后参加技能鉴定，鉴定合格后，可在规定时间内凭身份证（或社保卡），到培训机构领取国家职业资格证书或专项职业能力证书。鉴定不合格且有补考意愿的，可在鉴定结束的两个月后向原培训机构申请补考。

（6）培训费补贴核拨。学员获证之日起三个月内，补贴经费按规定的补贴标准和补贴比例核拨至个人提供的银行账户内。

7. 职业培训账户卡

为了进一步完善政府补贴培训机制，切实提高劳动者的职业技能素质，上海市从2006年开始为就业有困难、需要提高职业技能素质的劳动者建立了职业培训补贴个人账户（以下简称培训个人账户），发放职业培训账户卡（以下简称培训账户卡），在现有政府补贴培训政策的基础上，实施劳动者持卡参加培训。

（1）培训个人账户的建立。具有上海市户籍、在法定劳动年龄段内、就业有困难、需要提高职业技能素质的劳动者，可以凭本人劳动手册、身份证或社保卡（其中非本市身份证号码的需提供本市户籍证明），就近到各区（县）公共职业介绍所申请建立本人的培训个人账户，领取培训账户卡。

区（县）公共职业介绍所工作人员应根据上海市劳动保障信息管理系统中的个人相关信息核对申请人的身份状态。

（2）培训个人账户的资金。培训个人账户的资金仍由失业保险基金支付。每个培训个人账户的起始资金为 2 000 元。培训个人账户的资金不得转让、继承，不能以现金形式支取。

对于符合政府补贴培训规定、经批准后参加培训项目的费用超出账户起始资金的，在核销费用时可在其培训个人账户中补充注入相应金额。

（3）培训个人账户的使用

1）持培训账户卡到公共职业介绍所进行报名咨询。凡需要参加政府补贴培训的，应当持本人的培训账户卡和身份证（或社保卡），就近到各区（县）公共职业介绍所进行培训咨询。区（县）公共职业介绍所应当对劳动者的身份状态进行核对，并告知政府补贴培训有关政策和相关信息，指导劳动者选择培训项目，并由劳动者自主确定相关培训机构。

2）持培训账户卡到培训机构报名注册，参加培训。劳动者持本人培训账户卡和身份证（或社保卡）到培训机构报名注册后，应当与培训机构签订培训协议书。培训机构应当根据规定的培训计划、大纲认真实施培训，在培训结束后组织学员参加职业技能考核鉴定。

3）持培训账户卡从培训个人账户中划账支付培训费。符合政府补贴培训相关规定的，经职业技能考核鉴定，由学员个人持本人培训账户卡和身份证（或社保卡）到培训机构支付培训费。

（4）其他

1）培训个人账户的信息查询。已建立培训个人账户的劳动者，可以登录上海市劳动保障服务网或前往各区（县）公共职业介绍所查询本人培训个人账户的使用情况。同时，每年将向本人邮寄当年培训个人账户信息清单。

2）培训个人账户的诚信管理。对违反培训个人账户使用规定的培训机构，视违规情况予以减拨或者不予核拨补贴经费，已核拨但不符合补贴规定的经费应予以追回，并且今后原则上不予购买其培训成果；对违反培训个人账户使用规定的个人，取消其培训个人账户，且本人在 5 年内不得享受政府补贴培训。

3）认真落实建立培训个人账户的工作。各区（县）每年培训账户卡发放情况、持卡人员实际参加培训情况、培训后的就业情况，均应列入实事项目的工作考核范围。

二、其他培训方式

1. 远程培训

为顺应上海市的发展，进一步加强高技能人才培养工作，改善市郊边缘地区培训能力不足的现状，上海市职业培训指导中心通过组织各行业优秀的师资，借助多媒体课件制作技术，将教师的现场授课以直播形式通过卫星数据通信技术和 Internet 网络技术，同步辐射到设在上海市 11 个区（县）的 24 个远程培训网点，并可实时地发送和接收教师以及学生的音视频信号，实现了远程培训的双向交互功能，达到现代化的远程培训教学的目的。

报名参加远程培训项目，同样可以享受政府培训费用补贴的政策。

2. 公共实训

针对长期以来单个培训机构对培训设施投入和改造能力不足的状况，上海市就业促进中心通过政府集中投资建立了一个向社会培训机构免费开放、无偿使用、功能齐全、技术先进的公共实训基地。基地现已建有综合技术中心、创意技术中心、信息技术中心和数字制造技术中心等不同职业门类的实训室。

（1）公共实训基地概况。截至 2014 年，中国（上海）高技能人才公共实训中心已建的 4 个职业门类，可提供近百个职业类别、覆盖近 200 个岗位工种的实训，走出了一条培训设施投资集约化、效益最大化的新路。

综合技术中心现建有电气控制技术、机电一体化技术、建筑智能化技术、制冷与空调技术、数控设备维修技术及服装成衣共 6 个实训室，可供 19 个职业（模块）实训。

创意技术中心现建有茶艺、茶叶评审、数码动态、三维设计、平面设计、手工制作、数字影像采集、摄影、珠宝首饰、视光技术、林木园艺、中药共 12 个实训室，可供 36 个职业（模块）实训。

信息技术中心现建有电子商务、信息安全、计算机网络技术、软件开发、数据库管理、集成电路版图设计、集成电路制造、计算机维修技术、程控交换机技术、印刷媒体、环保水处理共 11 个实训室，可供 13 个职业（模块）实训。

数字制造技术中心现建有数字化设计与制造、现代模具制造技术、综合加工、数控机床应用技术、快速成型与快速模具制造共 5 个实训室，可供 11 个职业（模块）实训。

另外，还建有家用电子产品维修、保健按摩等实训室。

（2）公共实训基地的开放单位

1）上海市职业培训机构。

2）上海市各高校及中等职业学校。

3）上海市相关行业和企业的培训部门。

4）国际知名品牌认证和培训机构。

（3）公共实训基地提供的服务。上海市职业培训公共实训基地是向各类院校、培训机构和单位免费开放，为职业培训项目提供实训服务的公益性平台。其主要服务内容集中在两个方面：一是为职业培训项目提供实训场所和设备，二是为国家职业资格鉴定提供服务。

（4）实训预约办法

1）培训机构当年首次进入公共实训基地实训的，需与上海市职业培训指导中心签订实训协议书，协议书当年有效。

2）已签约的培训机构进入公共实训基地实训，应提前 10 个工作日预约实训，填写实训预约单，通过传真、邮寄等方式交至上海市职业培训指导中心三号楼一楼大厅咨询窗口。

3）指导中心在收到实训预约单之日起的 3 个工作日内，安排实训时间及实训场地，并将安排情况通知培训机构。

4）培训机构进入公共实训基地实训后，填写实训室使用情况表 1 和实训室使用情况表 2 及问卷调查表。

（5）实施要求

1）培训机构进入公共实训基地实训，应严格执行实训协议书及公共实训中心相关规章制度。

2）公共实训基地应遵循公平、公开、公正的原则，严格按照培训机构预约实训流程和培训机构进入公共实训基地流程，热情接待、合理安排，为培训机构做好服务和管理工作。

第 5 节　上海市未来十年经济社会发展对职业培训提出的要求

一、未来十年经济社会发展趋势

1. 知识经济兴起

知识经济是指在充分知识化的社会中发展的经济，使经济发展可持续化，促进人与自然协调、持续发展。在知识经济时代，知识、智力、无形资产的投入起决定性作用，脑力劳动占了主要优势，具有智能的人本身成为人力资本。

2. 高科技将推动全球经济进入全新发展阶段

根据联合国有关组织的分类，当今高科技可以分为八大类：信息科学技术、生命科学技术、新能源与可再生能源科学技术、新材料科学技术、空间科学技术、海洋科学技术、有益于环境的高新技术和管理（软科学）科学技术。科学界普遍认为生物技术和信息技术将成为关系国家命运的关键技术。

3. 工作具有更大的自由度

信息技术的进步和通信业的发展，使得远程办公、虚拟办公成为现实，多种雇佣形式的出现以及“弹性工作制”的推行，使得上班族能够更自由地支配自己的时间。

4. 教育从内容到形式都将出现重大变化

电子书包、人机对话的网上学习等新形式兴起，远程教学、多媒体教学、互动式教学等全新手段将会普及。

二、经济社会发展带来的职业变化

随着经济社会的发展，未来的高薪行业将集中在：

1. 互联网服务行业

互联网正改变着越来越多的传统行业。互联网服务行业作为一个新兴行业，没有传统行业的论资排辈或刚性的学历要求，年龄、资历、学历等已不具备明显的优势，而是更看重实战能力。

目前较为热门的有互联网金融、电商、视频、搜索等，从技术人员的专业技能来看，大数据开发、云计算、搜索、移动互联网等热门领域都有大量的高薪工作需求。除了技术人员外，还有两类人才是许多互联网企业，尤其是中小电商急需的人才类型。一类是熟悉网络市场营销的专业人才，B2B 企业和 B2C 企业都对这类人才有较高的需要；另一类是具备电子商务专业技能的人才。相比较而言，B2B 企业对这类人才的需求更强烈。

2. 教育和培训行业

中国适龄劳动人口基数巨大，随着各项高新技术在行业中的应用，不仅就职人员随时面临技术更新，求职人员也会有技术恐慌，因此劳动力技术技能培训的需求也是巨大的。

3. 农业和农村创业

新农村、新郊区建设的红火，将带动农民的需求和农村市场的兴旺。同时，为响应中央“大众创业、万众创新”的号召，各地政府相继出台了一系列创业资金扶持政策，催生了大量创业机会，不仅吸引了城里人和大学生前去创业，而且也点燃了农村创业的热情。农村的劳动力充足，自然资源丰富，创业成本低，逐渐富裕起来的农民对物质文化生活需求的层次在提高，使农村创业成了吸引力最强、利润最高的行业之一。

4. 旅游行业

国际知名咨询研究机构艾瑞的咨询数据表明，2011—2013 年，在线旅游市场交易规模分别达到 1 313.9 亿元、1 708.6 亿元和 2 204.6 亿元，同比增幅分别达到 38.5%、30.0%和 29.0%，其增幅要高于国内旅游市场的整体水平。

从未来发展趋势来看，中国在线旅游行业会持续保持快速增长态势，市场对于旅游体验师的需求会越来越大。艾瑞咨询预测，到 2017 年，中国在线旅游市场交易规模将达到 4 650 亿元，复合增长率将超过 20%。在这种情况下，旅游行业会更加注重网络平台的口碑营销，旅游体验师会获得更大的发展空间。

5. 生物医药行业

生物医药是国家的战略性新兴产业，制药技术将成为未来创新主动力，也是企业核心竞争力。在对研发人员的薪酬策略上，也可以看到生物医药行业对研发人员的重视程度。

以上海市为例，目前上海市正加快融入国际生物医药研发链和产业链，力争到 2017 年上海市研发外包达到 300 亿元，打造具有国际影响力的研发服务外包中心。未来一段时间内，国内相关领域对医药研发师，特别是高端医药研发师的需求会持续旺盛。

6. 健康管理行业

随着经济发展稳步增长，物质生活空前发达，人们的健康需求已由传统、单一的医疗治疗型向疾病预防型、保健型和健康促进型转变。社会各阶层的健康需求持续不断提升，健康管理师这一职业也由此应运而生。私人健康管理师是融合营养师、保健师、中医师、心理师等多职业特点于一身的综合性职业。

7. 老年用品和服务行业

随着我国老龄化程度的加深，为老服务的需求也将激增。我国的老年用品和服务产业才刚刚起步，在各方面的专项产品及服务都还亟待开发、规范和完善，供需之间的巨大差距让老龄产业“商机无限”，养老机构、医疗保健产品、旅游、房地产等领域都将有很大的空间。

8. 信息安全分析行业

从宏观角度来分析，越来越大的市场规模，会导致人才需求剧增。智慧城市的建设也将对信息安全体系提出全新的要求，云计算、移动互联网、大数据、移动支付等领域的应用信息安全将逐渐成为市场的主要发展方向。

信息安全分析师已经成为当前比较紧缺的人才。此类人才可在政府机关、国家安全部门、银行、金融、证券、通信领域从事各类信息安全系统、计算机安全系统的研究、设计、开发和管理工作，也可在 IT 领域从事计算机应用工作。

三、应对需求采取的新职业培训政策

1. 坚持终身化和多样化的人力资源开发观念

科技的不断发展，市场的不断变化，要求人们树立人力资源开发终身化的观念。在人的生命周期的不同阶段，不同性质智力的成长与成熟速度是不同的，只有注重终身化开发的科学性研究，才能使人力资源开发由感性阶段步入理性阶段。

在坚持人力资源开发终身化的同时，应坚持人力资源开发手段的多样化，以保证人力资源得到充分的开发与应用。

2. 增加人力资本投资

随着科学技术的不断进步和社会生产方式的变革，人力资本在生产力要素中的地位逐步上升，在经济发展中发挥的作用也越来越大。教育培训是人力资本投资的主要部分，也是应对世界经济一体化趋势的效率最高、成本最低的武器。中国的人力资源开发应增加人力资本投资，在保证国家投入的教育经费持续增加的前提下，调整投资结构，把发展基础教育、提高全民整体素质作为政府教育投资的第一要务，逐步加大国家对职业技术教育的投入力度；扩大教育投资渠道，发挥企业和社会资金在非义务教育领域的作用。

3. 教育培训与市场需求相结合

世界经济一体化条件下的中国人力资源开发，旨在提高整个国家的国际竞争力。教育培训作为人力资源开发的主要部分，应以市场需求为目标，为市场服务，即应该建立一个完整的市场导向的教育培训体系，大力发展职业教育和职业培训，解决人才与职业或岗位不适应、教育培训毕业结业人员无法就业的问题。

4. 引进国际先进模式，加强教育培训方式改革

要使中国的人力资源开发为中国参与国际竞争服务，中国教育培训事业就要按照国际经济发展的方向，以及国际先进的生产技术、产品标准、生产方式、产品质量的要求，制定新型的教育培训规划。

思 考 题

1. 解释职业培训的概念。
2. 上海市职业培训对社会、经济发展的作用包括哪些？
3. 上海市职业培训的渠道包括哪几种？
4. 上海市劳动力就业发生转移体现在哪些方面？
5. 新形势下，上海市职业培训的发展趋势是什么？
6. 简述上海市经济发展对职业培训的新要求。

第 7 章

上海市就业前培训

学习目标

通过本章的学习，学生应掌握上海市青年职业见习计划的背景、见习政策的内容，国家职业资格证书制度及上海市的实践，上海市就业前职业培训方式等内容。

为指导、促进青年大学生就业，使他们就业时针对性更强、就业机会更多，上海市一些高校联合职业培训机构，面向上海市大学生推出就业前职业培训。

第 1 节　上海市青年职业见习计划

一、上海市青年职业见习计划的背景

由于上海市政府抓就业工作成效卓著，社会上“4050”人员的就业矛盾已逐步得到缓解，上海市就业问题的重点将向青年人群转移。

目前上海市的人力资源水平与国际上发达国家的重要经济城市相比，尚存在着差距。上海市人才国际化程度总体还不高，存在国际化人才总量短缺和比例过低等问题，尤其是既懂得国际行业规则又有良好动手操作能力的管理人才，以及现代制造业、信息产业等行业的专业技术人才，更是远不能满足国内外投资者的需求。这无疑将影响上海市经济的快速发展和城市综合竞争实力的提高。

上海市青年职业见习计划正是在以上背景下诞生的，其宗旨有两个：一是对上海市青年人就业做好未雨绸缪的准备；二是通过整合已落户上海市的国际国内 500 强企业和知名优秀企业的资源，让上海市青年人进入这些优秀的企业中见习实践，和优秀企业零距离接触。通过见习实践，使青年人学习、感悟和体验先进的生产和管理技术、优秀的企业文化，了解国际行业规则，增强就业竞争力；同时，他们见习以后，可以带着国际先进的文化理念和技术进入上海市相关行业中就业，这无疑又促进了该行业人力资源整体水平的提高。如此良性循环的人才培养和流动，将迅速有效地提升上海市整体的人力资源水平，增强上海市的综合竞争实力，促进上海市青年人就业。

二、青年见习政策的内容

1. 见习实施流程

(1) 见习对象。具有本市常住户口，年龄为 16～25 周岁（有特殊需要的，可适当放宽到 30 周岁）者。

（2）见习基地。凡符合各区（县）经济发展方向的，属于区（县）重点发展行业的本市各类单位，均可申请成为见习基地。见习基地同时还要符合下列条件：

1）所提供的见习岗位一次性可容纳见习学员 5 人以上。

2）所提供的见习岗位具有一定的知识、技术含量。

3）所提供的见习岗位属于劳动力市场较为紧缺的岗位或具有就业潜力的岗位。

4）具备一定的带教师资力量。

具有以下情况的单位，不适宜成为见习基地：

1）申报单位为机关事业单位的。

2）申报单位为人才中介机构、职业中介机构、劳务派遣公司、行业协会的，且不能直接提供见习岗位的。

3）已向其他区（县）提出正式申请的。

4）所提供见习岗位明显不符合要求的（如存在劳动环境过于恶劣、劳动强度过大、劳动时间过长、岗位知识技术含量过低等情况）。

5）最近三年有经公开的重大违法违规事项的。

（3）操作模式

1）区（县）就业促进中心发展符合见习基地条件的单位参与青年职业见习计划。

2）上海市公共招聘网提供信息平台，发布见习基地的见习岗位招聘信息。有意向的青年可登录网站选择应聘见习岗位。

3）见习基地面试招募学员，学员被录用后进入基地参加见习。

4）市人力资源社会保障部门给予每位见习学员每月的见习生活费补贴，标准为当年城镇职工月最低工资标准的 60%（城镇职工月最低工资标准一旦发生调整，见习学员生活费补贴做相应调整），并为其购买特定的综合保险；对见习基地，根据见习工种岗位的工作性质和实训条件要求的不同，给予一定的带教费补贴。

2. 见习计划特色

青年职业见习计划旨在促进青年就业，具有以下特色：

（1）为青年提供在真实工作情境下学习的机会。青年通过在见习岗位上的见习实训，可以尽快熟悉真实的工作环境，缩短职场适应期。

（2）见习岗位紧跟市场需求。青年职业见习计划的见习岗位（工种）都是各区（县）重点发展行业中市场需求较大、有一定技术含量、技能性和操作性较强、具有就业潜力的岗位。

（3）合理的培训计划，经验丰富的带教老师。见习基地为见习学员制订了较为周详的培训带教计划，计划还会根据带教进程和学员反馈进行及时调整；同时，基地还会为每位见习学员配备经验丰富、技术过硬的带教老师，确保学员学有所获。

（4）鼓励正式录用，但见习结束后基地无留用义务。学员见习期满结业后，基地会对其优先录用或者推荐给同行，但基地没有留用学员的义务。

（5）全程跟踪指导。见习之初，学员将接受岗前培训，培训内容主要包括就业形势、职业见习政策、安全防范常识、职场礼仪以及维权知识等内容；见习过程中，学员可以得到劳动保障部门职业指导师和见习基地带教老师的培训指导；见习期满后，劳动保障部门还会对学员进行跟踪，及时给予指导和岗位推荐。

第2节　国家职业资格证书制度及上海市的实践

一、职业资格证书与职业资格证书制度

职业资格证书是反映劳动者具备某种职业所需要的专门知识和技能的证明，它是劳动者求职、任职、开业的资格凭证，是用人单位招聘、录用劳动者的主要依据，也是境外就业、对外劳务合作人员办理技能水平公证的有效证件。职业资格证书与某一职业能力的具体要求密切结合，反映特定职业的实际工作标准和规范，以及劳动者从事这种职业所达到的实际能力水平。

我国的职业资格证书制度是按照国家制定的职业技能标准或任职资格条件，通过政府认定的考核鉴定机构，对劳动者的技能水平或职业资格进行客观公正、科学规范的评价和鉴定，对合格者授予相应的国家职业资格证书的政策规定和实施办法。

二、职业资格证书制度的结构与功能

1. 职业资格证书制度的结构

职业资格证书制度的结构主要包括管理制度、法律制度、职业分类与职业标准、职业教育和培训制度、职业资格鉴定制度、证书核发与运行等。

（1）管理制度。职业资格证书制度的管理可以分为宏观和微观两个层次。宏观管理是指代表国家行使管理职能的有关部门，在全国范围内或地方政府的辖区内，从总体上对参加职业资格认证的主体行为进行的引导、规范、调整、约束、控制或限制。微观管理是指职业资格证书制度的主体自身内部的管理。

（2）法律制度。职业资格证书的法律制度是以国家的名义通过宪法、法律、法规、法令等规范性文件的制定，或者对判例法、习惯法等不成文法的认可，由国家强制力保证实施的关于职业资格证书活动行为规范的总和，其目的在于建立、维持、发展职业资格证书活动的秩序。

（3）职业分类与职业标准。职业分类与职业标准系统是职业资格制度运行的起点和基础。职业标准是在职业分类的基础上，根据职业的特性、技术工艺、设备材料以及生产方式等要求，对劳动者的技术业务知识和技术操作能力提出的综合性水平规定。

职业标准可以按照等级来划分，即根据各职业活动的范围、工作内容的数量和质量、工作责任等要素来进行划分。

（4）职业教育和培训制度。职业教育培训系统是劳动者职业能力培养和职业资格形成的系统。从工作内容上，职业教育和培训制度包括与职业分类和职业标准相符合的课程设计、教材编制、教学装备开发和符合能力培养要求的师资队伍建设；从实现形式上，职业教育和培训制度包括职业学校教育、其他就业前培训，以及企业内职业教育培训和社会性职前或者在职教育培训；从服务对象上，职业教育和培训制度包括后备劳动力、在职劳动力，以及由于经济结构变动而不断产生的转职、转业、转岗的劳动力。

（5）职业资格鉴定制度。职业资格鉴定制度包括的内容有命题与题库的建立，考试的时间、场所等。其工作内容包括命题组织管理、题库开发、测验考核方法的确定、社会化管理的考试考核实施等。我国的职业资格考试分为职业技能鉴定、专业技术资格考试和公务员录用考试等形式。

（6）证书核发与运行。证书核发与运行是职业资格证书制度工作体系的最后一项工作，也是职业资格证书制度变革的起点。社会对职业资格的认识都是先从证书开始的。严格按照证书的核发程序，搞好证书核发工作，是职业资格证书制度建设的重要任务。

在现代市场经济条件下，职业资格证书在劳动力市场的流通，主要靠职业资格证书本身的效用，以及企业、劳动者对它的认同。

2. 职业资格证书制度的功能

（1）促进劳动力市场的建设和发展。职业资格证书能够联系教育培训和用人单位，促进劳动力资源的合理配置和充分利用，使劳动力的种类、数量、质量和能力结构与社会的产业结构、技术结构和职业结构保持相对的一致性。

（2）对于开辟人才成长通道，具有导向功能。职业资格认证以职业活动的内容为导向，以职业活动所必需的能力为核心，引导职业教育培训的课程体系直接与职业动向相联系，为经济的发展需要提供服务。职业资格认证还可以通过检验职业教育与培训的结果是否达到国家标准要求来促进教育培训质量的提高。

三、国家职业资格证书在上海市的实践

早在1998年上海市就开展了技师社会化考评，推行“个人申报鉴定，社会专门机构考核，用人单位自主聘用”的技师考核办法，将技师考核列入职业资格的范畴，使技师由“技术职务”转化为“职业资格”。这种“以考代评”的方法，突破了技师评聘中的论资排辈的现象，有利于技术精湛的青年人才脱颖而出，加快了高级技能人才的成长步伐，使技师人才在劳动力市场上的自由流动成为可能。

为促进企业的信息化进程，推动传统企业的信息化改造，1999年上海市率先开展了CIO（Chief Information Officer，首席信息官）人才的培训。CIO培训为上海市培养了一大批技术性人才，推动了上海市的信息化建设。

2003年，上海市有410名考生参加楼宇管理、电气自动化、汽车、计算机、国际贸易和机械6个专业的职业资格鉴定考试，其中19.5%的考生取得了由劳动保障部门核发的国家职业资格证书。

为了解决学历教育和职业培训“平行线、难贯通”这个困扰着许多用人单位、劳动者以及在校学生的问题，2015年上海市人力资源和社会保障局与教育部门共同研究了“双证融通”制度，打破我国相对封闭的学历教育和职业培训两个教育体系，将不同的教育层次（中级工—中专、高级工—大专、技师—本科等）、不同的教育阶段（职前、职后）相衔接，拓宽终身学习通道，搭建学历教育与职业培训的“立交桥”。通过面向院校学生的“课程重组型双证融通”“学分认可型双证融通”和面向培训学员的“直通车式双证融通”和面向持证学员的“证书认可型双证融通”四种模式，实现职业资格证书和学历教育课程学分的转换互认。

第3节　上海市职业培训方式

一、校企合作培养高技能人才

2007年2月，上海市劳动和社会保障局、上海市教育委员会、上海市发展和改革委员会、上海市财政局、上海市经济委员会联合发布《关于本市推进校企合作培养高技能人才工作的实施意见》。

1. 基本原则

（1）整合资源，创新机制。利用现有各类应用类高校、高职和中职院校等教育培训资源，调动行业和企业的积极性，发挥政府构建的多层次公共实训体系的作用，建立高技能人才校企合作培养机制。

（2）适应需求，强化实训。适应产业技术不断发展的要求，强化实训环节，突出对动手能力的培养，解决技能人才培养与企业生产实际需求不相适应的问题。

（3）政府扶持，政策聚焦。各级政府和各有关部门加大投入力度，积极扶持校企合作培养高技能人才，制定并落实各项配套政策，切实做好指导、协调和服务工作。

（4）统筹规划，分步实施。根据产业发展需求和教育资源配置情况，通过深入调研、统筹规划、合理布局、分步实施，逐步推进高技能人才校企合作培养工作。

2. 组织架构

（1）设立市高技能人才校企合作培养协调指导委员会（以下简称市协调指导委员会）。具体按市委办公厅、市政府办公厅印发的《市级议事协调机构和临时机构审批办法》（沪委办发〔2003〕159号）的规定程序报批。

（2）成立专业理事会。成立若干专业理事会，作为推进校企合作培养高技能人才的技术支撑。专业理事会由相关行业主管部门或行业协会牵头，行业协会、集团公司和企业、教育培训机构代表及有关专家组成。专业理事会根据市协调指导委员会的委托，负责指导、协调相关专业校企合作培养的方案制定、指导服务等工作。

（3）建立技师学院（校）。按照面向市场、体制不变、功能提升、特色鲜明、布局合理的原则，确定一批上海市应用类高校、高职院校和国家级重点中职学校，并在其符合市场需求的骨干专业中，开展校企合作培养高技能人才。对开展校企合作的院校，经市协调指导委员会认定，可加挂“技师学院（校）”的牌子。

3. 培养实施

（1）培养方向。培养对象主要是青年群体，根据具体对象不同，其培养目标可包括：

1）预备技师。主要适用于各类应用类高校或高职院校的全日制学生，这是校企合作的主要培养目标。

2）技师或高级技师。主要适用于在企业一线岗位上有技能提升要求的在职职工，培养目标是使其取得技师或高级技师的国家职业资格。

3）中高级技工。主要适用于中职学校的全日制学生，培养目标是使其取得中级技工或高级技工的国家职业资格。

（2）培养方式。按照校企合作、产学结合、半工半读、定向培养的方针，技师学院（校）可根据定向企业需求和培养对象的实际情况，结合培养目标定位，实行多元化的培养方式。

1）“一年制”培养方式。各类应用类高校或高职院校全日制学生在前两年（或三年）学习基础课和专业课的基础上，在毕业学年实施定向培养（即“2＋1”模式或“3＋1”模式）。学员实训时间原则上不少于整个培养课程的1/3。

2）“三年制”培养方式。根据企业定向需求，实行从招生到毕业的三年期间半工半读的培养方式。学员到企业实训时间原则上不少于一年。同时，探索吸纳困难家庭学员的办法，通过“三年制”校企合作培养来提高他们的技能素质。

3）其他培养方式。对于企业生产服务岗位上需提升技能的在职人员，可采取全日制、工学结合、分阶段完成培训等更为灵活的培养方式。

（3）实施要求

1）联合制订培养计划。院校和企业要依据国家职业标准和有关国家专业教学要求，结合企业岗位的实际需求，联合制订教学计划和教学大纲，开发调整课程设置。

2）共享师资资源。院校可聘请具有丰富实践经验的企业高技能人才担任兼职专业课教师或实训指导教师，也可选派教师到企业生产实践和挂职，及时了解企业生产现状。

3）强化实训环节。可采取边学习、边实训的半工半读方式，强化技能实训和生产实践。

4. 经费保障

校企合作经费来源原则上按照“政府经费补贴一点、定向企业支付一点、院校学费承担一点”的方式加以解决。

（1）政府对院校开展校企合作给予一定经费补贴，该补贴从市失业保险基金中用于职业培训的部分和财政用于职业教育的专项资金中列支。定向企业用于校企合作的经费，可从1.5％～2.5％的企业职工教育培训经费中列支；院校从收取的学费中安排一部分经费用于校企合作的课程和教学改革，院校学费应按照物价部门核准收费标准执行。

（2）市失业保险基金按规定安排使用推进校企合作的经费。市失业保险基金主要用于补贴校企合作在提高学员动手能力上增加的培训费用（原则上按照本市政府补贴职业培训个人账户的操作办法执行）、定向企业接纳校企合作学员实训发生的企业场地设备物耗和能耗等实训运作费用，以及开展相关评估、评审等的费用。

（3）财政职业教育专项资金按规定安排使用推进校企合作的经费。财政职业教育专项资金主要用于“双师型”教师的培养、校企合作课程的开发调整、开放实训中心的建设和运行维护等。

对政府补贴经费，开展校企合作的院校应做到专款专用，建立健全经费使用和管理的内控监督制度，确保资金的安全和使用效果。由市协调指导委员会制定具体的校企合作经费保障实施办法，并定期对校企合作经费使用情况进行检查。

二、劳动预备制度

1. 劳动预备制的概念

所谓劳动预备制，是指组织未能升学但有就业要求的初、高中毕业生，在就业前接受一段时间的上海市劳动职业培训和相关教育，使其取得相应的职业资格或掌握一定的职业技能后，在国家政策的指导和帮助下，通过人力资源市场实现就业。

2. 上海市劳动预备制培训的对象

上海市初、高中毕业后未能升入高一级学校学习并有就业愿望的青年以及农村中准备向非农产业转移或进城务工的青年。

3. 上海市劳动预备制培训的基本要求

初中毕业生需接受一年或一年以上文化基础知识、专业基础知识和专业技能的培训；高中毕业生需接受半年或半年以上的专业技术知识和专业技能的培训。

4. 上海市劳动预备制培训的目标

通过系统培训，使学员成为掌握就业岗位必备文化基础知识、专业理论知识和专业技能，遵纪守法，具有良好职业道德的新型劳动者。

阶段性目标为：

第一阶段，修满相应课程，经考试（考核）取得规定学分，专业技能经测试通过，得到从业资格认定。成绩优秀的经鉴定可认定为初级技术等级。

第二阶段，修满相应课程，经考试（考核）取得规定学分，且已取得从业资格，专业技能经鉴定通过，认定为初级技术等级。成绩优秀的经鉴定可认定为中级技术等级。

第三阶段，修满相应课程，经考试（考核）取得规定学分，且已具有初级技术等级，专业技能经鉴定通过，认定为中级技术等级，获得技工学校毕业证书。

5. 上海市劳动预备制培训的方式

上海市劳动预备制培训采用阶段式培训方式进行，即按培训要求的不同，分成三个阶段，每个阶段都需开设文化基础课、专业基础课、专业理论课和技能培训。第一阶段，专业基础课、专业理论课实行集中面授，以模块式、单元递进式的形式实施教学，技能培训则按国家或行业（专业）从业资格要求或上岗标准进行。第二阶段，培训时间为两年或两年以上（含第一阶段培训时间），延续第一阶段的课程内容，技能培训按国家或行业（专业）初级技术等级标准进行。第三阶段，培训时间为三年或三年以上（含第一、第二阶段培训时间），继续第二阶段课程内容，技能培训按国家或行业（专业）中级技术等级标准进行。

思考题

1. 解释劳动预备制的概念。
2. 简述上海市青年见习计划的背景及政策内容。
3. 简述上海市就业前职业培训方式。

第 8 章

上海市企业职工与农民工培训

学习目标

通过本章的学习，学生应掌握企业职工培训的主要类型、企业职工技能培训的类型、企业岗位技能提升培训的任务和内容、中小微企业培训及农村劳动力转移就业技能培训等内容。

第1节　企业职工培训

一、企业职工培训概述

1. 企业职工培训的主要类型

（1）根据培训对象，企业职工培训可分为对管理人员进行的提高管理能力的培训，对工程技术人员进行的科技知识更新和提高科技开发、产品开发能力的培训，对一线生产操作人员进行的上岗资格培训和职业资格培训以及班组长培训等。

（2）根据培训内容，企业职工培训可分为职业资格培训、岗位培训、岗位练兵、转岗转业培训、学徒培训等。

1）职业资格培训是按照国家职业标准所进行的培训。通过培训，使职工掌握某一职业（工种）所必备的专业技术理论（应知）和生产操作技能（应会），培训后经职业技能鉴定，获得相应的职业资格证书。培训过程中，在执行国家职业标准的基础上，应结合职业岗位的实际需要，对标准中未列入而岗位需要的内容加以补充。要坚持理论传授与技能训练相结合，突出技能训练，强化实践能力培养，提高职工解决生产技术难题的能力。

2）岗位培训是对职工按岗位需要进行的以提高职业素养、工作能力和生产技能为目的的定向培训，主要包括按照岗位规范要求取得上岗、晋升资格的培训和根据本岗位生产（工作）发展需要而进行的各种适应性培训。岗位培训应从企业生产实际出发，强调针对性、实用性，本着干什么学什么、缺什么补什么的学用结合、按需施教的原则进行。

3）岗位练兵是企业根据职工履行岗位职责必备素质的需要，在生产现场中有组织地对职工实施以提高生产服务技能和工作能力为重点的训练活动。通常有三种形式：一是按照国家职业标准或企业岗位规范要求，以提高职工生产技能和工作技能为目的，结合生产而进行的标准型岗位练兵；二是根据企业生产、技术和经营发展的需要，以提高职工应变能力为目的的适应型岗位练兵；三是为开展劳动竞赛或参加各类职业技能竞赛活动而进行的准备型岗位练兵。岗位练兵的主要特点是紧密结合生产实际，在职工岗位上进行，其成果能直接应用于生产。

4）转岗转业培训是为需要转岗或转业的人员创造新的职业技能条件所进行的一种专门训练。它具有以下特点：一是适应性，即必须适应转岗转业人员的特点和能够重新获得新的职业岗位及重新就业的需要，举办的时间、地点、规模、人数、方式选择等，均取决于需要转岗或转业人员的实际情况。培训的内容则针对当前劳动力市场的实际需求，以促进就业为原则，并切实按照转岗转业人员的具体条件，进行周密的安排。二是灵活性，即培训的形式、方法可以灵活多样，不必拘泥于某种固定的模式。凡是能提高转岗转业人员的就业能力，帮助他们重新就业的方式都可以采用。三是短期性，即为满足转岗转业人员尽快就业的愿望，提高劳动力资源的利用效率，要求各类转岗转业培训应做到时间短、效率高、见效快，根据新岗位上岗的最低要求和受训人员的实际情况，确定培训的期限和具体要求，因人施教。

5）学徒培训是指在生产现场采取师傅带徒弟的方式把青年劳动者培养成为具有一定熟练程度的技术工人的培训方法。在 20 世纪五六十年代，通过以师带徒、传授技艺的培训方式，为国民经济建设输送了大批的技术工人。随着劳动用工制度的改革，学徒培训的内涵发生了重要变化，除传统工艺和少数特殊工种继续实行学徒培训外，其他工种逐步将招学徒工改为招定向培训生，在企业进行操作训练，在职业技术学校、就业训练中心等培训机构进行专业技术理论学习和基本功训练，以提高培训能力和培训效益。随着企业对高技能人才需求的日益迫切，为充分利用企业现有的高技能人才资源，加大高技能人才培养力度，劳动部于 1998 年制定印发了《关于建立和实施名师带徒制度的通知》，提出新形势下通过在企业建立和实施名师带徒制度，充分利用现有的高技能人才资源培养新一代高技能人才，为学徒培训制度注入了新的活力，对提高技术工人素质，推动企业发展产生了重要作用。

2. 企业职工培训方式

（1）根据承担培训任务的机构不同，可分为三种方式：一是由企业自己举办的职工培训机构承担；二是企业与企业外各类教育培训机构共同承担，其中教育培训机构承担文化理论教育，企业承担实际技能训练；三是由企业有偿委托企业外职业培训机构承担。

（2）根据参加培训的形式不同，可分为脱产培训和不脱产培训。脱产培训是职工在接受培训期间不承担工作任务的全日制培训，不脱产培训则是职工在接受培训期间需要同时承担工作的业余时间制培训。

二、企业职工培训原则

1. 树立人力资源开发和能力建设新理念

企业职工培训要立足于企业生产经营的实际需要，按照以人为本的指导思想，树立人力资源开发和人力资源能力建设新理念，通过合理开发和使用人力资源，最大限度地挖掘员工的潜力，实现员工职业生涯和企业经济社会效益的良性发展。

2. 建立与现代企业制度相适应的培训管理体制

按照建立现代企业制度的要求，从最大限度发挥员工成长积极性的需要出发，建立与之相匹配的企业职工培训管理体制，整合人事、劳资、培训等部门力量，明确职责，分工协作，为实现“培训、考核、使用、待遇”四结合的运行机制、推动人力资源的深度开发提供组织保证。

3. 根据培训需求制订培训计划

职工培训要立足于企业的实际需要，结合企业发展战略和生产经营的总体布局对各级各类劳动者的需求，摸清企业自有培训资源和周边社区教育培训资源的实际状况，制订科学合理的培训计划，明确近期和中长期职工培训的目标任务，形成培训制度，采取有效措施，推动培训工作的开展。

4. 建立企业职工培训基地

可以依托企业职工培训基地、社会公共实训基地以及高级技工学校、技师学院等职业院校，将其作为开展企业职工培训的基地，开展各级各类职业培训和继续教育。根据企业生产实际，合理安排培训的时间，区别不同对象，采取不同的培训形式。尽可能采用多种手段和渠道对员工进行实用、高效的培训。

5. 通过高端带动实现技能人才队伍梯次发展

企业要在全面开展职工培训工作的基础上，重点做好高技能人才培养工作，通过建立技师研修制度、名师带徒制度、企业培训师和技能带头人制度，加快高技能人才培养，广泛开展岗位练兵和各种职业技能竞赛活动，选拔和表彰一批技艺精湛、贡献突出的技术尖子，发挥他们的示范和带动作用，以此推动技能人才队伍整体建设，带动各类高、中、初级技能人员的梯次发展。

6. 加强基础工作

企业要选拔具有较高水平专业知识和技能特长的人员担任教师，同时结合企业生产实际和技术最新发展编写教学讲义，实现统一性和灵活性相结合，增强企业职工培训的针对性。有条件的企业，要大力开发和使用多媒体教材和仿真模拟教学设备及软件，更好地开展培训工作。

7. 加大培训投入，落实培训经费

企业要加大培训投入，落实培训经费，按照《就业促进法》和《职业教育法》的规定承担实施职业教育和职工培训的费用。一般企业要按照职工工资总额的1.5%足额提取职工教育培训经费。从业人员技术素质要求高、培训任务重、经济效益好的企业，可按2.5%提取，列入成本开支。要保证经费专项用于职工，特别是一线职工的教育和培训。

8. 坚持持证上岗制度

要将职业资格证书的推行与开展职工培训和改革企业用人制度紧密结合。企业招聘职工应从取得相应的职业学校学历证书、职业培训合格证书的人员中优先录用。企业招用从事国家规定实行就业准入控制的人员，必须要求其取得相应的职业资格证书。对于目前已经在岗但没有取得相应资格的员工，特别是从事技术复杂、要求高、操作规程严格、直接关系到产品质量和消费者健康以及安全生产工种的员工，企业要积极创造条件组织他们参加相应的职业技能培训，使其尽快掌握应有的知识和技能，取得相应的职业资格证书。

9. 推行“使用与培训考核相结合，待遇与业绩贡献相联系”的做法

建立职工凭技能、职业资格得到使用提升，凭业绩贡献确定收入分配的使用待遇机制。企业要制定与技能水平挂钩的企业工资制度和岗位津贴制度，在岗位测评和确定岗位薪酬时，充分考虑技能因素，使在高技能岗位工作的人才获得与其劳动贡献相符的报酬；同时，在薪酬、福利、培训等方面向关键技术岗位高技能人才倾斜。

第2节　企业职工技能培训

企业是培养和使用技能劳动者的主体，是聚集技能人才的载体，技能人才的成长和作用发挥离不开企业。开展职业教育和培训工作必须充分发挥企业的作用，加强企业职工岗位技能提升培训工作。企业技能培训主要是指针对企业在职职工进行的以提升岗位工作能力、新产品和新技术开发能力以及生产技能水平为主要目的的职业技能培训。

一、企业岗位技能提升培训的任务和内容

企业岗位技能提升培训的培养对象以本企业技能岗位从业人员（包括在岗农民工，下同）为主，同时鼓励有条件的培养基地与区县合作，将与本企业产业链相配套的上下游企业技能岗位从业人员纳入技能培训范围。

鼓励企业通过自主培训、与职业院校联合办学、开展高师带徒、举办和参与技能竞赛活动等多种形式，结合生产服务的实际需求和职业工种特点，开展技能培训。

根据企业产业升级和技术进步的需要，结合新技术、新工艺、新设备、新材料的运用对从业人员技能水平的要求，开展岗位培训、技能提升培训、继续教育培训等各类技能培训。

结合职业特点和岗位使用需要，实施考核鉴定、考评结合、业绩评审等多元评价模式。对长期在技能岗位上有绝活、有贡献的骨干人员，可突破年龄、资历、身份、学历限制，允许其破格参加技师、高级技师评价。

进一步完善与能力业绩挂钩的企业工资制度和岗位津贴制度，制定对关键技术岗位高技能人才在继续教育培训、疗休养、出国进修、健康体检等方面的激励办法。

落实“首席技师”“技能大师”岗位津贴及必要的工作经费，加强技能带头人及其带领团队的自身建设，发挥高技能人才在关键技能岗位上解决技术难题、开展技术攻关等方面的示范带头作用。

为培养高技能人才、适应经济发展对高技能人才的需求，2008 年 3 月上海市《关于本市企业内高技能人才培养和评价的试行意见》提出，企业内高技能人才培养和评价先在本市部分企业中试点实行，在试点基础上，再向面上逐步推开。企业应根据各职业（工种）生产服务岗位对技能的要求，结合职业标准，制定企业内高技能人才培养和评价方案。并在同年 9 月，上海市总工会、上海市人力资源和社会保障局、上海市国有资产监督管理委员会制定《关于在本市企业中推行首席技师制度促进高技能人才培养的指导意见》，进一步加快高技能人才队伍的建设。

2012 年 12 月，上海市政府转发《关于加强本市企业技能人才队伍建设的实施意见》，该意见提出要充分发挥政府引导和企业主体作用，健全有较强针对性、实效性的企业职工职业培训制度，完善程序规范、评价科学的企业技能人才多元评价体系，健全政府引导、以企业为主体的企业技能人才使用激励机制，使企业新录用人员都得到岗前培训，使企业技能岗位从业人员都得到至少一次的技能提升培训，使企业技能人才队伍成长环境得到优化，形成一支技能精湛、素质优良、结构合理的企业技能人才队伍，更好地满足上海市产业结构优化升级和企业发展需求。

二、中小微企业培训

2013 年 11 月，上海市人力资源和社会保障局、上海市财政局印发《关于建立中小微企业职业技能培训公共服务平台的指导意见（试行）》（以下简称《意见》），主要内容为：

1. 功能定位和建设模式

(1) 功能定位。公共服务平台是为有职工技能培训需求的中小微企业和社会优质培训资源提供对接服务，帮助企业获得职业技能培训的公益性平台。

公共服务平台组织管理方是区（县）人力资源社会保障部门、财政部门委托的组织管理机构，服务需求方是确有培训需求但缺乏培训条件的中小微企业，服务承接方是办学条件较好、办学质量较高的培训实施机构。公共服务平台应具备以下主要功能：

1) 供需对接。实现各类优质的社会培训资源与企业提出的具体培训需求之间的信息共享，帮助两者进行对接。

2) 政策指导。为企业提供一门式的职工技能培训政策咨询服务，根据企业实际情况和培训需求，进行个性化的政策指导。

3) 技术支持。通过组建由相关行业和教育培训专家组成的专家咨询组，为有个性化培训需求的企业提供培训项目开发咨询、技术支持等服务。

4) 培训服务。组织培训实施机构为中小微企业提供有针对性、实效性的培训服务，并实施培训经费补贴，同时开展培训过程督导检查，提高培训质量。

(2) 建设模式。公共服务平台由各区（县）人力资源社会保障部门会同财政部门共同建设，落实区（县）公共就业服务机构等单位进行组织管理，并逐步探索通过政府购买服务方式委托社会中介机构实施组织管理。组织管理机构应配备专人落实各项组织管理工作，并设立专门的服务窗口为企业提供咨询和办事服务。公共服务平台服务内容、时间、场所和电话等应向本辖区内企业进行公告。

在建立实体公共服务平台的基础上，各区（县）人力资源社会保障部门还应会同财政等部门共同建设面向企业的互联网信息化公共服务平台，为企业解读相关政策，提供菜单式的培训机构和培训项目信息，实现企业网上提交培训需求等功能。

2. 实施范围

(1) 服务对象。凡有职工技能培训需求的以下中小微企业均可享受公共服务平台提供的服务：

1) 上年度缴纳地方教育附加，但未享受过沪人社职〔2012〕603 号文件规定的企业职工培训补贴的企业。

2) 上年度缴纳地方教育附加，且已按沪人社职〔2012〕603 号文件规定享受过职工培训补贴，但在部分培训项目上缺乏培训条件的企业。

3) 按有关规定，经相关部门批准，上一年度予以免缴增值税、消费税、营业税的企业。

(2) 培训项目。纳入公共服务平台的培训项目范围为：

1）结合企业岗位技能要求开展的岗位练兵培训项目。

2）当年度上海市鉴定公告内的技能类社会通用职业等级培训项目和专项职业能力培训项目。

3）技师继续培训项目。

4）上海市认定的高技能人才培养基地（以下简称培养基地）、企业内高技能人才培养评价实施单位（以下简称实施单位），经批准可实施的结合企业特定需求的技能类通用职业、企业特有职业、行业特有职业的等级培训项目和专项职业能力培训项目。

3. 实施方式

（1）培训需求的提出与整合。需要组织职工参加技能培训的企业可按税收征管关系，向所属区（县）公共服务平台提出培训需求；多个企业也可由行业主管部门、行业协会、产业园区等根据企业税收征管关系进行汇总后，分别向所属区（县）公共服务平台提出培训需求。

公共服务平台组织管理方应多渠道收集企业的培训需求，对零星分散的企业培训需求信息应做好汇总和整合工作。需要跨区（县）整合企业培训需求的，相关区（县）公共服务平台应互相配合落实。

（2）培训实施机构与培训实施方案。公共服务平台组织管理方根据企业培训需求，按政府采购的有关要求，每年选择一批优质培训机构，报经区（县）人力资源社会保障部门、财政部门同意后，签约承接培训任务。培训实施机构原则上应为本区（县）具有相应培训项目资质的A级、B级培训机构或经认定的培养基地和实施单位。对企业提出的一些特殊培训需求，本区（县）上述培训实施机构不能满足的，可落实区（县）内外其他具备相应培训项目资质和办学条件的培训机构，按规定签约承接培训任务。

培训实施机构应根据国家职业技能标准，结合企业生产服务岗位要求，与企业共同制定培训实施方案，内容包括培训项目、培训人数、培训课时、培训内容、培训方式、鉴定方式等。

（3）审核与签约。在实施培训前，培训实施机构应将企业证明材料、培训实施方案等报委托其承接培训任务的区（县）公共服务平台，并由组织管理方报区（县）人力资源社会保障部门审核。区（县）人力资源社会保障部门应定期汇总审核情况，报市人力资源社会保障部门备案。

培训项目和实施方案经审核通过后，由组织管理方、服务需求方和服务承接方签订《中小微企业职业技能培训公共服务平台培训服务协议》，明确培训项目基本信息、培训经费补贴办法、各方权利义务等事项。

（4）培训与鉴定。签约后的培训实施机构应按照经审核通过的培训实施方案开展培训。培训实施过程纳入本市职业培训网络化管理，培训实施机构应按有关规定做好培训信息录入和网络维护工作。在培训实施期间，培训实施机构还应按本市补贴培训有关规定接受相应督导和评估。

企业职工完成培训后应参加职业技能考核鉴定。培训项目为当年度本市鉴定公告范围内的社会通用职业或专项职业能力的，由市职业技能鉴定中心实施鉴定，颁发相应国家职业资格证书或专项职业能力证书；岗位练兵培训项目由区（县）人力资源社会保障部门按相关规定组织考核，颁发岗位培训合格证书；培养基地或实施单位经批准可实施的培训项目按相关规定实施鉴定，颁发相应国家职业资格证书、专项职业能力证书或岗位培训合格证书；技师继续培训项目按相关规定组织考核，颁发技师继续培训合格证书。

4. 经费补贴

（1）补贴条件与补贴标准。《意见》规定的服务对象中第一类、第三类企业，组织职工参加纳入公共服务平台的培训项目，考核鉴定合格的，可按本市公布的当年度补贴标准给予100％培训费补贴。

《意见》规定的服务对象中第二类企业，组织职工参加纳入公共服务平台的技能等级培训项目、专项职业能力培训项目、技师继续培训项目，考核鉴定合格的，可按本市公布的当年度补贴标准给予50％培训费补贴。

（2）补贴方式与列支渠道。培训鉴定完成后，由企业税收征管关系所在区（县）公共服务平台受理培训补贴经费申请。由组织管理方报经区（县）人力资源社会保障部门审核通过并报区（县）财政部门核准后，拨付补贴经费。培训补贴经费由补贴到培训实施机构的方式逐步过渡为补贴到培训学员所在企业的方式。

上海市户籍职工的培训补贴经费从区（县）地方教育附加专项资金中列支；外省市户籍职工的培训补贴经费从中央就业补助资金中列支，不足部分从区（县）地方教育附加专项资金中列支。

2014年2月24日，全市17个区（县）中小微企业职业技能培训公共服务平台全部启动运行。同时，由市人力资源和社会保障局、市经济信息化委、市总工会、市工商联联合开展的“中小微企业职业技能培训公共服务平台政策宣传周”活动在各区（县）启动，通过各种形式向中小微企业宣传新政。

第3节　农村劳动力转移就业技能培训

一、农村劳动力转移就业技能培训概述

1. 概念

农村劳动力转移就业技能培训是指对有意从事非农产业的农村劳动者和已在岗的农民工，有针对性地进行职业技能、职业道德、职业纪律、相关法律法规、维权知识以及城市生活常识的培训。农村劳动力转移就业技能培训是促进农村劳动者转移就业和提升在岗农民工技能的重要措施，是增强农民工就业竞争力和工作能力的重要手段。

2. 分类

从内容上看，农村劳动力转移就业技能培训包括引导性培训和技能培训；从性质上看，农村劳动力转移就业技能培训包括较正规的职业学校教育和短期实用技能培训；从与就业的关系来看，农村劳动力转移就业技能培训包括就业前培训和就业后培训。

3. 对象

农村劳动力转移就业技能培训的对象主要包括：农村初、高中毕业未升学人员和其他新成长的劳动力，农村退役士兵，有意愿外出务工的农村富余劳动力，在城镇公共就业服务机构登记求职的农村劳动者，在岗农民工。

4. 期限

培训时间以3～6个月为主。对于新成长劳动力，主要是开展6～12个月（或1～2个学期）的劳动预备制培训。对于企业录用的农民工，主要是根据岗位需求开展职业技能培训。

5. 承担农村劳动力转移就业技能培训任务的职业院校、职业培训机构的基本条件

（1）承担技能培训任务的职业院校和培训机构的基本条件

1）具有独立法人资格，取得人力资源社会保障行政部门或教育行政部门颁发的办学许可证。

2）遵守国家职业培训法律法规，熟悉国家职业教育方针和就业政策，积极推行国家职业资格证书制度和就业准入制度，热心承担农村劳动者转移培训任务。

3）具备承担农村劳动者转移就业技能培训相应岗位必备的专业设置、教学设备、训练场所、实训基地和师资力量等基本条件，具备信息化管理条件。

4）专业和课程设置符合人力资源市场需求，培训方法和形式能满足培训对象需要。

5）有相对稳定的转移就业信息和渠道，就业指导得力，培训后就业率较高。

6）熟悉农村劳动者转移就业培训业务，具有较好的培训工作基础和业绩，能够按人力资源社会保障部门审核同意的培训方案组织实施。

7）规章制度健全，内部管理规范，社会信誉良好，培训收费合理。

8）近三年来无违反职业培训法律法规被处罚记录。

（2）承担劳动预备制培训的职业院校的基本条件

1）具有独立法人资格。

2）具备承担劳动预备制培训相应的训练场所、教学设施设备、实训基地和师资等基本条件。

3）学制教育规模为 1 000 人以上，常设专业不少于 4 个。

4）学校实行“双证书”制度，学校毕业生毕业率在 90%以上，90%以上的毕业生能够取得职业资格证书。

5）有相对稳定的就业渠道，毕业生就业率在 90%以上。

6）学校建立由产业界、经济界及有关部门专家组成的学校咨询委员会，指导学校围绕行业企业用工需求，调整学校发展方向和规划，合理确定专业设置和课程安排。

7）学校建立较为完善的技能人才校企合作培养制度，至少与 5 家企业建立校企合作伙伴关系。

8）学校管理规范、制度健全、收费合理。

二、上海市促进农村劳动力转移就业技能培训的行动计划

为进一步加强农民工技能培训，2013 年 3 月，上海市人力资源和社会保障局印发《2013—2015 年上海市农民工技能培训提升行动计划》。根据上海市经济发展对技能人才的需求，逐步健全农民工培训工作体制，扩大培训规模，提高培训质量。三年时间内完成 50 万农民工的职业技能培训，其中在岗农民工国家职业资格等级的技能培训的比例不低于 50%，每年培养外来农民工高技能人才 1 万人，外来技能劳动者中的高技能人才比例每年提高 1 个百分点，使农民工技能结构比例更趋合理。

1. 健全政府引导、企业主体和社会参与的培训工作体系

（1）加强政府引导推动。各区（县）每年要根据本区域内农民工的技能状况和培训需求制订培训计划，完善推进农民工职业技能培训的各项政策措施。各区（县）对承担培训任务的培训机构要加强属地化管理，对开展农民工培训的大型企业、行业要加强对口联系指导，协调推进农民工职业技能培训的实施。加大农民工补贴培训资金的投入，按规定使

用好用于农民工培训的中央财政补助就业专项资金和其他各类资金，有条件的区（县）可制定本区域内农民工补贴培训政策。

（2）发挥行业、企业的主体作用。充分发挥行业协会组织发动和技术支撑的作用，鼓励企业广泛参与农民工职业技能培训。支持有条件的用工企业通过企业职工技能提升培训项目、企业技能人才培养项目、企业职工岗位练兵技能培训项目等组织实施农民工培训。鼓励中小企业通过中小企业培训公共服务平台开展农民工职业技能培训。

（3）鼓励各类培训机构参与农民工培训。区（县）应建立专家评审、就业联席会议相关成员单位共同参与的培训机构认定机制，完善与培训机构的签约机制，选择符合条件的培训机构承担农民工培训工作。对开展农民工培训规模大、培训质量高的培训机构，探索建立经考核评价后予以一定经费资助的扶持办法，鼓励优质培训机构做大做强，形成办学特色。

2. 以需求为导向，推进重点产业农民工技能水平提升

（1）引导农民工根据需求参加职业技能培训。根据本市产业发展方向和农民工培训需求，加强职业项目研发，合理确定本市补贴目录。积极推进符合本市产业转型发展需求的农民工技能培训项目，引导农民工参加市场紧缺、产业急需的职业工种的技能培训。在农民工职业技能培训中，增加关于上海市市情介绍的培训内容，增强农民工对城市的认同感。

（2）推进重点行业、企业农民工职业技能培训。围绕上海市产业结构调整，着重推进装备制造、汽车、飞机、船舶、航运、物流等先进制造业和现代服务业领域的农民工技能培训，促使农民工掌握新技术、适应新要求。继续实施建筑业农民工技能培训示范工程，大力加强建筑业农民工技能培训。积极推进护工、养老护理、家政服务等本市经济社会发展必需的生活服务业领域的农民工技能培训，提高外来从业人员的服务技能。

3. 加大高技能人才培养力度，优化农民工技能人才结构

（1）推进农民工高技能人才培养工作。加大国家职业资格证书培训力度，提高等级工培训所占比例，优化农民工技能人才的比例结构。符合条件的行业、企业可通过企业内技能人才培养、高师带徒和技师继续教育等培训项目，根据企业岗位需求培养农民工高技能人才。对生产一线的农民工技能人才，企业可实施多元化的评价方式，促进本企业农民工高技能人才的脱颖而出。

（2）大力开展农民工专场技能竞赛。鼓励农民工积极参加市级技能竞赛，各区（县）和农民工集聚的行业、企业，要广泛开展农民工专场技能竞赛。农民工参加技能竞赛赛前培训可享受培训补贴，在市级竞赛中获得优异成绩的可优先申报市优秀农民工评选，形成农民工展示技术、切磋技艺、提高技能水平的良好氛围。

（3）建立完善农民工高技能人才使用激励制度。企业在实施首席技师和技能大师工作室制度的过程中，要支持农民工高技能人才参加申报，充分发挥农民工高技能人才的引领作用。加大农民工高技能人才表彰力度，鼓励优秀农民工高技能人才申报技术能手等评选表彰，树立优秀农民工高技能人才典型。加大农民工高技能人才引进力度，完善高技能人才供求信息和工资指导价位信息发布制度，引导企业建立农民工薪酬待遇与技能水平挂钩的机制。

4. 完善培训补贴政策，扩大农民工技能培训覆盖面

（1）扩大农民工培训补贴对象范围。对在本市就业的在岗外来农民工和在本市有就业经历的外来农民工参加职业技能培训，实施职业技能培训补贴。鼓励企业开展外来农民工岗前培训并予以培训补贴。推进本市户籍农民工职业技能培训，将本市农村户籍在岗职工以及因征地农转非一次性缴纳本市社会保险的本市户籍劳动者也纳入农民工培训补贴范围。

（2）实施农民工专项培训补贴。积极推进护工、养老护理和家政服务三类行业从业人员的专项技能培训，按规定予以相应培训补贴。对本市外来媳妇参加职业技能培训，对本市监狱、劳教所内的服刑、服教人员等特殊群体参加职业技能培训，对农民工参加市安全生产监督管理部门组织的安全生产知识单项培训，按规定予以相应培训补贴。

（3）明确补贴培训项目和补贴标准。用人单位集体组织农民工参加纳入补贴培训目录的培训项目、岗位培训项目以及行业（企业）特有职业（工种）培训，培训后经鉴定合格的，按相应标准予以培训补贴。农民工个人自主参加纳入补贴培训目录的培训项目的，参照本市在岗职工规定享受培训补贴。

5. 健全培训管理机制，提升农民工职业技能培训质量

（1）优化培训管理信息网络。优化农民工培训和鉴定管理网络，加强管理人员和操作人员培训，做好本市职业培训信息网络维护，及时更新补贴培训机构和补贴培训项目等网上信息，严格农民工培训报名注册和核销补贴个人信息审核，提高农民工培训管理的信息化水平。

（2）加强培训过程管理和督导。培训机构应合理安排培训课程，加强培训师资配备，认真组织教学，提升培训质量。培训管理部门要做好培训指导管理，严格审核培训实施场地、实训设备和师资等培训教学条件，定期开展培训过程督导检查，督导记录和抽查结果作为补贴经费核销的依据。

（3）认真组织实施技能鉴定。根据农民工职业技能培训特点，按照鉴定公告合理安排鉴定场所和鉴定时间，加强鉴定申报条件审核，认真组织实施技能鉴定。对通过鉴定考核的，要及时核发相应的技能等级证书或岗位证书；对符合补贴条件的，及时核拨培训补贴经费。

6. 工作要求

（1）加强组织领导，切实履行职责。充分认识农民工技能提升的重要意义，充分发挥各方作用，形成工作合力，做好行动计划的落实和推进。各区（县）应根据本区（县）实际情况，研究制定贯彻落实方案；各行业要充分发挥行业管理优势，加强农民工培训的组织和管理服务工作；各用人单位要鼓励和支持农民工参加职业技能培训；各培训机构要严格按照要求实施培训，确保农民工职业技能培训质量。

（2）完善管理监督制度，规范资金使用。建立完善各类农民工培训补贴资金的财务管理和监督制度。对使用中央财政补助就业专项资金开展农民工培训的，区（县）人力资源社会保障部门要设立相应的独立明细科目，落实补贴资金审核公示制度，补贴资金核拨前应在区（县）政府或人力资源社会保障部门网站进行公示。市人力资源社会保障部门应对农民工补贴培训资金的使用情况和政策实施效果加强监督检查，对使用的中央财政就业补助专项资金每年开展专项审计，确保培训补贴资金使用的规范安全。

（3）加大宣传力度，营造良好氛围。充分利用各类媒体和多种形式，积极宣传农民工培训补贴政策，运用典型事例引导农民工积极参加职业技能培训。动员社会各行业企业、用人单位、培训机构积极参与到行动计划中来，对为农民工培训做出突出贡献的单位和个人，通过适当形式予以褒奖，形成社会各方面积极参与和支持农民工培训的良好氛围。

思考题

1. 解释农村劳动力转移就业技能培训的概念。
2. 概述企业岗位技能提升培训的任务和内容。
3. 简述中小微企业培训的主要内容。
4. 概述农村劳动力转移就业技能培训的行动计划。

9

第 9 章

上海市高技能人才职业培训

学习目标

通过本章的学习，学生应掌握上海市高技能人才紧缺的现状、上海市高技能人才培养计划的实施、青年高技能人才导师团等内容。

第1节　高技能人才概述

一、高技能人才的概念

广义来讲，技能的定义是通过练习获得的能够完成一定任务的本领，会计技能、英语口语技能、医生手术技能、绘画、弹琴都属于技能范畴。

高技能人才是在生产和服务等领域岗位一线的从业者中，具备精湛专业技能，在关键环节发挥作用，能够解决生产操作难题的人员，主要包括技能劳动者中取得高级（三级）、技师（二级）和高级技师（一级）职业资格及相应职级的人员，主要分布于第一、第二、第三产业中技能含量较高的岗位上。他们是具有较高职业素养和创新精神的复合型技术人才，是我国人才队伍的重要组成部分，是各行各业产业大军的优秀代表。在大力倡导提升企业自主创新能力、建设创新型国家的时代背景之下，更多更快地培养高技能人才，被视为中国提升国家核心竞争力的战略举措。

无论是广义概念还是狭义概念，对高技能人才的概念可以描述为在原有概念的基础上限定在获得高职、大专学历，获得一、二、三级资格证书的高级工、技师、高级技师，并在重大技术突破或在关键环节发挥作用，能够解决生产操作难题的人员，并具有较高的职业素养和创新精神的复合型技术人才。

二、高技能人才的特征

高技能人才的特征有群体特征和个体特征之分，群体特征通过个体特征体现出来，个体特征又包含在群体特征之中。研究高技能人才的特征无论从群体出发还是从个体出发，都是可行的。以下是采用统筹法对高技能人才特征的分析。

1. 高超的动手能力

动手能力是所有技能人才共有的特征，但是，只有高技能人才才能戴上“技艺超群”这一桂冠，这也是高技能人才最显著的职业形象特征。现代高技能人才高超的动手能力不再只是传统的手艺和某些绝活，而是通过技能教育和培训获得的更多的现代化理论知识，是一种“手脑联盟”，这种“手脑联盟”将是知识经济社会高技能人才的时代特征。

2. 突出的创造能力

创造性是一切人才的共同特征。高技能人才的创造性主要表现为在相关技术领域中的创新能力，如工艺革新、技术改良、流程改革及发明创造等。心理学研究表明，人是有创造能力的，但不同的人创造能级不同。一般来说，初、中级技能人才主要是掌握熟练技术，从事的是熟练劳动，主体是动作技能的重复。高技能人才则较多地掌握了精密技术，从事的是较复杂的劳动，其心智技能化的程度较高。

3. 极强的适应能力

高技能人才有适应工作岗位变动的能力，这种适应能力不仅表现在向同专业（工种）工作岗位的流动方面，也表现在向邻近专业（工种）工作岗位的流动方面。相比之下，初、中级技能人才的岗位适应性远不及高技能人才。

第 2 节　上海市高技能人才培养计划

上海市要成为现代化国际大都市，不仅要成为产业的高地，也要成为各类人才包括技能人才的高地。但是，目前上海市面临着高技能人才短缺的矛盾。

为此，上海市工会推进实施了“百万职工技能登高”计划，计划包括加快健全培训、练兵、比武、晋级四位一体的工作机制。与此同时，共青团上海市委通过在青年工人中推行技能培训学分制，使青年“鲁班”迈上破格提升的“快车道”。

一、上海市技能大师工作室的建立及资助办法

为选拔领军高技能人才，企业可依托其所在单位建立一批技能大师工作室，开展培训、研修、攻关、交流等活动，2013 年上海市建立并资助了不少于 20 个技能大师工作室，一次性给予每个工作室 10 万元的工作资助。

1. 申报条件

上海市技能大师工作室主要依托本市高技能人才楷模、中华技能大奖等奖项获得者，以及市级首席技师培养选拔千人计划工作资助获得者建设，可建在大师所在企业或高技能人才培养基地。技能大师应当同时具备以下条件：

（1）技能大师应当是某一行业（领域）技能拔尖、技艺精湛并具有较强创新创造能力

和社会影响力的高技能人才，在带徒传技方面经验丰富，身体健康，能够承担工作室日常工作。

（2）获得高技能人才楷模或中华技能大奖。

（3）获得本市首席技师培养选拔千人计划工作资助，已建立并带领工作团队积极开展技能攻关、带徒传技等活动，工作团队运作良好，并已取得一定的行业声誉、产生较大的经济效益。已获国家级技能奖项的可优先申报。

建立上海市技能大师工作室的单位应当同时具备以下条件：

（1）有符合条件的技能大师，且技能人才比较密集，技能劳动者总量较多，技能劳动者占全体劳动者的比例较大。

（2）高度重视技能人才队伍建设工作，具有较完善的技能人才培养、评价、选拔、使用和激励制度，首席技师工作制度完善、已建立首席技师工作团队的，可优先申报建立技能大师工作室。

（3）建立并完善大师工作室内部管理制度，明确工作职责、目标任务，规范日常运作，为技能大师工作室提供相应的资金支持以及场所、设施设备、人员等必要的工作条件。

已获得市级技能大师工作室资助的人员不可重复申报。

2. 评审程序

（1）符合条件的单位填写申报表并提交相关申报材料至所属的各主管局、中央在沪企业、本市控股（集团）公司或区（县）人力资源和社会保障局。

（2）各主管局、中央在沪企业、本市控股（集团）公司或区（县）人力资源和社会保障局对所辖单位上报的申报表及相关材料进行初审，提出书面审核意见后报市人力资源和社会保障局。

（3）根据2013年上海市技能大师工作室建立及资助的目标，市人力资源和社会保障局组织专家对申报材料进行评审，并开展实地考察，拟定评审意见，择优推选候选单位。

（4）市人力资源和社会保障局将拟定的技能大师工作室候选名单向社会公示，公示后无异议的，正式公布名单，并将资助经费下拨至申报企业。

二、首席技师千人培养选拔计划工作资助

1. 申请条件

上海市企业可自主选拔、聘用具有技师职业资格3年以上或高级技师职业资格1年以上且在一线岗位上直接从事生产技术工作的高技能人才为首席技师。本市已建立首席技师

制度、积极参与首席技师培养选拔千人计划的企业可申请工作资助。具体申请条件按照《关于对参与本市首席技师培养选拔千人计划工作的企业给予资助的通知》（沪人社职〔2011〕395号）以及《关于在本市组织实施首席技师培养选拔千人计划的通知》（沪人社职〔2010〕1045号）中相关规定执行，并且应同时满足下列要求：

（1）申请资助的首席技师于年底前仍在聘期内。

（2）已建立首席技师工作室或项目班组等工作团队，有固定的场地、设施设备、人员，企业已有配套资金投入，工作团队运作正常，且有明确的项目内容、工作计划和目标任务。已获得市级及以上技能奖项、科研技术攻关奖项，或已有显著项目产出和经济效益的，可优先申请。

对满足上述条件，但从事职业（工种）无国家职业资格标准的，如具有一定绝技绝活且在行业中有一定声誉的，也可提出申请，经主管部门调查、评议通过后，报市人力资源和社会保障局进行评审。

已获得过首席技师资助或技能大师工作室资助的人员不可重复申请。

2. 评审程序

（1）企业提出申请。符合申请条件的企业，应严格按照相关文件规定，对照自身相关工作的实际情况，如实填写资助申请表并向主管部门提交申请材料。企业主管部门为中央在沪企业或本市控股（集团）公司的，原则上应从上级主管部门申请。如需从区（县）申请，应在申请前取得上级主管部门同意，并出具书面确认意见。

（2）主管部门初审。各主管局、中央在沪企业、本市控股（集团）公司及区（县）人力资源和社会保障局应严格按照文件规定的申请条件及要求，认真审核所辖企业的申请表及申请材料，出具初审意见并填写汇总表。其中，对于首席技师从事职业（工种）无国家职业资格标准的，应按前文要求，由主管部门调查、评议后择优推荐，经公示后，填写初审意见，并出具详细的核实情况报告。

（3）初审材料上报。主管部门初审后，将申请材料报市人力资源和社会保障局。如首席技师从事职业（工种）属于信息创意类的，申请材料由市经济信息化委受理并复评。

（4）评审及资助。市人力资源和社会保障局对各主管部门报送的材料进行核准，并组织专家开展差额评审，择优拟定资助名单。经向社会公示后，公布名单及资助额度，并将资助经费下拨至申请企业。

第 3 节　上海市高技能人才培养激励机制

一、评选表彰

通过有奖竞赛的办法，鼓励青年求职者钻研技能。对于竞赛成绩突出者，根据各职业参赛人数，按相应比例予以奖励；参赛人数较多的职业，对获得决赛成绩第一名，并符合有关条件的选手，授予“上海市技术能手”荣誉称号，如年龄在 35 周岁以下，且符合有关条件，则同时授予“上海市青年岗位能手”称号。竞赛与职业资格鉴定相结合，竞赛成绩及格者将获得相应等级的国家职业资格证书。

二、青年技工成长绿色通道

上海市为培养高级技工开通了绿色通道，在青年工人技能培训中推行学分制。年轻人修满学分，就能跳级成为高级技师。宝钢集团公司、江南造船（集团）公司、上海汽车集团股份公司、上海电气资产管理公司、上海柴油机股份公司和上海汽轮机厂成为首批试点单位。

学分表包括在职培训、创新创效、技能竞赛及表彰奖励四个板块。只要在这四个板块中累积一定积分，就可以修满学分提前晋级。因此，年轻职工如果在创新创效、技能竞赛、表彰奖励等方面表现优秀，例如完成工艺改造新方法、突破生产难题、获得技能比武好名次，都能提前晋级成为高级技师。

三、建立高技能人才带头人制度

上海市积极推行“首席技师”和“首席员工”制度，发挥高技能人才在技术创新、工艺创新和带徒传技等方面的重要作用。继续推行设立首席技师工作室的举措，对其承担技术攻关和技改创新等活动给予经费支持。

四、建立高技能人才薪酬制度

政府应积极发挥主导作用，鼓励和引导企业建立培训、考核、使用、待遇相挂钩的机制。此外，还应设立政府技能津贴，对于在生产工作中多次做出突出贡献、有重大创新的技师和高级技师，给予享受政府津贴的待遇。企业要为高技能人才提供薪酬激励，逐步建立并实行按劳分配与市场劳动力价位接轨的分配激励机制，逐步建立职工凭技能和职业资格得到使用和提升、凭业绩贡献确定收入分配的使用待遇机制；提高高技能人才待遇水平，并逐步实现技师、高级技师与相应专业技术人员在工资福利方面享受同等待遇；对做出突出贡献的优秀技能人才实行高薪酬计划，对企业所需的紧缺人才试行协商工资制度，给予特殊薪酬待遇，也可以参照经营者收入确定其收入水平，实行股权和期权激励，建立特殊津贴；企业在为职工建立补充医疗保险和企业年金时，对高技能人才应给予倾斜。

思 考 题

1. 解释高技能人才的概念并描述其特征。
2. 上海市高技能人才培养计划的内容包括哪些?
3. 简述上海市高技能人才的激励机制。

10 第 10 章

上海市特殊群体职业培训

学习目标

通过本章的学习，学生应掌握上海市妇女职业培训的优惠政策、培训机构及培训成效，上海市残疾人职业培训机构、上海市残疾人职业培训的相关政策等内容。

第1节　妇女职业培训

一、上海市妇女职业培训概述

上海市为本市失业女性、外来媳妇、来沪女性、征地两保障（指解决征地劳动力近期基本生活，并落实养老、医疗长期保障）女性提供再就业培训优惠，具体优惠政策如下：

1. 家政专项能力培训优惠政策

（1）本年度内外来媳妇报名参加培训，凭结婚证、男女双方身份证复印件，经鉴定合格可享受免费培训政策（一年只能享受一次）。

（2）本年度内来沪务工妇女凭身份证和居住证参加培训，经鉴定合格可享受浦东新区提供的免费培训政策（一年只能享受一次）。

2. 初级家政服务员培训优惠政策

（1）本市失业、协保、农村富余人员凭身份证（或社保卡）、劳动手册复印件和职业培训信息卡参加培训。

（2）征地两保障人员凭身份证（或社保卡）、劳动手册复印件和浦东新区征地两保障人员培训费用补贴证明参加培训。

（3）以上人员参加初级培训项目，需自行支付的培训费为规定补贴标准的50%（就业困难人员为25%）。鉴定合格者，自行支付的培训费将由相关失业保险经办机构直接核拨到个人银行账户。

（4）本年度内外来媳妇报名参加初级班的培训，凭结婚证、男女双方身份证复印件，经鉴定合格可享受免费培训政策（一年只能享受一次）。

（5）本年度内外来务工妇女凭身份证和居住证参加培训，经鉴定合格可享受浦东新区提供的免费培训政策（一年只能享受一次）。

3. 中级家政服务员培训优惠政策

（1）本市失业、协保、农村富余人员凭身份证（或社保卡）、劳动手册复印件和职业培训信息卡参加培训。以上人员参加中级培训项目，需自行支付的培训费为规定补贴标准的50%（就业困难人员为25%）。鉴定合格者，自行支付的培训费将由相关失业保险经办机构直接核拨到个人银行账户。

（2）征地两保障人员凭身份证（或社保卡）、劳动手册复印件和浦东新区征地两保障人员培训费用补贴证明和职业培训信息卡参加培训。

（3）在职从业人员凭身份证和规定补贴标准100%的培训费参加培训。鉴定合格者，失业保险经办机构将50%培训补贴直接核拨到个人银行账户。

（4）来沪务工人员凭身份证、居住证和初级证书参加该项目的培训，经鉴定合格可享受浦东新区提供的免费培训政策。

4. 高级家政服务员培训优惠政策

（1）上海市失业、协保、农村富余人员凭身份证（或社保卡）、劳动手册复印件和职业培训信息卡参加培训。以上人员参加高级培训项目，需自行支付的培训费为规定补贴标准的100%。鉴定合格者，自行支付的培训费将由相关失业保险经办机构直接核拨到个人银行账户。

（2）征地两保障人员凭身份证（或社保卡）、劳动手册复印件和浦东新区征地两保障人员培训费用补贴证明和职业培训信息卡参加培训。

（3）在职从业人员凭身份证和规定补贴标准100%的培训费参加培训。鉴定合格者，失业保险经办机构将50%培训补贴直接核拨到个人银行账户。

（4）来沪务工人员凭身份证、居住证和中级证书参加该项目的培训，经鉴定合格可享受浦东新区提供的免费培训政策。

5. 初级保育员培训优惠政策

（1）上海市失业、协保、农村富余人员凭身份证（或社保卡）、劳动手册复印件和职业培训信息卡参加培训。

（2）征地两保障人员凭身份证（或社保卡）、劳动手册复印件和浦东新区征地两保障人员培训费用补贴证明参加培训。

（3）以上人员参加初级培训项目，需自行支付的培训费为规定补贴标准的50%（就业困难人员为25%）。鉴定合格者，自行支付的培训费将由相关失业保险经办机构直接核拨到个人银行账户。

（4）本年度内外来媳妇凭结婚证、男女双方身份证和户口簿复印件参加培训，经鉴定合格可享受该项目的免费培训政策（一年只能享受一次）。

6. 中级保育员培训优惠政策

（1）上海市失业、协保、农村富余人员凭身份证（或社保卡）、劳动手册复印件和职业培训信息卡参加培训。以上人员参加中级培训项目，需自行支付的培训费为规定补贴标准的50%（就业困难人员为25%）。鉴定合格者，自行支付的培训费将由相关失业保险经办机构直接核拨到个人银行账户。

（2）征地两保障人员凭身份证（或社保卡）、劳动手册复印件和浦东新区征地两保障人员培训费用补贴证明和职业培训信息卡参加培训。

（3）在职从业人员凭身份证和规定补贴标准100%的培训费参加培训。鉴定合格者，失业保险经办机构将50%培训补贴直接核拨到个人银行账户。

7. 初级育婴师培训优惠政策

（1）上海市失业、协保、农村富余人员凭身份证（或社保卡）、劳动手册复印件和职业培训信息卡参加培训。

（2）征地两保障人员凭身份证（或社保卡）、劳动手册复印件和浦东新区征地两保障人员培训费用补贴证明参加培训。

（3）以上人员参加初级培训项目，需自行支付的培训费为规定补贴标准的50%（就业困难人员为25%）。鉴定合格者，自行支付的培训费将由相关失业保险经办机构直接核拨到个人银行账户。

（4）本年度内外来媳妇凭结婚证、男女双方身份证和户口簿复印件参加培训，经鉴定合格可享受该项目的免费培训政策（一年只能享受一次）。

8. 母婴护理培训优惠政策

（1）上海市失业、协保、农村富余人员凭身份证（或社保卡）、劳动手册复印件和职业培训信息卡参加培训。

（2）征地两保障人员凭身份证（或社保卡）、劳动手册复印件和浦东新区征地两保障人员培训费用补贴证明参加培训。

（3）以上人员参加初级培训项目，需自行支付的培训费为规定补贴标准的50%（就业困难人员为25%）。鉴定合格者，自行支付的培训费将由相关失业保险经办机构直接核拨到个人银行账户。

（4）本年度内外来媳妇凭结婚证、男女双方身份证和户口簿复印件参加培训，经鉴定合格可享受该项目的免费培训政策（一年只能享受一次）。

9. 初级计算机操作员培训优惠政策

（1）浦东新区失业、协保、农村富余人员凭身份证（或社保卡）、劳动手册复印件和职业培训信息卡参加培训。

（2）本区的外来媳妇凭结婚证、男女双方身份证和户口簿复印件参加培训，经鉴定合格可享受免费培训政策（一年只能享受一次）。

10. 中级办公应用软件培训优惠政策

（1）浦东新区在职的从业人员。

（2）外区在浦东新区工作的人员需所在单位出具在浦东新区工作的证明。

（3）需持有计算机相关专业初级证书方可参加该项目的培训。

（4）以上人员经鉴定合格可享受浦东新区免费培训政策。

二、上海市妇女职业培训机构

1. 上海市妇女教育培训中心

上海市妇女教育培训中心（上海市妇女干部学校、上海市女子职业技术培训中心）是上海市妇女联合会的直属培训机构，于 1985 年成立，承担妇女教育和培训的任务。为提高上海市妇女的整体素质，学校根据社会需要和妇女特点开展各类培训，先后培训了十多万人次的妇女干部、妇女工作者和女性专业技术人才，得到了广大妇女干部、培训机构和社会各界的充分肯定。

2. 区（县）妇女职业技能培训学校

以强化技能培训为主线，以落实弱势群体培训优惠政策和培训经费为保障，部分区（县）成立了区（县）妇女职业技能培训学校。这些技能培训学校根据劳动力市场的需求和妇女群体就业的需要，充分发动全社会力量开展培训。在实际运作中，区（县）妇女职业技能培训学校根据社会就业需求和困难妇女的实际情况，对就业困难又缺乏劳动技能的妇女提供专业劳动技能培训，以提高妇女群体的就业能力、创业能力和适应职业变化的能力，最终取得以培训促进就业的实效，帮助更多的困难妇女实现就业。各定点培训学校也都充分发挥各自的办学特色和师资优势，针对困难妇女的特点和需求，因人施教，将理论学习与实践操作相结合，在提高妇女文化素质的同时强化其动手能力和就业竞争能力，并积极采取学用结合的原则，安排上岗实践的机会，让学员们在摸索中积累经验，为今后重新就业打下良好的基础。

三、上海市妇女职业培训成效

上海市在加强妇女职业培训、促进妇女就业方面采取了很多卓有成效的措施。

1. 促进女性多元就业

重点突出政策服务，即一方面及时有效地了解掌握政府部门关于就业创业工作的系列政策，另一方面及时做政策的具体服务，其中包括组织专业培训、当面咨询，如有关“4050”工程的政策、创业开业政策、小额贷款政策等。配合劳动、民政等部门拓展居家养老、家政服务等社区服务岗位，帮助妇女重新上岗。

2. 提高女性综合素质，推进女性人才工程

（1）宣传女性人才。通过各级妇女组织的认真推荐和评选，对新时代优秀女性进行广泛宣传，让她们的精神能够得到发扬光大。

（2）培养选拔女干部。上海市妇联配合市委组织部召开了上海市培养选拔青年干部、女干部，发展女党员的工作会议，下发了《上海市培养选拔女干部、发展女党员工作会议纪要》。各级妇联结合实际，主动配合党委组织部门提出培养选拔女干部工作的目标，落实相应的政策措施。从宣传、教育、培训、培养、推荐、服务、联系等环节入手，充分发挥妇联组织在培养选拔女干部、发展女党员中的积极作用。

（3）促进女性成才。按照夯实基础、亮化品牌的要求，在科、教、文、卫等系统有序推进女性人才示范点创建工作，一批以促进女性成才为特色的工作品牌亮相于科、教等系统，有效促进了妇委会功能的开发和工作层次的提升。

（4）加强女性人才信息管理。上海市委组织部信息中心与上海市部分妇女工作机构联手建立了上海市联网的女性人才库。利用信息技术，做好优秀女性人才信息的采集、储备、管理工作，形成市妇联、区（县）妇联、委办局妇委会、工会女职工委员会和街道乡镇妇联、委办局下属单位妇委会三级人才库网络，进一步推进和加强各级女性人才信息管理工作，为党政输送各类优秀女性人才。

（5）女性人才培训。上海市妇联提出的“大学习、大服务”的口号得到了上海市各级妇女组织的积极响应。依托同济大学和上海师范大学两所女子学院、妇女干部学校、社区妇女学校等教育阵地，为妇女提供了政治理论、法律知识、心理健康、文化技术、就业技能以及农村实用技能等培训。另外，还利用现代网络优势创新了学习方式。

四、上海市妇女职业培训后续对策与措施

上海市后续将重视妇女就业政策的研究，配合政府落实相关政策；转变妇女就业观念，继续为妇女提供政策、技能方面的培训，增强妇女综合素质和市场竞争能力，帮助她们就业；充分发挥妇联在民主参与、民主决策、民主管理和民主监督中的积极作用；深入调查研究，准确把握市场经济条件下妇女发展、权益保障面临的新情况、新局面；完善妇女维权的社会化格局和工作机制，推动建立上海市妇女儿童维权联席会议，规范妇联系统信访和法律援助网络的工作制度。

第 2 节　残疾人职业培训

一、上海市残疾人职业培训概述

1. 上海市残疾人职业培训机构和主要职能

上海市残疾人职业培训工作主要由上海市残疾人职业技能培训中心、上海市残疾人联合会等机构承担。

上海市残疾人职业技能培训中心是上海市残疾人劳动服务中心于 2005 年年初创建的面向全市残疾人服务的职业教育平台，是上海市残疾人职业培训的业务支撑平台和残疾人技能培训体系的载体。

（1）中心现状。上海市残疾人职业技能培训中心拥有 3 041.83 平方米的教室、办公用房，配备了计算机、保健按摩、美容美发、数码摄影等专业的职业培训教室，拥有现代化多媒体教室、普通教室若干，设有编织、雕塑、摄影、用心创世界、心理咨询等多个残疾人专项工作室。

（2）职责。中心在上海市残疾人职业技能培训中承担以下职责：

核心教学基地：为残疾人提供多元化、多门类的适合其特点的职业技能课堂教学培训，为残疾人参加国家、国际职业技能认证的考试提供服务，承担新开发的中高端技能培训服务和示范教学任务。

组织服务中心：组织和开展残疾人就业定向培训，为残疾人就业的自荐、应聘、面试等提供技巧训练和就业心理辅导，形成残疾人培训就业服务一条龙。

研究开发机构：探索、研究和建设残疾人技能培训课程体系，建设接近国际公共服务标准的工作体系，探索上海市残疾人专门的职业技能标准和认证办法。

职业技能鉴定：上海市残疾人职业技能培训中心是上海市第 84 个职业技能鉴定所，本市首个残疾人职业技能鉴定点，承担本市残疾人的职业技能鉴定任务。

（3）培训服务。培训课程包括信息服务类、文化教育类、会展服务类、旅游服务类、生活服务类、管理咨询类、艺术类、阳光之家培训、残疾人就业心态以及职业心理等九大类。

2. 评价残疾人就业服务机构工作业绩的标准

（1）政策法规建设方面：以政府令或政府文件形式颁布实施残疾人按比例就业办法；

和有关部门配合，制定调查统计、职业培训和保障金管理等各项政策措施；接受政府委托，进行行政执法或劳动监察年检，与同级人大、政协等部门联合组织执法检查。

（2）服务机构建设方面：编委批准建立就业服务机构；行政区划内市（县）全部建立残疾人就业服务机构；服务机构有专职工作人员。

（3）按比例就业的实施方面：行政区划内市（县）全面实施按比例安排残疾人就业。

（4）就业服务方面：制订年度就业安置计划，完成年度安置任务；掌握本地残疾人失业登记人数、求职登记人数和在业残疾人情况；指导下级就业服务机构开展正常的失业登记、能力评估、就业咨询、职业培训、职业介绍、就业后追踪等就业服务；协助有关部门，制定促进残疾人就业的扶持政策及措施；有为残疾人开展职业介绍的固定场所；建立劳动力资源信息库，与劳动力市场联网并开展服务。

（5）职业培训方面：掌握本地区职业教育、技能培训机构的规模、专业结构、培训目标以及劳动力市场信息；制定年度培训指标，完成年度培训计划；指导下级就业服务中心开展农村实用技术培训；就业保障金中有用于培训的专项支出，且培训费不得少于保障金使用数的50%；指导残疾人培训机构开展中短期培训；建立与劳动培训业务工作例会制度。

（6）保障金使用管理方面：建立保障金管理制度，有专职的财会人员和财务管理制度以及齐备的保障金收支情况统计表；保障金采取收支两条线管理，符合预算外资金管理规定；严格执行保障金的使用范围，有年度收支预决算报表制度；定期对保障金的使用管理进行检查审计；有齐备的保障金减免审批手续。

3. 残疾人职业指导与职业培训相关要求

（1）职业指导。规范化职业指导是指为求职人员和用人单位提供职业咨询，开发职业潜力，引导调整就业观念和用人观念，设计职业生涯，提高求职和招聘技巧的指导。

1）职业指导工作人员应具备以下条件：

①有较强的事业心、责任感，热爱职业指导工作。

②熟悉有关劳动、就业的法规与政策，掌握劳动力市场供求信息，了解职业分类和职业特征。

③具有与职业指导工作相关的心理、教育、社会等学科知识。

④在残疾人就业服务机构工作两年以上，具有大专以上文化水平。

⑤经过相应的业务资格培训并考核合格，持有劳动部门颁发的职业指导资格证书。

2）针对残疾人的特点，开展以下职业指导工作：

①调查分析社会职业变动趋势和劳动力市场供求状况。

②开展对残疾人个人素质和特点的测试，并对其职业能力进行评价。

③帮助残疾人了解职业状况，掌握求职方法，确定择业方向，增强择业能力。

④向残疾人提出培训建议，并负责向就业训练机构推荐。

⑤指导用人单位选择招聘残疾人的方法，确定招用残疾人的条件和标准。

⑥对从事个体就业和自愿组织起来就业的残疾人，提供开业和生产经营方面的咨询服务。

⑦对在校的残疾学生，提供咨询和服务，进行职业指导。

（2）职业培训。残疾人职业培训是指对有一定的就业条件而未就业、需转换职业和已就业但需要提高技术水平的残疾人所进行的职业技能训练，包括就业前培训、岗前训练、转岗训练和在职训练等。

政府各有关部门所办的职业培训机构应将残疾人纳入培训计划随班培训，可根据市场需要和残疾人的具体情况单独开设培训班；残疾人职业培训机构应具备特殊的培训手段和条件，为在普通培训机构中难以接受培训的残疾人提供培训；其他职业培训机构也应接受残疾人参加培训。对在各类职业培训机构中学习且生活困难的残疾人，残疾人劳动服务机构应酌情给予补贴。政府各有关部门及企事业组织和社会团体，要切实抓好本部门、本系统、本单位在岗与转岗残疾人职工的职业培训，并为其在培训或进修期间的学习、生活提供保证。农村残疾人职业培训以乡（镇）为单位，依托当地各种形式的实用技术培训和科技扶贫活动，对残疾人进行随班培训或单独设班培训。

4. 上海市残疾人培训就业工作呈现亮点

近年来，上海市残疾人事业进入历史最好发展时期，上海市政府和中国残联高度重视残疾人工作，资金投入逐年加大，社会各界广泛开展扶残助残，残疾人状况得到明显改善，生活质量显著提高，参与社会生活的环境日益优化。

在市、区两级残联及残疾人劳动服务机构的努力下，2012 年上海市开展“培训就业年”活动的各项目标任务完成情况良好，截至 10 月底，城镇有就业需求的残疾人培训后一次性就业率达到 83%，年度参加职业技能培训的残疾人获国家职业资格证书的比例达到 80%，年度新就业残疾人稳岗率达到 97%，残疾人培训就业质量得到进一步提高，残疾人培训就业服务得到进一步加强，基本实现了活动设定的任务目标，并达到了预期效果。

上海市残疾人培训就业工作主要包括以下几个方面：

（1）组建残疾人就业指导员队伍，培育基层残疾人就业服务力量。通过基层选拔和社会招聘两种途径，初步组建了一支基层残疾人就业指导员队伍。队伍具有年龄结构优化、学历结构优化、专业能力优化的特点，为深化基层残疾人就业服务奠定了良好的基础。

（2）入户普查，初步实现城镇残疾人就业培训实名制管理。依托基层残疾人就业指导员队伍，于 2013 年 5 月至 6 月在全市各区县、乡镇开展城镇残疾人培训就业状况入户普查摸底工作。为确保入户普查工作的顺利开展，市残疾人劳动服务中心专门组织残疾人就业指导员举办专项工作培训班，各区县也多次召开推进会，讲解入户普查表的各表项填写及数据库录入要求，强调入户普查工作的重要性。截至2013年10月底，上海市已完成全部入户普查工作，在线录入城镇残疾人69 539人，其中就业残疾人67 836人，未就业残疾人1 703人，初步实现了城镇残疾人就业培训状况的实名制动态管理。

（3）开发适合残疾人就业的职业技能培训项目，启动残疾人培训、就业一体化研究工作。市、区两级残联及残疾人劳动服务机构结合区域经济特色和产业发展趋势，积极开发以就业为导向的订单式培训项目，开发了包括QQ客服、珠宝设计、竹刻草编等在内的多个特色项目，并以“长江高科技助残就业项目”为载体，大力开展各类适应市场需求和残疾人特点的技能培训，项目实施期间共支持1 053名残疾人参加培训，其中554人实现就业。同时，市残疾人劳动服务中心依托专业机构和社会组织，于近期启动了残疾人培训、就业一体化研究工作，开发、实验、评估残疾人培训就业项目，加快推动培训与就业的有效衔接。截至2012年10月底，已为510名城镇失业、无业残疾人提供了职业培训，培训后一次性就业率达到83%。

（4）做好残疾人参加职业技能培训相关服务工作，开展残疾人就业促进政策评估。以市残疾人职业技能培训中心为核心、各区（县）残疾人就业服务机构配合、社会培训机构参与的残疾人培训体系得到进一步完善。规范残疾青年职业见习基地建设，并积极与企业合作建立新的见习基地。依托社会组织开发残疾人培训就业实训点，帮助聋人大学生通过“实训＋实习”的方式提高岗位适应性。开展“上海市促进残疾人就业政策评估及对策研究”课题，调查分析上海市现行残疾人就业促进政策实施成效，并为今后残疾人就业培训政策的制定及调整听取意见建议。截至2012年10月底，已为409名残疾人提供个性化职业鉴定服务，有近70名残疾青年参加了职业见习。

（5）建立和推行残疾人培训后跟踪统计制度和学历证书与职业资格证书“双证书”制度。各区（县）残联及残疾人劳动服务机构逐步建立了辖区内残疾人培训后跟踪统计制度，及时了解残疾人培训情况和培训后就业情况。依托上海开放大学的开放式教育模式和有利资源，建立残疾人教育学院，鼓励和引导残疾人参加中高等成人学历教育和职业培训，在调研残疾人学习需求的基础上，开设了社区管理与服务、工商企业管理、行政管理、计算机信息管理、广告设计等多个学历与职业培训项目，试点运行期间，全市共在9个区建立了学习分中心，有485名残疾人参加了残疾人单独组班的学习。着手研究残疾人中高等职业教育项目，推行残疾人学历证书与职业资格证书“双证书”制度，并鼓励残疾人参加国家职业资格证书类培训，提高残疾人职业技能培训含金量。截至2012年10月底，年度参加职业技能培训的残疾人获国家职业资格证书的比例达到80%。

(6) 加强残疾人就业服务与稳岗服务，多渠道促进残疾人就业。各区（县）残疾人劳动服务机构建设进一步规范，就业服务进一步完善。开展个性化职业指导服务与残疾人职业能力评估，指导用人单位挖掘和开发适合残疾人就业的工作岗位，提高残疾人与就业岗位的匹配度。组织举办形式多样的专场招聘会，为残疾人和用人单位之间搭建沟通桥梁。跟踪残疾人上岗情况，及时帮助用人单位解决残疾人用工过程中遇到的问题和困难，做好残疾人稳岗服务工作。关注并鼓励残疾人自主创业，引导残疾人通过淘宝网络平台实现创业就业。2012 年，全市共举办各级各类残疾人招聘活动 120 场，年度新增城镇残疾人就业 2 791 人，应届高校残疾人毕业生就业率达到 91.2%，年度新就业残疾人稳岗率达到 97%。

(7) 规范和完善阳光基地建设管理，发挥特殊就业援助与职业康复平台作用。2010 年，上海市以乡镇为单位建立了 170 个阳光基地，为就业困难残疾人提供生产劳动指导、职业培训、职业指导等特殊就业援助服务，在帮助残疾人职业康复、促进残疾人就业方面取得了成效。为规范阳光基地的管理，更好地发挥阳光基地“蓄水池”和“安全网”的作用，2012 年市残疾人劳动服务中心专门委托专业机构研究设计阳光基地规范化管理与服务的指标体系，并向社会公开招募 200 个劳动培训项目，以满足残疾人的职业康复需求。截至 2012 年 10 月底，全市阳光基地 170 家，援助就业困难残疾人 4 219 人，累计实现市场化就业 468 人。

二、残疾人职业培训相关政策

为加强残疾人职业培训促进就业工作，国务院颁发《关于加强职业培训促进就业的意见》(国发〔2010〕36 号)，意见提出：

1. 加强残疾人职业能力建设，开展各种形式的职业培训

(1) 加强残疾人职业能力建设。认真贯彻国务院关于加强职业培训促进就业的要求，针对劳动力市场需要、残疾人特性和类别化培训需求，开展多形式、多层次的职业培训，逐步建立和完善残疾人职业培训机制。特别是要加强残疾人职业能力建设，针对残疾人的需求与特性，开展就业技能培训、岗位技能提升培训和创业培训。

(2) 积极开展残疾人就业技能培训。对城镇登记失业的残疾人，实施初级技能培训；对城乡未继续升学的应届初、高中毕业残疾学生等新生劳动力，协调组织其参加劳动预备制培训；对辖区内残疾在校大中专学生，要掌握其基本情况，开展就业能力培训和创业培训；对用人单位新录用的残疾人，开展岗前技能培训。

(3) 稳步开展残疾人岗位技能提升培训。掌握辖区内用人单位的残疾人就业实际状况，根据岗位与稳定就业的需要，与用人单位共同制订残疾人岗位技能提升计划，通过在岗培训、脱产培训、业务研修、技能竞赛等多种形式，分期分批开展职业培训，加快提升企业在岗残疾职工的技能水平。

（4）着力推进残疾人创业培训。依托有资质的教育和职业培训机构，针对残疾人特点和创业需求，开展创业意识教育、创业能力提升、创业项目指导和企业经营管理培训。健全政策扶持、资金扶持、培训与服务相结合的工作体系，通过规范标准、提高师资水平、完善培训模式，不断提高创业培训质量和创业成功率。对培训后成功创业的残疾人，进行“创业明星”评选，以激励残疾人创业就业。

2. 提高残疾人职业培训质量，力求职业培训取得实效

（1）推行就业导向的培训模式。坚持以培训载体建设为基础、以就业为导向的工作目标，积极探索残疾人职业技能人才成长通道，建立城乡一体化等促进残疾人就业的职业培训新模式。引导职业院校、企业和职业培训机构大力开展订单式培训、定向培训、定岗培训，提高残疾人培训的针对性和有效性。

（2）鼓励残疾人就读职业院校。依托各级各类职业院校，逐步建立起以技能为核心、以就业为目标的职业培训体制。积极宣传引导、鼓励残疾人就读职业院校，并制定相应的扶持优惠政策，积极引导职业院校依据残疾人特点，制订招生计划、教学计划，并对设备设施进行无障碍改造。

（3）大力开展社会化培训。通过购买培训服务，协助培训机构和用人单位开展残疾人类别化培训和针对就业市场需求的专项培训，提高残疾人职业培训数量、扩大覆盖面。鼓励和引导社会力量开展残疾人职业培训，在师资培养、就业信息服务、政府购买培训服务等方面与其他职业培训机构同等对待。对于开展残疾人职业培训的各类社会机构，从师资、设备、场地、招生、收费、培训等环节进行指导与监管，在强化职业技能培训的同时，将职业道德和法律意识等内容纳入培训课程，提高残疾人的综合素质，严把培训质量关。

（4）加强实名制动态管理。按照统筹资源、全面铺开、夯实基础、规范服务的工作思路，在全国范围内普遍推行残疾人就业和职业培训状况实名制统计动态管理。县级以上残联（含县级）要依托残疾人就业和职业培训信息管理系统，建立统一的就业信息服务管理平台，实施残疾人就业和职业培训状况实名制动态监测，并与全国职业培训补贴实名制管理系统共享相关数据，确保残疾人职业培训的真实性和有效性。

3. 进一步强化政策扶持，加大资金保障和支持力度

（1）就业专项资金。各级人力资源社会保障部门要将符合条件的残疾人纳入就业专项资金补贴范围，对残疾人开展职业培训、职业技能鉴定、就业见习、公益性岗位安置等按规定给予补贴。同时，在有关专项就业扶助工程和计划中，要将残疾人纳入重点扶助对象，按照规定标准给予补贴。

（2）残疾人就业保障金。各级财政部门要认真落实残疾人就业保障金征收使用管理规定，切实加强残疾人就业保障金的征收工作，充分发挥残疾人就业保障金的调节作用，促进国家机关、团体、企事业单位接纳安排残疾人就业。严格残疾人就业保障金使用管理，确保其专项用于残疾人就业培训和服务工作。进一步创新支持方式，提高资金使用效率。要加强对残疾人就业保障金征收使用情况的监督检查，严禁擅自减免以及截留、挤占、挪用残疾人就业保障金。

（3）社会资金。鼓励企事业单位、社会团体和个人捐资用于残疾人职业培训，对通过政府部门或非营利组织提供的资助和捐赠，按规定享受税收优惠政策。鼓励社会培训机构对残疾人减免培训费用。对于募集的资金要加强监管，不准挪作他用。

4. 加强组织领导，大力开展宣传表彰

（1）建立组织领导机制。充分发挥政府残工委的协调职能，建立残疾人职业培训工作领导小组。要切实掌握残疾人基础数据，并根据当地经济发展水平、残疾人职业培训需求、社会培训资源和能力，制订中长期残疾人职业培训规划和年度计划。各级人力资源社会保障部门要将残疾人职业培训纳入培训计划，鼓励和支持各类社会培训机构开展残疾人职业培训，督促和指导各级人力资源市场为残疾人提供免费的就业信息和就业服务。财政部门要做好残疾人就业培训资金的预算安排，通过就业专项资金、残疾人就业保障金等，支持开展残疾人职业培训工作，并对资金的管理使用进行监督。各级残联及残疾人就业服务机构、职业培训机构要把残疾人职业培训工作放在重要位置，建立领导责任制和目标管理责任制，认真落实各项政策措施，强化职业培训工作，为促进残疾人就业提供有力支撑。

（2）加大宣传力度。通过广播、电视、报刊、网络以及电子屏幕、横幅、标语、橱窗、板报等多种形式，广泛宣传各级政府在加强残疾人职业培训方面的各项法律法规和政策。对在残疾人职业培训工作中做出突出贡献的机构和个人进行表彰，及时总结、宣传和推广残疾人职业培训工作典型经验和做法，力争做到活动宣传到位、政策解释到位、措施说明到位、典型引导到位，努力营造全社会尊重、关心、理解和支持残疾人职业培训工作的良好氛围。

思考题

1. 概述上海市妇女职业培训的相关内容。
2. 概述上海市残疾人职业培训的相关内容。
3. 简述上海市残疾人职业培训的相关政策。

第 11 章

创业培训

学习目标

通过本章的学习，学生应掌握创业培训的概念和模式、创业的形式、实施创业培训的目的、上海市创业政策法规及政府补贴培训、上海市创业培训实践等内容。

第1节　创业培训概述

一、创业培训的概念

创业培训是对具有创业愿望和相应条件的人员所进行的开办小企业或自谋职业所必备的基础知识和必备能力的培训。它是近年来培训工作在促进就业、再就业过程中逐步探索并发展起来的一种新的培训形式，其对象可以是下岗失业人员，也可以是院校毕业生、军队复转退伍军人、农村准备向非农产业转移的人员或返乡创业的人员。只要有创业愿望和一定的创业能力，都可以申请参加创业培训。有条件的地方，也可对已经是企业主，但需要提高经营能力的人员进行提高培训。

二、创业培训的模式

1. 人社部引进的国际劳工组织“创办你的企业”的培训（简称 SYB 培训）

2001 年，由中国国家劳动和社会保障部与国际劳工组织合作将 SYB 培训项目正式引入中国，并选择张家口市、包头市、吉林市进行试点，2004 年又选择了北京、天津、鞍山、青岛、苏州、成都、南昌、长沙、宜昌、乌鲁木齐 10 个城市作为国家级创业示范基地，引用 SYB 创业培训模式，探索创业培训与项目开发、创业指导、融资服务有机结合的工作机制。2004 年全国已有 60 多个城市引进 SYB 培训项目开展创业培训活动。天津、上海、青岛、成都、南昌、广州 6 个城市被国家劳动和社会保障部与国际劳工组织联合确定为全国 SYB 师资培训中心，负责为全国各地培训 SYB 师资力量，帮助失业人员实现自谋职业和自主创业。我国 SYB 创业培训模式经过几年的试点和培训实验，在全国产生了较大影响，其中具有典型代表性的是苏州模式和天津模式，其特点是：①建立以创业培训、创业咨询、创业指导服务为一体的工作平台；②结合下岗失业人员自谋职业和自主创业的实际需要，不断探索创业培训的新模式；③营造自我创业和政策扶持相结合的氛围，提高下岗失业人员创业成功率。根据劳动和社会保障部公布的消息，2004 年上半年，全国共有 16.6 万人参加了创业培训，合格者约为 15 万人，培训合格率约 90%。其中，参加 SYB 培训的人数约为 6 万人，合格者为 5.566 万人。培训结束后成功创办企业或自谋职业者约 8.88 万人，创业成功率达到 59.5%，为社会新创造就业岗位 178 684 个。从我国现阶段来看，创业人群主要有青年创业者、留学生创业者、返乡创业者、大学生创业者、妇女创业者和下岗职工创业者，尤其是下岗职工创业者为多。

我国 SYB 培训的目的与作用体现在以下几个方面：其一，为创业者提供培训，使其掌握系统的创业知识与技能，理清创业思路，增强创办企业的能力，提高创业开办率和成活率；其二，为创业者提供一定的启动资金小额贷款，提高融资水平，使其“有米可炊”，能开展创业活动；其三，为创业者提供“助你创业”一条龙的系统服务，不仅包括对创业的知识技能、启动资金的支持服务，还对创业者提供后续服务，从培训到新企业的创立，再到企业的正常运行，都提供诊断、咨询等服务。SYB 培训模式以培训促进创业，以创业促进就业，进而创造更多的就业机会，实现扩大就业和再就业，切实提高小企业的生存能力。当前，我国的就业形势面临着严峻的压力，就业结构和就业方式正在发展变化，自主就业、自谋职业、灵活就业等已经成为劳动力就业的重要方式。作为提高劳动者创业质量，促进小企业创办成功的一项重要措施，创业培训工作面临着艰巨的任务和难得的发展机遇。

2. 根据劳动和社会保障部推动 30 个城市创业培训试点要求组织的“三段式”培训

“三段式”培训的整个创业培训过程分为理论学习阶段、咨询辅导阶段和后续扶持阶段。在理论学习阶段，主要进行创业意识、创业基础知识和有关经济法规教育，时间一般为 3～6 个月；在咨询辅导阶段，由咨询委员会专家或培训机构教师对学员编制的创业计划书进行分类指导和咨询，帮助学员确定有发展前景、符合市场需求的创业项目，修改和完善创业计划书；在后续扶持阶段，主要针对学员在实际创业过程中遇到的问题，提供咨询和服务，包括为学员在办理档案存放、开业登记、缴纳社会保险、调整营销策略、申请贷款等方面提供帮助，这一阶段视实际情况，时间可长可短。

3. 各地结合实际需要开发的创业培训

上海市针对参加培训人员的不同需要，将培训分为创业入门班、创业实训班和创业提高班三种类型，采取模块式的培训方式组织培训，加强对学员的开业指导、个性化辅导和跟踪服务。云南省针对下岗失业人员的创业心理、技能等问题，推出模拟创业训练模式，即在下岗失业人员进行创业知识培训的同时，根据其在创业过程中可能遇到的创业观念、心理、经验、技能、办理证照、贷款等问题进行场景模拟、试验和训练，帮助学员在最短时间内掌握别人要长期实践才能总结出的经验教训，并通过提供必要的政策扶持，帮助他们在创业过程中少走弯路，成功开业。

4. 由中国就业培训技术指导中心组织实施的远程创业培训

从 2002 年年底开始，劳动和社会保障部开始建设远程职业培训网络，利用信息网络技术和卫星数据传输技术，实施远程培训。目前，指导中心已经开发出针对下岗失业人员和大学生等不同群体的创业培训课程，并在 12 个省设立了远程培训辅导站。各地通过远程站点接收课程，组织学员参加培训。

三、创业的形式

培训后实现创业分为创办企业和自谋职业两种形式。前者要在工商行政管理部门办理私营企业注册登记，后者则需在工商行政管理部门办理个体工商户营业执照或在社区举办非正规就业组织。

1. 私营企业

私营企业是资产属于个人所有、雇工在 8 人以上的营利性经济组织。私营企业的组织形式有三种类型：独资企业、合伙企业和有限责任公司。独资企业是指公民 1 人投资经营的企业；合伙企业是指 2 人以上按照协议投资、共同经营、共负盈亏的企业；有限责任公司是指 2 人以上 50 人以下，由股东出资设立的企业。

2. 个体工商户

个体工商户是指在国家法律和政策允许的范围内，依法核准登记设立的由个人出资，个人生产经营，劳动收入归己所有的小型经营单位。个体工商户可以个人经营，也可以家庭经营。采用这种组织形式的一般从事一些规模小、独立性强、技术性较高的行业，如家用电器修理、自行车修理、理发、照相、缝纫、纺织、客货运输、饮食等行业。

3. 社区非正规就业组织

社区非正规就业组织是指街道、居委会以及其他社会力量组织的为安置下岗失业人员再就业，在社区范围内开展便民利民服务项目又暂未进行工商、税务登记的劳动组织形式。举办者可以是下岗失业人员本人，也可以是街道、居委会或其他社会组织或个人。经营项目主要是一些与社区服务有关的项目，如家庭清洁卫生服务，托老、托幼服务，净菜配送服务等。下岗失业人员自己举办社区非正规就业组织或非正规就业组织吸纳下岗失业人员就业，可享受减免税费、社会保险补贴等优惠政策。

四、实施创业培训的目的

1. 通过创业培训，提高创业者的心理、管理和经营素质，增强其驾驭市场的应变能力

对下岗失业人员中的创业者实施心理、管理和经营素质的培训，帮助下岗失业人员转变就业观念，树立创业的自信心。同时，对他们实施市场分析能力、市场竞争意识、组织

管理能力的培训，增强他们驾驭市场的应变能力，从而造就一批成功的小老板。

2. 通过创业培训，实现就业倍增效应

部分下岗失业人员通过创业培训成为小老板，开办了新企业或实体，在解决创业者本人就业问题的同时，也为社会创造了一批就业岗位，能帮助更多的下岗失业人员实现再就业，从而实现就业倍增效应。

3. 通过创业培训，推动非公有制经济进一步健康发展

通过对创业者进行培训，使这支新生的创业者队伍了解、掌握国家有关的经济法规，学习工商、税务、金融、科技、管理、劳动等方面的专业知识，帮助他们选准经营方向，减少经营投资的盲目性，从而提高创业的成功率，促进我国非公有制经济的健康发展。

五、创业培训的意义

1. 创业培训是促进下岗失业人员再就业的一条有效途径

在现有经济增长所能创造的就业机会有限的情况下，对那些具备一定素质的下岗失业人员进行创业培训，指导他们开展创业活动，不仅可以有效地解决他们自己的就业问题，并且可以带动更多的劳动者就业，达到扩大就业的最佳效果。

2. 创业培训是促进社区服务业和小企业就业的一项新举措

当前推进下岗失业人员实现再就业，主要是通过大力发展第三产业，尤其是社区服务业和多种经济形式的小企业，吸纳下岗职工、失业人员和其他劳动者就业。大力发展社区服务业和小企业，既是增加就业机会与促进经济发展的结合点，也是解决当前下岗失业人员再就业问题的主阵地和突破口。有针对性地开展创业培训，提高劳动者进入社区服务业和开办小企业的能力，对于创办小企业、加快发展社区服务业都具有积极作用。

3. 创业培训是职业培训深化改革的重要内容，也是培训与就业最直接的结合点

开展创业培训，是在职业培训领域深化改革的重要内容，也是促进培训与就业紧密结合的最直接有效的途径；同时，创业培训的实施，也为职业培训的发展拓宽了领域，丰富了内涵，具有相当大的发展潜力。创业培训的对象既包括下岗失业人员，也可向职业学校在校生和社会其他成员拓展。同时，创业培训的开展，也必将推动培训课程、培训方法的改革，从而使职业培训更好地为促进劳动者就业和再就业服务。

第2节　上海市创业政策法规及政府补贴培训

一、鼓励扶持自谋职业和自主创业

1. 给予就业岗位补贴和社会保险费用补贴

自谋职业是指劳动者以灵活自雇的方式实现就业的一种就业形式。根据原上海市劳动和社会保障局《关于进一步鼓励扶持自谋职业和自主创业的若干意见》（沪劳保就发〔2007〕11号），上海市失业人员中1957年12月31日前出生的男性和1967年12月31日前出生的女性是重点鼓励扶持的对象。对连续停止社会保险缴费六个月及以上的大龄失业人员实现自谋职业，并按规定缴纳社会保险费的，可由市失业保险基金按月给予所缴社会保险费50%的补贴，补贴期限最长为三年。对大龄失业人员中距法定退休年龄两年或者不足两年，符合领取失业保险金（含延长领取失业保险金）条件并实现自谋职业的，由市失业保险基金按照本市企业职工最低工资标准的50%按月给予就业岗位补贴，直至其达到法定退休年龄为止。自谋职业者符合条件的，可申请领取职业培训个人账户卡，参加有关的职业技能培训，并按规定享受政府培训补贴。

凡在2008年12月31日前实现自谋职业的大龄失业人员，可凭有关证明到户籍所在地的区（县）公共就业服务机构办理就业登记备案手续，并可自登记备案当月起申请享受上述扶持政策。

对男性50岁以上、女性40岁以上的失业人员实现自谋职业或自主创业，并按规定交纳社会保险费的，由市失业保险基金按月给予50%的社会保险费补贴。

2. 强化对劳动者微型自主创业的扶持

自主创业是指劳动者以个人或者家庭成员共同劳动的方式，通过从事微型的非企业的商事行为，为社区居民及家庭提供直接服务的一种创业活动（以下简称微型自主创业）。

按照“三个特定”的原则，即在扶持非正规就业的特定政策框架下，在社区居民家庭服务的特定领域内，对失业协保人员、征地劳动力和大中专院校毕业生等特定对象，从融资扶持和经营场地补贴上降低自主创业的门槛。

（1）融资扶持。以自主创业者为单位，在自主创业的初创和发展阶段，可以凭有关身份证明、微型自主创业计划书等材料向银行申请3 000～30 000元额度的微量开业贷款，由市促进就业专项资金提供担保。自主创业者按期归还微量贷款，符合相关规定的，可获得贷款利息的补贴。

（2）经营场地房租补贴。自主创业者需租赁符合有关规定的固定经营性场地开展创业活动的，可以申请经营场地房租补贴，补贴金额以自主创业者为单位，一般为每年 800～2 000 元，补贴期限最长为三年。

（3）上述微量开业贷款贴息和经营场地房租补贴政策，由自主创业者自行选择享受其中的一项。

（4）就业岗位补贴和社会保险费补贴。自主创业者属于大龄失业人员的，可以参照“鼓励扶持自谋职业”的有关规定享受就业岗位补贴和社会保险费补贴。

（5）自主创业者符合条件的，可申请领取职业培训个人账户卡，参加有关提升创业能力的培训，并按规定享受政府培训补贴。

凡在 2008 年 12 月 31 日前实现自主创业的劳动者，由街道、乡镇组织就业援助员和开业专家进行调查确认，并在区（县）公共就业服务机构办理就业登记备案手续的，可自登记备案当月起申请享受上述扶持政策。

二、开业贷款

2007 年，上海市按照有利于创业者和方便创业者的原则，在融资担保方面进一步降低门槛。按照国家有关规定，对创业者开展自主创业需申请小额创业贷款的，由市促进就业专项资金对创业贷款提供担保，并在三年内根据其经营发展和诚信情况，从数额较小的贷款担保起步，逐步增加贷款担保扶持数额。按期还款的可申请贴息。

1. 具有本市户籍并在本市注册开业的下列对象，可以申请开业贷款担保：

（1）非正规就业劳动组织负责人。

（2）自工商管理部门登记之日起三年内的劳动密集型小企业的法定代表人。

2. 申请开业贷款的条件如下：

（1）申请人无违法犯罪行为和不良信用记录。

（2）申请人自有资金不得低于贷款金额的 50%，并且能够按规定提供必要的财产抵押、质押等个人担保。

（3）申请人所办的非正规就业劳动组织和小企业［以下简称劳动（经济）组织］的注册地与经营地一致，并建立财会核算管理制度。

（4）申请人所办的劳动（经济）组织吸纳本市失业、协保人员和农村富余劳动力的比例符合如下规定：

1）非正规就业劳动组织吸纳本市失业、协保人员和农村富余劳动力的比例不低于

70%。

2）小企业从业人员在10人（含10人）以上的，吸纳本市失业、协保人员和农村富余劳动力的比例不低于50%；从业人员在10人以下的，吸纳本市失业、协保人员和农村富余劳动力的比例不低于70%。

（5）申请人所办的小企业应当依法进行税务登记，并提供最近一期的纳税凭证。

3. 小企业法定代表人申请开业贷款担保的，应当足额向银行提供有效的个人担保；非正规就业劳动组织负责人申请开业贷款担保的，应当按照下列规定向银行提供有效的个人担保：

（1）贷款金额在7万元及以下的，申请人可免于个人担保。

（2）贷款金额在7万元以上10万元及以下的，申请人应提供不低于贷款额10%的有效个人担保。

（3）贷款金额在10万元以上50万元及以下的，申请人应提供不低于贷款额20%的有效个人担保。

4. 非正规就业劳动组织负责人申请开业贷款担保的，由市促进就业专项资金为个人担保不足的贷款部分提供担保。小企业法定代表人申请开业贷款担保的，由市促进就业专项资金为其个人担保提供再担保。担保期限一般为三年。

非正规就业劳动组织负责人申请开业贷款担保程序如图11—1所示。

图11—1　非正规就业劳动组织负责人申请开业贷款担保程序

小企业法定代表人申请开业贷款担保程序如图11—2所示。

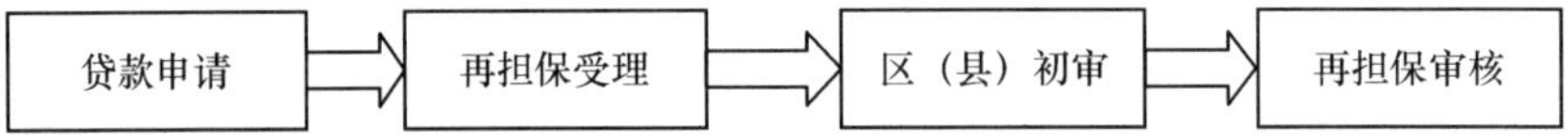

图11—2　小企业法定代表人申请开业贷款担保程序

5. 申请贷款贴息的开业贷款借款人需符合下列条件：

（1）借款人在贷款期限内还清贷款本息，或贷款虽发生逾期，但借款人在促进就业专项资金代为清偿之前还清贷款本息。

（2）贷款期内借款人所办劳动（经济）组织按规定吸纳本市失业、协保人员和农村富余劳动力且保持就业岗位稳定。

贴息费用由市、区（县）按7∶3的比例共同承担，市承担部分由市促进就业专项资金划拨至区（县）分户，区（县）按比例配套相应资金后再支付借款人。借款人自贷款到期之日起三个月内，可凭还本付息证明、从业人员录用名册等证明材料向区（县）开业指导服务中心提出申请；区（县）开业指导服务中心对借款人按规定吸纳本市失业、协保人员和农村富余劳动力且保持就业稳定的情况进行核实，并报市开业指导服务中心；经市开业指导服务中心审核，报市就业促进中心批准后予以贴息。

开业贷款到期，借款人暂无法偿还贷款本金，但已按规定偿还银行利息，且所办非正规就业劳动组织经营正常，有良好的还贷意愿的，可以申请借新还旧；借款人应当携带付息凭证等材料向区（县）开业指导服务中心提出新贷款的担保申请，经社会财务咨询机构评估，市就业促进中心批准，银行可按规定办理贷款的借新还旧手续；借款人申请新贷款的担保期限为一年。

借款人未按期归还贷款，银行及委托的社会机构将依法进行贷款追索，直至贷款清偿为止；借款人未按期归还贷款，其逾期贷款信息将记入上海市个人信用征信系统；借款人的不良信用记录可根据清偿贷款的情况，予以修改或删除；对确因家庭困难无力清偿开业贷款的非正规就业劳动组织负责人，通过实施逾期贷款社区合议的制度，免予贷款追索。

第3节　创业培训

一、上海市创业培训实践

政府在促进再就业过程中应该起到制定政策和规范，提供财政支持，提供管理、服务和协调的作用；政府必须摆脱包揽一切的行政管理模式，不再处于直接操作的第一线和干预具体项目的实施。在促进就业方面，上海市已经成功地运行一种“上海模式”，如非正规就业就是“上海模式”的一种表现。非正规劳动组织是指下岗失业人员自行组织起来，在政府和社会各方的扶持下，通过他们自己的劳动获得一定收入和社会保障的劳动组织。随着上海市经济社会的不断发展，对社区服务的要求明显增加，有许多潜在的就业机会可以开发，而且这些就业领域又对劳动者的技能要求不高，因此适合下岗失业人员。1996年年底，上海市从国际劳工组织引进了非正规就业的概念，并进行了大胆的创新，探索出一条依托社区、政府扶持、政策引导的以非正规劳动组织形式实现就业的新路子。

非正规就业劳动组织需经市再就业工程领导小组办公室的认定颁证，才能从事规定范围内的中介服务项目，同时政府对非正规劳动组织就业采取了大量措施以扶持其发展，包括以下几个方面：①在培训方面，提供免费培训，提高就业技能，下岗失业人员参加非正规劳动组织就业，必须获得从业资格以及特种（岗位）技能培训，可以到就业培训网络指定的办学单位享受失业保险基金提供的免费培训；②在保险方面，将其纳入基本社会保险范围，帮助参加商业保险；③在经营方面，减免税收，在开办初期或者发展过程中资金发生困难的，可以申请由上海市促进就业基金提供的小额贷款担保；④在服务方面，建立专门服务机构，提供免费服务。区（县）、街道建立的社区就业服务机构，在对所辖范围内的非正规劳动组织进行日常管理的同时，还为非正规劳动组织免费提供配套服务，包括开业咨询服务、经营扶持服务等。在政府给予政策扶持引导的同时，上海市充分发挥社会力量，积极营造良性的创业环境，有力地促进了非正规劳动组织的发展。

上海市实施的“4050”工程也是成功运用“上海模式”的典范。所谓“4050”人员，是指处于劳动年龄段中女性 40 岁左右、男性 50 岁左右的，本人就业愿望迫切，但因自身就业条件较差、技能单一等原因，难以在劳动力市场竞争就业的劳动者，这部分人显然是就业过程中的弱势群体。上海市还探索实践了“五人运作体系”。所谓“五人运作体系”，是指政府为实现促进就业的目标，运用政策扶持、融资支持、购买成果等手段，发动社会各方担当“4050”工程的设计人、招标人、出资人、执行人、评估监理人等，并按照市场化运作、服务与管理的方式实施项目开发。可以说，解决再就业问题的“上海模式”就是运用市场机制来调动、协调各方面的力量，共同解决就业问题的典范。

政府通过购买培训机构的培训项目，无偿向下岗失业人员提供职业培训和技能训练，是对下岗失业人员再就业的一个最大的推动。实际上，这个过程是全社会通过政府来实现的对下岗失业人员的一种补偿。下岗失业人员经过培训以后获得了就业能力或创业能力，这个群体就具备了形成生产力的可能。特别是创业培训使一部分有创业愿望的人获得了创业知识和能力，而这些人开创自己的事业后又带动一批人就业，不仅解决了自身的就业问题，而且为社会做出了贡献。上海市营造良性的创业环境，具体方法就是开展创业培训和业主培训，着重提高下岗失业人员的开业能力。在运行中，政府调动广大社会力量，坚持管理与服务、培训与扶持并重。

创业培训起源于欧美发达国家，像英国、法国、德国、加拿大等国家的创业培训在 20 世纪 80 年代就开始尝试，并已取得显著效果，积累了丰富的经验。我国在 1997 年由国家劳动和社会保障部引进法国劳工部的创业培训项目，并在北京、上海和苏州三座城市率先进行试点。上海市劳动和社会保障局 1998 年 5 月正式实施“创业培训计划”，作为政府实施的再就业工程内容之一，目的是通过对有创业愿望并具备一定创业条件的下岗职工和失业人员以及其他社会劳动者开展创业培训，促使其进一步树立创业意识和竞争意识，掌握创业所必备的创业政策、企业申办、市场营销、财务管理、合同法规等企业经营方面的相关知识，了解国家对下岗职工和失业人员开办企业的优惠政策，在增强其经营管理能力和市场决策能力的同时，通过开展政策咨询和跟踪服务，提高创业成功率，从而达到拓宽就业渠道，促进就业与再就业的目的。上海市的"创业培训计划"是政府出资为准备创业者和已经建立起自己事业的小业主提供的培训计划，这个计划是在我国开展最早、规模最大，也是最成功的再就业工程典范。

"创业培训计划"是"4050"工程的配套举措，创业培训过程中包括意向执行人培训和项目执行人培训。意向执行人培训是指对有意向参与"4050"工程项目竞标的对象实施培训，提升他们的招投标业务知识和能力，提高投标质量。项目执行人培训是提高经营者（包括中标者）的经营能力、经营质量和成功率的培训。在"创业培训计划"中，使意向执行人转化为项目执行人，再使项目执行人增强经营能力，扩大经营规模。从整个社会角度来看，创业培训的作用是拓宽适合下岗失业人员的就业渠道，鼓励和帮助其自主创业，通过创业带动就业，形成良性发展。

上海市就业结构的产业特征表现为社会服务业的产业份额不断上升，该行业从1993年到2001年，年均就业增长率达到13.43%，年均GDP增长率达到14.38%，分别高于第三产业同类指标。尽管下岗失业人员的技能不高，但是经过培训后从事社会服务业是可行的，并且一些有创业愿望和能力的人可以在这个行业中创建自己的事业。创业培训则特别有助于创业者进入社会服务业，并且带动更多人就业，考核创业培训效果的两个重要指标是开业率和就业倍增率，开业率就是参加培训的学员中自主创业的人数比例，就业倍增率则是创业人数与由他们带动的就业人数的比例。统计数据显示，经创业培训后，上海市的开业率在60%以上，就业倍增率达到1∶6。

二、上海市创业模拟实训

1. 模拟公司

模拟公司实训技术源自于20世纪50年代的德国经济起飞初期，这种富有成效的实训教学方法在德国出现后不久，欧洲诸邻国在短短的几年时间里也相继成立了数千家模拟公司。

20世纪80年代后期，模拟公司在世界范围内得到了迅猛发展。为促进各国模拟公司之间的交往，1993年11月，欧共体和德国政府资助建立了世界模拟公司网络，1997年发展成为国际性组织EUROPEN（欧洲模拟公司协会）。随着模拟公司概念推广至全球范围，2007年，EUROPEN更名为PEN-International，即全球模拟公司联合体。

全球模拟公司联合体是一个非官方、非营利性的国际组织，设有管理委员会，由三个国家中心的主任组成，实行每年轮值制。机构设有一个协调中心，位于德国埃森市

(ESSEN)，主要负责制定统一的证书体系，处理模拟公司的公共关系，并协调各国家中心的工作。

2. 组织机构

创业培训工作指导委员会由原劳动和社会保障部、发展改革委、司法部、中国人民银行、税务总局、工商总局、中国残疾人联合会、全国工商联、全国总工会、共青团中央、全国妇联有关部门和单位组成。委员会下设办公室，办公室的主要任务是：

（1）研究解决创业培训和创业促就业工作中属于工作层面的具体问题。

（2）落实委员会确定和交办的有关工作事项。

（3）组织开展示范性的创业培训、师资提高培训和交流活动。组织培训师进行提高培训技术研讨交流活动。

（4）修改完善培训师管理流程，健全培训师师资派遣制度，建立培训师动态管理机制，并归档管理。

（5）组织开发创业培训和创业服务新技术，并开展试点。

（6）与欧洲模拟公司协会中国中心（全球模拟公司联合体中国中心）合作，开展创业实训试点和组织推动工作。

（7）根据不同培训群体的需求，在现有培训教材（通用版）知识点的基础上，组织开发和修订适合青年学生、农民工、残疾人等不同类别群体的创业培训教材（包括案例教材），形成中国创业培训教材体系，以满足社会各类创业者多样化、个性化的需求。

（8）组织开展创业咨询师国家职业标准制定和职业资格培训鉴定工作。

（9）开展创业培训和创业促就业工作舆论宣传。

（10）与国际组织保持联系，了解国外创业培训方面的新发展、新技术，并适时引入中国，丰富和完善中国创业培训体系。

（11）筹备中国就业促进会、创业专业委员会，并组织开展相关工作。

（12）做好创业培训统计报表数据的收集和汇总分析工作。

（13）管理和维护好创业培训网站，根据工作需要，进一步更新完善网站功能。

（14）其他相关日常工作。

3. 远程平台

远程平台可完整模拟整个创业过程，让学员体验真实的商业环境和行为。该平台致力于帮助学员在创业之前，了解自己是否适合创业、如何创建公司、如何管理公司、如何进行产品研发及营销策略制定，同时可进行国内实时的远程交易以及全球模拟公司交易。学员可以在真实商业环境下实践和完善商业计划书，从而增强其参与市场竞争的能力和驾驭市场的应变能力。

远程平台由五个主体模块和五个辅助模块组成，主体模块包括创业测评、公司创立、公司管理、公司经营、交易大厅；辅助模块包括创业学堂、创业项目、商业计划书、调查考试、创业服务。

（1）创业测评：在学员选择创业之前，完成对职业价值观、个性特征及自我管理能力、职业决策及职业规划、职业能力、职业偏好五个方面的测评，使得学员清晰认识到为什么要工作，应该如何工作，职业发展如何规划，怎样做最好的自己，以及如何找到适合自己的事业。

（2）公司创立：提供有限责任公司、个体工商户、合伙企业、个人独资企业四种适合初创型企业的法律形态，可进行在线公司创立，学习创立相关知识，体验创立流程，从而使学员学会如何创建公司，在现实创业中少走弯路。

（3）公司管理：包括人力资源管理、行政管理、财政管理三部分的内容，可以使学员体会到现实企业中公司管理的主要模块工作内容，并亲身体验公司组织架构制定、人员招聘等人力资源管理环节，学习行政及财务专家为初创型企业量身定做的知识架构和内容。

（4）公司经营：包括调研中心、产品中心、营销中心及数据中心四部分的内容，学员通过线下各种市场调研，明确产品目标，并体验产品设计、研发、包装的整个过程，使学员学会营销策略制定，为在交易大厅进行产品交易奠定基础。

（5）交易大厅：以“我是卖家”的交易流程为主线，使学员体验在线交易流程、仿电子商务的交易模式及仿私信的在线沟通模式，提升学员的商务谈判、客户关系维系等能力。同时，学员可申请全球模拟公司联合体交易平台账号。

（6）创业学堂：包括创业课堂、创业知识、创业案例、合同规范、政策资讯、创业故事、创业书架七个模块的内容。提供创业专家在线高清宽屏课程学习及丰富优质的创业相关各类知识学习。

（7）创业项目：提供创业选项指导知识点及大量真实的创业项目参数。

（8）商业计划书：主要包括执行摘要、市场分析、营销策略、人员与组织结构、财务分析报告、月利润预测、风险分析与对策、企业愿景及财务报表等内容。学员可在线完成商业计划书撰写，也可查看优秀商业计划书。

（9）调查考试：学员可在线进行调查考试。

（10）创业服务：学员可就创业相关问题进行在线咨询。

第 4 节　创业案例分析

一、老曹的创业之路

1. 案例

现年 48 岁的老曹原是国企职工，2000 年下岗后从事过驾驶员、汽车维修等工作，工资收入不高。不久妻子也下岗，生活陷入窘境。可老曹是个开朗、不怕困难的人，骨子里有一种不服输的精神，他不申请民政低保，“吃啥救济，自己又不是低能、残疾”。他要靠自己的奋斗改变人生。但是经济上的捉襟见肘使他举步维艰，单就办一个营业执照的费用就足以使他畏缩，怎么办？街道劳动科及时向他伸出了温暖帮助之手，在他们的指导下，老曹申办了五角场“同济家园”餐饮服务社，开始了创业之路。

由于经营面向大众化，经营品种也由原来的面点扩展到了快餐、盒饭等，五角场地区又有数家高校分布左右，故而服务社的营业额直线上升，业绩看好。老曹在社会上招聘了两名失业人员。经营规模扩大了，服务社也发展了，老曹意识到这样小作坊式的管理要改变，否则必遭淘汰。如何改变？如何计划？如何管理？他都不懂，于是在街道劳动保障部门指导下，老曹参加了创业培训。

经过培训后，用老曹自己的话说：“掌握了知识，使我如虎添翼，我不断地总结经验，了解学生和顾客的心理。分析周边的市场情况，迎合广大学生和周围居民的需求，将服务社定位在大众消费位置上。然后利用自己的优势不断地提高质量、降低成本、核算价格，将一部分利润让给广大消费者，这样为服务社以后的经营和发展打下了良好的基础。”

经过两年的辛勤努力，服务社有了声誉、有了经验，规模扩大了，又招收了新人，不仅还清了创业初期的开业贷款，固定资产也增至 15 万元。如今老曹信心满怀，准备将服务社转制成有限责任公司。他说：“时机已成熟，应该感谢政府的扶持，使我走上正规创业的道路，为社会做更大的贡献。”

2. 点评

大部分创业者通过创业培训，提高了经营、管理能力，为成功创业打下了良好基础，三年减免税的政策也加快了创业者资金积累的过程，为做大做强奠定了基础。当然，老曹创业成功的因素是多方面的：首先，他性格活泼开朗，有一种不服输的精神；其次，他不怕困难，不辞辛苦，不怕劳累；最后，他的餐饮服务社处于数座高校的环绕中，学生和外地劳动力居多，故而小店不缺少客源。政府优惠扶持政策孵化了一批像老曹这样的小老板，实现了他们新的人生目标和价值。

从老曹成功创业的案例中也可以看出，在当前劳动力供需矛盾仍然突出的情况下，一些正处于失业困境中的有一定能力的人，面对日益激烈的就业竞争，面对劳动力市场上或招聘会上人满为患、人声鼎沸的情况，自己的创业之路不失为一条“曲径通幽”之路。有政府的政策扶持，再加上自身的努力，相信创业者都能够实现新的人生目标和价值。

二、运营小规模的团队

1. 案例

俗话说“万事开头难”，创业尤其如此。刚刚起步的创业团队常常会遇到发展速度慢、人才难觅、人员流动频繁、事务繁杂等困境，因此建立一支优秀的创业团队，对任何创业者而言都是一项至关重要的工作。

常帮奥锐视觉图文设计服务社的创业者小范说，2005 年团队组建以来，他创业团队中的人员已经“大换血”了好多次，有时是个人无法胜任工作，有时是项目没能达到原来的目标，有时则是员工有了更高的志向，这样或是个人原因或是企业问题，人员来去匆匆，使得团队时时刻刻都面临着大大小小的人事变动，团队的不稳定性让每一个成员都感觉缺乏安全感。更为严重的是，任何一个普通员工的离职都会影响到团队的合力，甚至让小范感觉措手不及，所以“招聘”几乎成为团队 365 天的必备功课，小范为此深感困惑。

2. 点评

其实这样的矛盾是年轻团队的共性问题，特别是像小范这样的技术性团队，青年人才队伍的组建绝对是一个值得探讨的话题。常言道“麻雀虽小，五脏俱全”，创业团队亦是如此，团队成员不能是清一色的技术型成员，也不能全部是搞市场销售的。

首先，一支优秀的创业团队，其成员应该各有所长：有创新意识强的人，有懂策划管理的人，有善执行操作的人，也有懂成本核算的人……这些人组合在一起，才是一支相得益彰的创业团队，才能有效应对整个公司面临的机遇和未来的发展。

其次，小型团队的发展应该一步一个脚印，项目不宜贪多，有一个就应集中精力做好一个，齐心协力、同舟共济完成目标。这既是整合的过程，也是不断积累经验、发挥优势的环节，在让初始客户满意的基础上，才能留住回头客，并有机会和能力接受和承担更大的项目。如果摊子太大，往往会因精力分散、资源有限，导致团队捉襟见肘、疲于奔命，团队成员身心都会感到十分疲惫。稍有不慎，客户便会因质量的原因对团队能力产生怀疑。

再次，建立有效的沟通方式和激励机制不可忽略。其实，公司小、人员少，管理也有诸多变通，与其对小型团队进行管理，不如协商工作目标，做到开始阶段顺利沟通、遇到问题加强沟通、解决矛盾及时沟通、完成任务后更要沟通，这样的有效交流、通力协作才是形成小型团队凝聚力的最佳方式。当然，小公司同样需要建立合理的薪酬体制，注重工作业绩与薪酬计划相匹配，尤其要强调差异化激励。业主要善于挖掘员工的闪光点，欣赏他人的长处和特质，乐于赞美和激励，这样才能进一步提高每个员工的工作积极性，发挥其创造潜能，营造团队整体奋发向上的努力氛围。

最后，培养企业文化和协作精神至关重要。良好的企业文化是每个组织孜孜以求的，是帮助企业塑造核心竞争力、保障企业生存与发展的中枢神经系统。小型团队完全可以像一家人一样工作和生活，中午大家一起享用午餐，聊聊家常，交流思想；组织几次户外活动，增长团队协作，共同成长；办公室还可以种些花花草草，美化环境，分享乐趣……与此同时，创业者也要注重将这些有益的企业文化传播给员工、客户及合作伙伴，使他们找到对组织的认同感，创业者如能通过“以身作则”和“用事实说话”让大家看到责任明确的企业发展体系，则更能促进组织内外资源整合，强化客户关系，使协作成本更低、效率更高、效果更好。

三、一个创业者的自述

1. 案例

2005 年 9 月，无意之间得知了政府对于扶持创业的优惠政策，对于正处于失业状态下、想自己创业又苦于不知从何做起的我来说，真是一个大好消息！9 月我参加了创业指导培训班，不仅知道了各类管理知识，还知道了不少政府对于创业的优惠政策。通过这段时间的学习，更坚定了我自主创业、干一番事业的信念。我和几个同样处于失业状态的朋友一起深入市场调查，选准适合自己的行业，确定了创业的方向，开办了属于自己的电脑服务社——宇通电脑硬件和软件维护服务社。

创业之初可真有点“寒酸”，要人少人，要钱没钱，真可谓白手起家。但我们始终坚持以下原则：①严格按规定流程运作服务社；②与人为善，顾客至上，真诚为顾客服务；③保证合作伙伴的利益，维护好与合作伙伴之间的关系；④靠高质量服务赢得客户和市场。当然资金的缺少还是影响到了服务社的正常运作。在区开业指导中心的宣传和指导下，开业贷款在我们最需要资金的时候被批下来了，资金这个问题也迎刃而解了。贷款的获得让我们有能力配备了 2 辆汽车，招聘了 4 名社会失业人员。

通过我们努力创业和政府优惠政策的扶持，我们服务社现在发展成在职人员 11 名、有 4 辆汽车的规模。自身的管理也日渐完善，看到这一切我非常欣慰，从当初的自己失业到现在有能力帮助别人解决就业，我除了高兴之外还很感谢就业培训这么多的优惠政策和专家老师的咨询辅导，有了大家的帮助和自己的艰辛付出，我的创业之路已经迈出了一大步，创业中的苦难已经难不倒我们了。

另外，由于电脑软件技术发展得飞快，为了不落后社会发展的步伐，我们服务社每月举行一次技术培训，对这期间发现的问题进行汇总和讨论，并做出合理有效的解决方案。如遇突发事件，还会不定时地召集工作人员进单位学习。为了丰富工作人员的业余生活，在不影响正常工作的前提下，我们还定期组织一些娱乐活动。虽然我们还是非正规劳动组织，还在创业的起步阶段，但是我尽可能地让我的组织在管理和运作方面正规化，我的愿望是：在不久的将来，在开业老师的帮助和指导下，我的服务社能够有条件转制成为工商注册的小公司，我自己能够有真正属于自己的公司。

2. 点评

创业是一种激情，创业是一种磨砺，创业是一种幸福，创业更是一种信念。“宝剑锋从磨砺出，梅花香自苦寒来”，出类拔萃之士，多在经历巨大的挫折和失败后才会拥有恢宏的气度和非凡的才干；成功的创业，必须要克服各种各样的困难，企业才能拥有强大的综合实力及可持续发展的动力。商场如战场，战场之上，胜败乃兵家常事，每个创业者在创业之初都会经历几次失败，但若能从中吸取经验教训，即使失败也是虽败犹荣。在风云变幻的创业道路上，经验就是利器，拼搏才是出路，只有靠不断发展和不断进取，创业者的创业之路才会越走越宽。

四、简单服饰，不简单的经营

“古美简单服装”服饰服务社于 2006 年 11 月在上海市闵行区正式对外营业，它的业主是两位年轻的大学本科生——王莉华和何向荣。两人在失业之前，均在服装、贸易方面有部分工作经验，相同的志向使她俩共同创办起了这家非正规就业劳动组织。

“古美简单服装”服饰服务社主要经营外贸服装服饰及工艺品的零售，开办在一个比较高档的住宅小区里。就目前的经营状况来看，该组织销售业绩良好，在经营上算是比较成功的。

通过和两位年轻业主的交流我们发现，该组织良好的经营首先在于她们对顾客群准确的定位：崇尚时尚流行的中高端女性消费群体。众所周知，从事时装行业一定要有鲜明的风格和相对特定的消费群体。走进这家店，让人感觉眼前一亮，它在商品的摆设、房屋的装修上都融入了许多时尚元素，别致而出众，店内陈列的服装做工精致，款式简约又紧跟潮流，因此吸引了大量时尚女性的关注。

其次，通过对周边地段的了解和考察，两位业主将经营地点选择在租金适中，但消费层次较高的中高档住宅小区内，闹中取静又方便周围居民光顾。小区内的业主都有一定的消费水平，特别是时尚女性们比较热衷于购买精致、新颖的服装、饰品，平时在闲暇之余都乐于到小店内走走看看，与店内人员已经非常熟络，小店内的人气可以说是相当旺。

最后，两位女业主在服装、贸易这方面都有一定的工作经验，平时能敏锐地发现服装行业的流行趋势和潮流所向。另外，她们还有许多业内的朋友，因此进货渠道非常广，服装在质量、款式上都很有保证，饰品也比较精致、可爱，这些都带给了小店足够高的人气。

回头看“古美简单服装”服饰服务社的经营之道：首先要有一定的行业经验，然后保证商品和服务的质量，最后是对消费群体有清晰的认识和翔实的调研。具备了这几个经营法宝，创业的道路一定能越走越宽。

五、资金准备、考虑周全是关键

1. 案例

“同茂兴”苏式面馆是一家连锁加盟店，也是一家兄妹店，2014 年才开业，到现在一年有余。兄妹俩开店到现在，其中的滋味真是酸甜苦辣五味俱全，但他们也是幸运的，对于投资已逾 20 万元、开业仅一年的店，能有现在的经营实属不易。一般来说，投入这么大，还开一个这么大的店，在一年的时间几乎都会是亏本。可他们并没有，现在面馆发展得有条不紊，他们还算满意。说到创业之初，他们在资金筹备方面的考虑还是欠妥当，但经过他们的苦心经营，弥补了这一缺憾。

妹妹说，她和哥哥双双下岗后闲在家，想来想去，总要做点什么，自己处在中年，工作不好找，因此想走创业之路，开辟属于自己的一片天地。他的哥哥以前一直在单位食堂工作，对饮食行业很熟悉。正巧，她家附近有一家“同茂兴”面馆，她就留心起来，看看他们面馆的客流量、经营状况、店面等，她还亲自去了很多家“同茂兴”的连锁店，主要是看经营状况，看来看去，心里也算有底了：这么多家“同茂兴”经营得都不错，即使经营得没他们那样好，也至少还有甜头。她觉得这个行业可以做，思来想去，还是选择了这个行当。她就去找“同茂兴”的老总谈，一说，开店至少要 13 万元，因为店面要在 100 平方米左右，经营要有一定的规模。这样，租金、人员等都是不小的开支。特别是在上海，寸土寸金的地方，租金的开支是相当可观的。她一听，心里凉了半截，因为她暂时拿不出这些钱，但这并没有打消她创业的念头，她果断决定采取合伙经营的方式。就这样，她和哥哥分担了开店的投入。

在选址这一环节上，他们没少费心思。她的哥哥整整跑了半年，功夫不负有心人，终于选中了现在的地点，在大学附近。美中不足就是店面的正前方有几棵高大茂密的树挡着，虽然也因此便宜了不少租金，但靠店面来做生意的，店面被挡上，生意还是会受影响的。虽然面临这样的难题，他们决定还是租下这家店面，坚信靠自己的诚心服务、物美价廉的食品会赢得客户，占有一定的市场。

没想到面店开张营业后，资金投入也在源源不断地增加，雇用员工的工资在涨，蔬菜原料在涨，柴油价格更是居高不下，而食品的价格却始终是不变的。在这种情况下，资金投入比想象的多了很多，生意也难做。但既然投入了，就要想办法经营出更好的业绩。

在食品上，针对面馆的消费人群主要是学生的情况，他们在这方面下功夫，推出了本店的特色：只要买盖浇饭就送一盘青菜和一碗汤，每天的青菜都不重样，而且饭量也会增大。这样就赢得了一定的客户群。

在空间利用上，他们将店铺靠近外面的一角闲置位置租出去，给一位生意人做馋嘴鸭买卖，如果消费者想吃就直接从那里拿，这就达到了“双赢”的目的。

此外，她还控制一些不必要的开销，注意细节上的节约。就这样，用后天经营服务上的努力，来弥补先天资金估算失策的不足。虽然在资金筹集上还算顺利，可在规划上，没有想到的情况太多。她说：“现在一年已经走过来了，还算幸运。在开店三个月左右的时间，前面的树，由于种种原因也被政府伐倒了，这不就是对我们的一件大好事吗。我们要坚定地走下去，生活会越来越好。”

2. 点评

资金准备，一方面是启动资金的计算，另一方面是资金的筹集。启动资金是指企业开业初期运作必需的资金，包括企业设备、设施的前期投入和开业准备及初期运作所需的各种资金。在资金筹集方面，创业者如果因资金短缺，开业有困难，可以向金融体系或非金融体系借贷。

创业者要尽量将创业资金数额减到最低，做好周全的资金预算。选择项目时要从那些需要的现金不是太多，且又能充分体现个人才华和专长的事业做起，给自己一个经验积累和资本累积的过程。

对企业来说，筹资方式主要有资金积累、向银行贷款、寻找风险资本、合伙集资等，像案例中这家店主就选择了合伙集资创业，创业者邀请亲友出资入股，共同参与企业的经营。合伙经营应当由创业者拟定创业计划书，征求亲友的同意后，签订合伙经营的投资合同书，也可进行合伙投资合同的公证。

六、在便民服务中走出成功之路

1. 案例

朱武出生在一个普通农民的家庭，初中毕业后就负担起家里的生活重担，帮助家里照看起那仅有的几亩地。与别人不同的是，自小便对电器产生了浓厚兴趣的朱武，利用农闲的时间自学起了电器维修的课程，并用学到的知识坚持帮助村里的村民修理电器。

2005 年，因为家里土地被征用的缘故，在家闲置了一段时间的朱武经人介绍找到了海湾劳动保障事务所，在事务所工作人员的帮助下，他结合自身的优势，坚定地走上了自主创业的道路。于是，2006 年年初，“迅达家电维修”服务社成立了。

为了更好地适应当前社会的需要，他在原有的家电维修业务的基础上又增加了几项便民服务项目：一是旧电器回收，通过各种途径，服务社对顾客废弃的旧电器进行回收，回收后把旧电器拆散并对拆下来的零件进行筛选，最后把选出来还能使用的零件进行整理保存。如果在给顾客修理家用电器的时候，发现电器某零件损毁必须更换，那么在顾客允许的条件下就免费把服务社保存的零件换上去，这样就为顾客省下了一笔更换零件的费用。二是二手家电转卖，朱武根据不同顾客的消费需要，面向外来打工人员等低层次的消费群体，开展了一项二手家电转卖的业务，把服务社回收上来经过修理还能使用的家电，以很低的价格转卖给这些消费群体，并承诺终身免费维修。

凭着他在海湾地区修理电器的良好口碑，服务社的生意蒸蒸日上，越办越红火。

2. 点评

（1）自学成才为创业打下了坚实的基础。

朱武初中毕业后由于家庭的原因不能继续上学，但好学的他在忙完农活后坚持自学家电修理的课程，通过不懈的努力，终于学有所成，有了一技之长，这为他以后的自主创业之路打下了坚实的基础。

（2）服务于民、方便于民是创业成功的关键。

早在朱武自学电器修理有成后，就开始免费为周边的村民修理家中损坏的电器，久而久之他便成为远近闻名的电器修理师傅，在周围的村民中留下了不错的口碑。创业最难的就是打开市场、找到顾客，而朱武无意中为民服务的行为就为自己的服务社打开了市场并找到了一大批的顾客，这是他成功的关键因素。

（3）拓展经营项目，适应市场的不同需要。

俗话说“创业难，守业更难”，朱武在取得了开门红之后，为了使服务社更好地发展下去，在服务社原有的经营项目中增加了旧电器回收和二手家电转卖等几项便民服务项目。通过这样的方式，既适应了市场的不同需要，又为服务社争取到了一大批的新顾客。

（4）加强员工培训，提高业务能力。

服务社的生意好了，工作量自然加大了，朱武又吸收了五六名社会失业青年。初期先安排他们进行政府补贴培训，等取得证书后，又根据各人不同的特点安排有针对性的强化培训，其中最有特色的就是计算机维修。这样既拓宽了服务社的维修领域，跟上了时代的脚步，又为这些失业青年解决了工作问题，为他们以后的人生道路指明了方向。

思 考 题

1. 什么是创业培训？培训对象有哪些？
2. 创业培训有哪几种模式？各种模式的特点是什么？
3. 创业有哪几种形式？各自的主要特征是什么？
4. 创业培训的意义有哪些？
5. 具有上海市户籍并在上海市注册开业的哪些对象可以申请开业贷款担保？
6. 具有上海市常住户口的哪些人员可以享受政府培训费用补贴？
7. 概述上海市的创业培训实践。
8. 谈谈你了解的创业成功的事例。

12

第 12 章

职业分类与职业标准

学习目标

通过本章的学习，学生应掌握职业的变化与职业分类，上海市新提升的职业标准，新职业信息发布制度的背景、意义及新职业确立的流程和发布等内容。

第1节　职业与职业分类

一、职业概述

职业是指从业人员为获取主要生活来源而从事的社会性工作类别。职业需要同时具备下列特征：①目的性，即职业以获得现金或实物等报酬为目的；②社会性，即职业是从业人员在特定社会生活环境中所从事的一种与其他社会成员相互关联、相互服务的社会活动；③稳定性，即职业在一定的历史时期内形成，并具有较长生命周期；④规范性，即职业必须符合国家法律和社会道德规范；⑤群体性，即职业必须具有一定的从业人数。

过去50年来全球产业结构发生了重大变化，其突出的特征是：生产部门（包括种植、采掘、制造业）的科技含量大幅度增加，导致生产的效率大幅度提高，生产领域从业人员大幅度减少；服务部门（包括消费性服务和生产性服务）的范围不断扩大，内容不断深化，服务质量大幅度提高，导致服务领域从业人员数量大幅度上升。知识经济的兴起进一步加剧了生产部门从业人员总量减少、服务部门从业人员总量增加这一趋势。

发达国家的产业结构变化最为显著，这种变化在职业领域引发了相应反响：一些新职业产生并迅速发展，另一些过时职业开始衰落甚至消失，还有一些职业为适应形势开始调整和转化。职业的这些变动反过来又促进了产业结构的调整变动。

1. 增长和发展中的职业

无论在生产部门还是服务部门，新型的职业和职业活动都不断地涌现出来。

在生产领域，尽管第一、第二产业的职业数量在减少，从业人员总量和比例也在减少，但由于在这两个产业中生产知识和技术的密集程度的提高，还是出现了一些新的职业或者职业群。典型的有第一产业中的基因和转基因工程师、遗传工程师、细胞工程师、生态农业技师和技工、生化实验技师和技工、节水灌溉技师和技工；第二产业中的加工中心工程师和技师、环境监测工程师、计算机辅助设计（CAD）工程师和技师、计算机辅助制造（CAM）技师和技工、纳米材料生产技师和技工，以及航空航天材料技师和技工等。

信息产业是发展最快的产业，与信息产业相关的职业也是发展速度最快的职业群。据美国的统计，美国从事信息和知识生产、分配与传递的人数已超过全部从业人员的50%。信息和通信技术的急剧扩张，导致了对计算机工程师、计算机系统分析师及计算机基础科学和各个领域的应用专家和操作技术人员的大量需求。有些专家认为信息产业有可能从第三产业领域独立出来，成为第四产业。

由于管理和咨询活动对于经济、生产、社会生活甚至个人生活的影响越来越大，它们已成为第三产业领域另一个发展最快的职业群组。在这个职业群组的发展中，专业管理人员和专业咨询服务人员的功能划分更加细化，在社会组织中的责任、地位和声望日益提高。金融分析师、投资咨询师、心理咨询师、人力资源管理师、保险评估师、保险精算师、税务代理师、理财代理师等现在都已成为最新的热门职业。

在第三产业领域，提高居民生活质量、满足居民消费需求的服务性职业也有了突破性的发展。家政服务、旅游、康乐、健身、医疗，以及其他生活服务领域都有许多新职业涌现出来。家政服务助理、养老护理师、育婴师、形象设计师、健身教练、室内装饰设计师等职业的出现，反映了人们对生活质量的要求越来越高，服务性消费需求也越来越丰富化。

2. 衰落和消退中的职业

衰落和消退的职业主要集中在第一、第二产业。在结构调整中，第三产业也有部分职业在消退。这种职业的衰落和消退往往与技术或产品的更新使某种职业失去市场有关，有时也发生在由于制度和政策的限制，禁止使用某种材料或工艺，致使某些职业难以为继的情况下。例如，农业的高度集约化曾使千百万农民改变职业，而这一过程仍在继续；在英国的工业转型过程中，曾经作为产业革命标志的煤矿工人和纺织工人几乎消失殆尽；随着数控机床的普及，传统的通用机床操作工正在迅速减少；在第三产业，传统的机械打字员、铅字排字工等也已经迅速消失；而由于对氟相关产品的限制，各类加氟技工都面临改行的选择。

3. 调整和变化中的职业

三个产业部门中都有许多传统职业在新的条件下发生了较大调整和变化。在第一产业中，传统的农民转化成为农机师、农艺师或者专业性更强的从事无土无害栽培工作的现代农艺师；传统的海洋捕捞人员也在向海水产品种养和深度加工工程师、技师转化。在第二产业中，传统的手工绘图员正转化为使用计算机绘图的电子绘图员；采煤、采油等技术向高科技化的转变，产生了新型的煤炭液化气化职业，以及海洋石油开采等职业。在第三产业中，变化发展更迅速，过去的理发员转化为形象设计师，销售库管人员转化为物流配送师等。事实上，几乎所有的职业都会随着生产技术的进步而发生调整和变化。

与世界各国一样，我国的职业也是动态的、发展的。由于体制的改革以及经济结构、产业结构的变化，会不断出现旧的职业消亡、新的职业产生的情况，如铅字打字员、票证管理员等职业正逐步消失；汽车进入家庭使司机这个职业开始局限于大型运输车辆的驾驶；伐木工也开始变成植树工，越来越多的新职业不断涌现。今后，我国要按照经济和社会发展的需要，研究和借鉴国外职业的最新变化，继续完善我国动态的、科学的国家职业分类和标准体系，制定新产生的职业（工种）目录并定期颁布，使之更好地为职业教育培训事业的发展服务，为促进就业、开发新岗位、开辟新渠道服务。

二、职业分类

职业分类是以工作性质的同一性为基本原则，对社会职业进行的系统划分与归类。所谓工作性质，即一种职业区别于另一种职业的根本属性，一般通过职业活动的对象、从业方式等的不同予以体现。职业分类的目的是要将社会上纷繁复杂、数以万计的现行工作类型，划分成类系有别、规范统一、井然有序的层次或类别。对从事工作性质的同一性所做的技术性解释，要视具体的职业类别而定。而职业分类体系则通过职业代码、职业名称、职业定义、职业所包括的主要工作内容等，描述出每一个职业类别的内涵与外延。

职业分类在世界上被视为国家劳动力管理水平的重要标志，也是国家劳动力管理的一项巨大的系统工程。职业分类的目的可以概括为以下几个方面：

第一，为劳动力社会化管理提供依据。劳动力社会化管理是国家对劳动力需求与开发的集中体现，特别是在市场经济条件下，要做到对劳动力资源的合理配置，仅仅了解社会劳动力的总量、素质和结构是不够的，还必须对国家各种类别的职业领域接收、吸纳就业人员的总体状况做出预测。这样，一方面可以根据职业现状与发展对劳动力的需求量进行宏观调控，另一方面可以对多余或新生的劳动力进行有计划的培训或安置就业。因此，没有对职业类别的合理划分，就难以对劳动力的社会需求做出较为准确的统计，也就难以组织好社会劳动力的合理流动和有序更替。

第二，为职业培训、技能鉴定和就业提供依据。职业分类是以职业对主体所要求的知识、技术和能力为主要内涵的，这些知识和技能是各类职业主体所必须具备的基本素质。根据职业分类体系中所排列的职业名称、定义的工作任务和范围，培训机构和用人单位可以确定培训对象、培训内容、培训时间以及培训所需的费用、场地、设备和教学人员等。同时，职业分类也为开展职业技能鉴定和推行职业资格证书提供重要依据。此外，由于职业分类和职业标准是一种客观的结构体系，它们为衡量劳动者素质提供了基本依据，从而满足了劳务市场上的双向选择需要：对于用人方来说，可以根据职业分类中所提出的技能要求去招聘；对于求职方来说，可以根据自身的业务专长去寻求适合的职业而应聘。

第三，为国民经济信息统计和人口普查提供依据。国民经济的发展是通过国民经济各行业各部门来实现的，然而行业经济或部门经济的实现必须通过适宜的职业岗位和一定数量的就业者来完成。通常，行业或部门可以通过从业人员的数量、素质来预测生产定额的高低，计算经济成本及利税的完成比例。在市场经济条件下，当行业或部门经济受到市场冲击时，哪些职业岗位数量需要压缩，哪些需要增加，对于该行业或部门经济的发展具有至关重要的作用。而失业或招聘人数也必须通过不同的职业类别加以统计，才能体现该行业或部门经济现状的全貌。此外，国家或地区的劳务输入与输出，各类人口的统计与调查等事关国民经济能否正常运作的重大问题的决策，同样离不开职业类别所提供的及时准确的数据。

三、职业标准

1. 国家职业标准

国家职业标准是指在职业分类基础上，根据职业的活动内容，对从业人员工作能力水平的规范性要求。它是从业人员从事职业活动，接受职业教育培训和职业技能鉴定的主要依据，也是衡量劳动者从业资格和能力的重要尺度。职业标准除包括知识要求和技能要求外，还包括职业环境与条件、教育水平、职业道德等内容。

国家职业标准包括职业概况、基本要求、工作要求和鉴定比重表四个部分，其中工作要求为国家职业标准的主体部分。

国家职业标准可以说是一个独立的标准体系，是职业资格培训和考核鉴定的基本依据。

（1）职业标准是开展职业培训的重要依据。职业培训的培训大纲、培训教材等均是根据职业标准的要求进行编制的，培训机构据此指导培训。通过培训，使劳动者掌握标准中某一等级的技术理论知识和实际操作技能。

（2）职业标准是对劳动者的就业、上岗（转岗）、晋级进行考核的依据。根据标准内容的要求，通过考核鉴定劳动者所具有的技术能力，包括掌握专业知识的程度和实际操作技能等方面的情况。

（3）职业标准可作为确定劳动者工资水平的参考依据。一般情况下，劳动者技能等级的高低与其生产效率贡献的大小是成正比的，因此职业标准是确定劳动报酬的一个重要因素。

（4）职业标准有利于人才结构和劳动力资源的调整。企业和劳动力市场可以根据职业标准调整人才的结构，及时培养相应人才，满足市场和用人单位的需要。

2. 国际标准职业分类

目前已有 140 个国家制定了适合自己实际情况的职业分类，如美国、加拿大、日本、英国、德国、法国、澳大利亚、菲律宾等。从世界上已进行职业分类的国家或地区来看，因各自情况不同，其分类标准和方法都具有一定的差异性。英国在 1841 年的人口统计中，将其当时的社会职业分为 431 种；美国也于 1850 年在全国职业普查中将美国的职业分为 323 种。进入 21 世纪以来，随着生产力水平的提高，社会经济发展步伐的加快，职业分类在人口统计、经济预测、劳动力就业以及职业培训等领域的作用越来越受到政府的重视，联合国国际劳工组织也十分重视职业分类的制定工作，并于 1958 年出版了《国际标准职业分类》。

《国际标准职业分类》是由国际劳工组织于 1958 年制定出版的，1968 年修订第二版，1988 年修订第三版。制定《国际标准职业分类》的目的主要有三个：一是为了给不同国家的职业资料、数据提供一个系列化的基础和国际化的工具，以便进行职业信息的国际交流；二是使国际职业数据能为有关国家移民和劳动力供求信息等方面事务的研究和决策工作带来方便；三是为各国制定、修订职业分类标准提供样板。

《国际标准职业分类》的特点是按技能等级水平进行分类，且中、小、细类概括性强。1968 年版的《国际标准职业分类》共有大类 8 个、小类 83 个、细类 284 个、职业项目 1 506 个；1988 年版的《国际标准职业分类》则有大类 10 个、中类 28 个、小类 116 个、细类 390 个。1988 年版的《国际标准职业分类》不考虑工作人员对生产资料的占有情况，即不分雇主还是雇员；中、小类划分结构系统化，依次按原材料加工业、制造和装配业、制造与装配职业的派生类、设备运输操作业和一般劳动者五个层次划分。2008 年版的《国际标准职业分类》是目前的最新版本，它通过于 2007 年 12 月国际劳工组织召开的国际标准职业分类修订大会。2008 年版在维持 1988 年版的基本原则和主要框架的基础之上，进行了一系列的改变，分类更加细化，其中新增或更新的中类有：生产及专门服务管理人员，招待、零售及其他服务管理人员，工商管理专业人员 ，资讯及通信科技专业人员，法律、社会和文化专业人员，商业及行政专业助理人员，法律、社会、文化及有关专业助理人员，资讯及通信技术人员，数字和材料记录文员，个人护理工作者，电气和电子行业工人，食品加工、木材加工、服装及其他工艺及相关行业工人，清洁工及佣工，食品制作助理人员，垃圾工人和其他基层劳工，有军衔的军队士官，无军衔的军队士官，其他军阶的军人。

3. 我国的职业分类

《中华人民共和国职业分类大典》客观地反映了国家经济、社会、科技等领域的发展和结构变化，为国民经济信息统计和人口普查提供了依据。同时，它还是劳动力科学化、规范化、现代化管理的重要工具，是开展职业教育培训和就业服务、建立和完善国家职业资格证书制度的重要基础。

我国的职业分类结构包括四个层次，即大类、中类、小类和细类，依次体现由大到小的职业类别。细类是我国职业分类结构中最基本的类别，即职业。《中华人民共和国职业分类大典》将我国社会职业归为 8 个大类、66 个中类、413 个小类、1 838 个职业。8 个大类分别是：

第一大类：国家机关、党群组织、企业、事业单位负责人。

第二大类：专业技术人员。

第三大类：办事人员和有关人员。

第四大类：商业、服务业人员。

第五大类：农、林、牧、渔、水利业生产人员。

第六大类：生产、运输设备操作人员及有关人员。

第七大类：军人。

第八大类：不便分类的其他从业人员。

第 2 节　新　职　业

一、上海市职业发展

随着城市经济的迅速发展，职业也被赋予了新的内涵。上海市已陆续推出了多个新职业标准，主要分布在高科技、服务、管理、创意设计、评估等领域。新职业的层出不穷，显示了本市经济发展的勃勃生机，同时也为从业者提供了更多的择业新空间。新职业的出现也加快了新一轮的职业培训，为从业者提升职业技能素质提供了新机遇。

1. 新职业涵盖多领域

目前已进入职业标准开发的有计算机系统管理员、软件项目经理、计算机信息产品营销师、软件开发技术人员、软件测试人员、信息安全员、网络课件制作师等，同时汽车、数字制造等也被列入新职业行列。

2. 灰领职业备受推崇

动脑与动手能力相结合、专业知识与操作技能相辅相成，灰领职业的特征在新职业中表露无遗。从公布的 60 多个新职业来看，绝大多数职业要求从业人员既要具备一定的专业知识背景，又要有较强的动手操作能力，如游戏美术设计员，在具备美术设计专业知识的同时，还要会运用计算机辅助设计等各种手段，把创意性的思维表现出来。

3. 时尚创意成为新宠

色彩搭配师、景观设计师等众多新鲜的职业都已被列入上海市新职业目录。在新职业中，既不乏集成电路制造、数字化模具制造等高科技行业的新职业，也有珠宝首饰评估师、宠物护理员、育婴师等时尚职业。可以说，迅速发展的高科技、创意产业已经成为催生新职业的主要领域。

4. 填补市场紧缺专业

以目前市场缺口颇大的医疗器械维修高级专业人才为例，近年来医疗部门购置了很多进口高科技医疗设备，但在使用过程中出现故障时，一些国内维修人员因看不懂外文说明书、缺乏对新技术的了解，导致维修出现很多问题。把该类人才纳入新职业并制定职业标准，既可以集聚社会各方面的资源，又可以在明确医疗器械维修人员所需核心技能的基础上，加快对从业人员的培训，从而在很大程度上满足了人才市场对该类专业人员的需求，缓解了专业人才紧缺的状况。

5. 提供行业发展动力

伴随着本市产业结构的调整、新产业的出现，以及原有产业技术的提升，制定新职业标准既可规范对从业人员的素质要求，又能及时了解人才市场的需求，开展高质量的职业培训，为提升从业人员的职业素质提供新的原动力。为保证职业标准与实践对从业人员要求的零距离，新职业的职业标准开发主要依赖于各行业专家以及企业生产一线专业人员，并围绕工作中的实际需求而展开。对于一些目前在国内尚处于起步阶段，专业人才极度匮乏的新职业，如模具设计师等，市劳动保障部门将引进国际权威培训和认证机构，在参考国际标准的基础上，结合上海市本地实际情况制定本土的职业标准。

6. 新职业推进有待深化

新职业标准的开发只是刚刚起步，相应的培训大纲、考核鉴定大纲以及考核题库等都要陆续完善，每个新职业都将有一整套以职业技能为核心的职业规范，从业者通过培训、考核，并具备一定从业经验后，才能获得国家职业资格证书。失业人员参加部分新职业的培训，可享受全额补贴，在职人员参加培训则予以半价优惠。

7. 新提升的职业标准（等级）

随着城市经济的发展，上海市职业培训指导中心根据市场需求，已陆续完成模具制造工等 10 个职业标准（等级）的提升工作，并开发了相关培训鉴定文件。

二、新职业信息发布制度

1. 建立新职业信息发布制度的背景

职业是劳动者为获取主要生活来源而从事的社会性工作，它随着社会进步和劳动分工而产生，随着生产力发展和科技进步而发展。对社会职业进行分类，是国际通行做法。在我国，自 1995 年起，由党中央、国务院 40 多个部委（局），组织近千名专家学者，历时 4 年，对我国当时的社会职业进行了划分和归类。1999 年，劳动和社会保障部、国家质量技术监督局、国家统计局颁布了我国第一部《中华人民共和国职业分类大典》，填补了我国职业分类工作领域的空白。

随着经济社会的发展和科学技术的进步，社会职业构成和职业活动发生了相应的变化。一些旧职业逐渐消亡，一些新职业则不断涌现。面对这种变化，无论是劳动者的就业、企业的用人，还是教育培训工作，都需要比较客观、准确和及时的职业信息来引导。按照经济社会发展的需要以及人力资源市场的发展变化，分析、研究和预测国内外职业的最新变化，健全和完善我国动态的、科学的国家职业分类和职业标准体系，使之更好地为劳动者参加培训、实现就业服务，尤显必要。新职业信息发布制度的建立，目的在于客观反映社会职业的变化情况，及时把握我国的职业的发展趋势，以加强对就业和培训工作的管理和引导。

2. 建立新职业信息发布制度的重要意义

新职业信息发布制度，是在系统总结我国长期以来培训就业工作实践的基础上建立起来的，并在以下几个方面发挥着重要作用：

（1）完善发展我国的职业分类和职业标准体系。职业分类是国家人力资源管理的重要基础性工作，人力资源社会保障部高度重视此项工作。在 1986 年颁布《职业分类与代码》、1992 年编制颁布《中华人民共和国工种分类目录》、1999 年颁布《中华人民共和国职业分类大典》的基础上，近几年又连续颁布了 2005 年版、2006 年版、2007 年版《中华人民共和国职业分类大典（增补本）》。新职业信息发布制度的建立，是职业分类和职业标准开发工作的新发展。研究和公布新职业，就是按照经济和社会发展需要，对社会新职业进行系统划分与科学归类，进一步更新和充实我国职业分类和职业标准体系建设。

（2）引领职业教育和职业培训改革。职业教育和职业培训的根本任务是培养适应经济社会发展需要的人才。不同类别的职业活动与经济和社会发展相互关联，不同的职业岗位对劳动者的知识和能力结构的要求也是不同的。开发新职业，可以为职业教育培训设置专业、确定教学内容和开发新教材、新课程提供依据和参照，从而实现培养和社会需求的同步。

（3）促进就业和再就业工作。在我国经济社会不断发展、科技水平不断提高的大环境下，生产制造、能源、IT 和服务等行业产生了许多新兴职业，蕴含着巨大的就业潜力，成为就业新的增长点。面对急剧的职业变化和职业转换的频繁发生，研究开发新职业，有利于开发就业岗位，加强职业指导，满足劳动力市场上的双向选择需要，从而促进劳动者就业及再就业。

（4）完善人力资源市场建设。由国家统一发布新职业信息，对新职业名称进行统一规范，不仅为我国开展劳动力需求预测和规划，进行就业人口结构及其发展趋势的调查统计和分析研究奠定基础，而且还为开展职业介绍、职业指导提供了重要依据。同时，这些都有利于完善我国人力资源市场的建设，实现劳动力管理的科学化、规范化和现代化。

（5）规范企业用工和从业人员从业行为。新职业的颁布采用国际通用的职业分析法，是指对某一特定职业进行分析与研究，描述出每一个职业类别的内涵与外延，使从业者了解某个职业的活动领域、工作环境、工作范围、工作程序、工作对象和设备工具等与职业相关的各种要素。从而为企业与从业者提供明确的职业导向，有利于规范企业用工标准，指导从业人员的从业行为。

3. 新职业确立的流程和发布内容

新职业确立的工作流程是：建议（发现新职业）、受理（采集新职业）、论证（调查研究新职业）、公示（审核新职业）、发布（公布新职业）。每个新职业的确立都是由职业分类专家组严格按照新职业评审程序和标准评审通过的。对一些有疑义的职业，还需要组织召开专题分析论证会并进行现场调查。为规范管理，简化流程，提高新职业申报评审工作的效率，人力资源社会保障部专门开通新职业网上申报平台，实现了新职业申报、受理、网上初审、专家评审等全过程的信息化处理。

每次发布的新职业信息主要包括职业名称、职业定义、主要工作内容等。随着新职业信息发布制度的完善，新职业信息发布内容将不断扩大和完善。

思 考 题

1. 什么是职业？
2. 职业需同时具备哪些特征？
3. 什么是职业分类？
4. 为什么要进行职业分类？
5. 职业分类的目的可以概括为哪几个方面？
6. 上海市新职业标准主要分布在哪些领域？
7. 上海市新职业的主要特点有哪些？
8. 概述新职业信息发布制度。

13

第 13 章

职业资格证书制度和职业技能鉴定

学习目标

通过本章的学习，学生应掌握职业资格证书制度及其意义、职业资格鉴定的申报条件、职业技能鉴定的方式和鉴定原则等内容。

第 1 节　职业资格证书制度

一、职业资格与学历资格

职业资格是对从事某一职业所必备的学识、技术和能力的基本要求，反映了劳动者为适应职业劳动需要而运用特定的知识、技术和技能的能力。与学历文凭不同，学历文凭主要反映学生学习的经历，是文化理论知识水平的证明。职业资格与职业劳动的具体要求密切结合，更直接、更准确地反映了特定职业的实际工作标准和操作规范，以及劳动者从事该职业所达到的实际工作能力水平。

二、职业资格证书制度

职业资格证书制度是国际上通行的一种对技术技能人才的资格认证制度。世界上许多国家都采用这种制度，比较典型的有英国、德国、澳大利亚、日本、韩国等，它们都是将职业资格证书制度作为国家制度推行的。

职业资格证书是国家对劳动者从事某项职业所应具备的学识、技术、能力的认可，是求职、任职、独立开业和单位录用的主要依据。职业资格分别由国务院劳动部门、人事行政部门通过学历认定、资格考试、专家评定、职业技能鉴定等方式进行评价，对合格者授予国家职业资格证书。国家职业资格证书分为五级，即初级、中级、高级、技师、高级技师，并分别对应为国家职业资格五级、四级、三级、二级、一级。

证书编码是完善和规范职业技能鉴定证书核发和管理的有效手段之一。在全国范围内，凡是参加职业技能鉴定的合格者，其职业资格证书都采取统一的编码方式。这不仅有利于区域内证书的查询和管理，更重要的是为职业技能鉴定考核信息的现代化管理奠定了基础，同时也可以防范制作伪证和假证的行为，保证了证书的权威性。

职业资格证书编码采取 16 位数字代码，从左至右数字的含义分别是：

1. 第 1、2 位为证书核发年份代码，取核发年份的后两位数字。

2. 第 3、4 位为省、自治区、直辖市或国务院行业部门（集团总公司）代码，取值见代码表。

3. 第 5、6 位为发证地市级代码，取值与机构编码第 3、4 位取值相同。

4. 第 7 位为机构识别代码，取值为 0～4。0 代表职业技能鉴定（指导）中心，1 代表国家职业技能鉴定所，2 代表地方职业技能鉴定站，3 代表行业特有工种职业技能鉴定站，4 代表工人考核委员会或企业内职业技能鉴定。

5. 第 8～10 位为鉴定机构序列号，由 3 位数字（不足 3 位时在前面加 0 补足）组成，此序列号与机构编码第 6～8 位取值相同。

6. 第 11 位为证书类别（等级）代码，取值为 1～5。5 代表中华人民共和国职业资格证书（五级）初级技能，4 代表中华人民共和国职业资格证书（四级）中级技能，3 代表中华人民共和国职业资格证书（三级）高级技能，2 代表中华人民共和国职业资格证书（二级）技师，1 代表中华人民共和国职业资格证书（一级）高级技师。

7. 第 12～16 位为证书核发顺序编号，按照每年度实施鉴定的机构各等级从 00001 到 99999 依次取值。

三、推行职业资格证书制度的重要意义

1. 推行职业资格证书制度是全面提高劳动者素质的重大战略举措

全面提高劳动者队伍的整体素质，是关系我国经济增长方式转变和增强国际竞争能力的一项战略任务。当今世界，以信息技术为主要标志的科技进步日新月异，高科技成果转化成生产力的速度越来越快，初见端倪的知识经济预示着人类的经济社会生活将发生新的巨大变化，国与国之间综合国力的竞争，将越来越取决于劳动者素质的高低，取决于各类人才的数量和质量。加入 WTO，无疑对促进我国经济发展和扩大就业产生了积极影响，但是在这一过程中，我国的经济结构将不可避免地面临新一轮调整，对劳动力素质的要求会越来越高，将要求劳动者有更高、更强、更全面的能力，特别是具有适应生产和技术发展、适应市场变化的能力。我国所建立的从初级、中级、高级到技师、高级技师的职业资格证书制度，就是为技术技能型人才铺设的一条成才之路。在一个以工人阶级为领导阶级的社会主义国家，为广大劳动者开辟一条广阔的成才之路，其重要意义不仅在于可以促进劳动者自觉提高自身素质，增强就业竞争能力和工作能力，更在于在政治上落实“三个代表”重要思想，促进社会稳定、社会公正和社会进步。

2. 推行职业资格证书制度是发展劳动力市场、促进就业的重要途径

劳动力市场是生产要素市场的重要组成部分，是促进劳动力资源合理配置的主要手段，而职业资格证书制度可以对促进劳动力市场发展发挥积极的作用。在市场经济条件

下，用人单位根据生产经营状况，需要到劳动力市场上去寻找各种各样的生产和管理人员；而劳动者通过劳动力市场求职就业，就必须表明自己具有一定的职业能力或工作水平。为客观评价劳动者的能力和水平，就需要有一种社会证明，为劳动者和用人单位提供一个具有权威性的资格证明，以降低劳动力市场的运作成本和风险，提高劳动力市场的运作效率，将劳动者与用人单位更好地联系在一起。职业资格证书制度就起这样的作用，它用来证明劳动者自身的技术水平和从业能力。这对于促进就业，培育和发展统一、规范、竞争、有序的劳动力市场具有重要意义。可以说，职业资格证书就是劳动力市场的“通行证”。

3. 推行职业资格证书制度是促进培训与就业有机结合的重要纽带

职业培训必须同社会需求相适应，这是我国推进职业培训改革和发展的根本指导思想。职业资格证书制度的建立和推行，是职业培训领域的一场革命，它将从根本上改变传统的职业培训格局，推动职业培训真正走向社会化、市场化、规范化。这一制度的确立，为真正实现培训与就业的结合提供了一条纽带，为促进新时期职业培训事业的发展提供了一个重要手段。运用好这一手段，不仅可以有效引导各类职业院校和职业培训机构根据劳动力市场需求，按照国家职业标准的要求来开展培训和教学活动，引导和促进企业在职职工培训和再就业培训，而且可以增强企业和社会向人力资本投资的积极性，使教育和培训成为居民个人消费的积极导向；运用好这一手段，不仅有利于克服职业培训中脱离市场需求的缺陷，而且可以使我们能够根据社会经济发展和劳动力供求变化来调整职工队伍和后备劳动力的素质结构，这对于解决我国人力资源结构不合理，特别是高技能人才严重短缺的问题具有重要作用。

四、职业资格证书的等级和分类

1. 等级

我国职业资格证书分为五个等级：初级（五级）、中级（四级）、高级（三级）、技师（二级）、高级技师（一级）。

2. 分类

（1）生产、运输设备操作人员。原劳动和社会保障部依据《中华人民共和国职业分类大典》确定了实行就业准入的职业目录，分别是车工、铣工、磨工、镗工、组合机床操作工、加工中心操作工、铸造工、锻造工、焊工、金属热处理工、冷作钣金工、涂装工、装配钳工、工具钳工、锅炉设备装配工、电机装配工、高低压电器装配工、电子仪器仪表装配工、电工仪器仪表装配工、机修钳工、汽车修理工、摩托车维修工、精密仪器仪表维修工、锅炉设备安装工、变电设备安装工、维修电工、计算机维修工、手工木工、精细木工、音响调音员、贵金属首饰手工制作工、土石方机械操作工、砌筑工、混凝土工、钢筋工、架子工、防水工、装饰装修工、电气设备安装工、管工、汽车驾驶员、起重装卸机械操作工、化学检验工、食品检验工、纺织纤维检验工、贵金属首饰钻石宝玉石检验员、防腐蚀工、锁具修理工。

（2）农、林、牧、渔、水利业生产人员。包括动物疫病防治员、动物检疫检验员、沼气生产工。

（3）商业、服务业人员。包括营业员、推销员、出版物发行员、中药购销员、鉴定估价师、医药商品购销员、中药调剂员、冷藏工、中式烹调师、中式面点师、西式烹调师、西式面点师、调酒师、营养配餐员、前厅服务员、客房服务员、保健按摩师、职业指导员、物业管理员、锅炉操作工、美容师、美发师、摄影师、眼镜验光员、眼镜定配工、家用电子产品维修工、家用电器产品维修工、钟表维修工、办公设备维修工、养老护理员、人力资源管理师、营销师、理财规划师。

（4）办事人员和有关人员。包括秘书、公关员、计算机操作员、制图员、话务员、用户通信终端维修员、速录师。

五、2014 年上海市国家职业资格鉴定申报条件

上海市国家职业资格鉴定包括社会通用类项目和企业特有类项目鉴定，其申报条件分别为：

1. 社会通用类鉴定项目申报条件

社会通用类鉴定项目根据职业属性情况和职业技能鉴定的特点，申报条件分为三类：

（1）第一类鉴定申报条件适用于工艺美术、文化教育、会展服务、商贸服务、物流服务、旅游服务、机电技术、电子通信、能源动力、交通运输、化工环保、纺织服装、食品药品、建筑工程、生活服务、农林牧渔类等类型的鉴定项目，具体项目名称可查询相关鉴定公告和文件。各级申报条件如下：

1）国家职业资格五级（初级）。具有初中及以上文化程度。

2）国家职业资格四级（中级）。具备以下条件之一者：

①取得本职业五级（初级）职业资格证书，以四级（中级）为起点的职业需要取得相关职业五级（初级）职业资格证书。

②取得中等职业教育或高等教育相关专业毕业证书。

③高等教育相关专业在校生或中等职业教育相关专业在校毕业学年学生。

3）国家职业资格三级（高级）。具备以下条件之一者：

①取得本职业四级（中级）职业资格证书两年以上，以三级（高级）为起点的职业需

要取得相关职业四级（中级）职业资格证书两年以上。

②取得本职业四级（中级）职业资格证书的高等教育在校毕业学年学生。

③取得高等教育相关专业毕业证书。

4）国家职业资格二级（技师）。具有中等职业教育或高中及以上学历，取得本职业三级（高级）职业资格证书两年以上。

5）国家职业资格一级（高级技师）。具有中等职业教育或高中及以上学历，取得本职业二级（技师）职业资格证书两年以上。

6）专项职业能力。具有初中及以上文化程度。

7）专项职业能力（技术）。具备以下条件之一者：

①取得相关职业五级（初级）职业资格证书。

②取得中等职业教育或高等教育相关专业毕业证书。

③高等教育相关专业在校生或中等职业教育相关专业在校毕业学年学生。

（2）第二类鉴定申报条件适用于信息服务、创意设计类型的鉴定项目，具体项目名称可查询相关鉴定公告和文件。各级申报条件如下：

1）国家职业资格五级（初级）。具有初中及以上文化程度。

2）国家职业资格四级（中级）。具备以下条件之一者：

①取得本职业五级（初级）职业资格证书，以四级（中级）为起点的职业需要取得相关职业五级（初级）职业资格证书。

②取得由市级以上相关行政主管部门颁发的信息服务类资格证书。

③取得中等职业教育相关专业毕业证书或高等教育毕业证书。

④高等教育相关专业在校生或中等职业教育相关专业在校毕业学年学生。

3）国家职业资格三级（高级）。具备以下条件之一者：

①取得本职业四级（中级）职业资格证书，以三级（高级）为起点的职业需要取得相关职业四级（中级）职业资格证书。

②取得相关职业四级（中级）职业资格证书的高等教育在校毕业学年学生。

③高等教育相关专业在校毕业学年学生。

④取得高等教育相关专业毕业证书。

4）国家职业资格二级（技师）。具有中等职业教育或高中及以上学历，取得本职业三级（高级）职业资格证书两年以上。

5）国家职业资格一级（高级技师）。具有中等职业教育或高中及以上学历，取得本职业二级（技师）职业资格证书两年以上。

6）专项职业能力。具有初中及以上文化程度。

7）专项职业能力（技术）。具备以下条件之一者：

①取得相关职业五级（初级）职业资格证书。

②取得中等职业教育或高等教育相关专业毕业证书。

③高等教育相关专业在校生或中等职业教育相关专业在校毕业学年学生。

（3）第三类鉴定申报条件适用于管理咨询类的鉴定项目，包括公共营养师、社会工作者、精益生产师、采购师、职业指导员（师）、创业咨询师、保卫人员、企业行政管理人员、心理咨询师、营销师、企业人力资源管理师、职业经理人、消防管理员、后勤管理师、物业管理员、公关员、创业能力、劳动关系协调员、社会工作者（社区助残）等。具体项目名称、等级和申报条件可查询相关鉴定公告和文件。

2. 企业特有类鉴定项目申报条件

申报企业特有类鉴定项目者需为该职业对应的特定企业在职职工，目前从事本职业工作并符合下列条件：

（1）国家职业资格五级（初级）。具有初中及以上文化程度。

（2）国家职业资格四级（中级）。具备以下条件之一者：

1）取得本职业五级（初级）职业资格证书。

2）取得中等职业教育毕业证书。

3）具有初中及以上文化程度，连续从事本职业工作五年及以上。

（3）国家职业资格三级（高级）。具备以下条件之一者：

1）取得本职业四级（中级）职业资格证书两年以上。

2）取得高等教育毕业证书。

3）取得中等职业教育毕业证书，连续从事本职业工作五年及以上。

4）具有初中及以上文化程度，连续从事本职业工作十年及以上。

（4）国家职业资格二级（技师）。具有中等职业教育或高中以上学历，从事本职业工作并取得本职业三级（高级）职业资格证书两年以上。

（5）国家职业资格一级（高级技师）。具有中等职业教育或高中及以上学历，从事本职业工作并取得本职业二级（技师）职业资格证书两年以上。

3. 说明

（1）在法定劳动年龄范围内者，方可申报参加职业资格鉴定。

（2）对 1958 年 12 月 31 日前出生的人员申报第一类、第二类职业二级（技师）及以上等级职业资格鉴定的，文化程度可放宽到初中以上。

（3）1997 年 6 月 30 日前，由原市、区劳动行政部门或主管局核发的技术等级证书可以对应作为申报高一等级职业资格鉴定的凭证。该类证书中，原三级可申报四级（中级）

职业资格鉴定，原四、五、六级可申报三级（高级）职业资格鉴定，原七、八级可申报二级（技师）职业资格鉴定。

（4）取得原市劳动局核发的准中级职业资格证书，可直接申报本职业的三级（高级）职业资格鉴定。

（5）参加第一类鉴定项目四级（中级）职业资格鉴定，成绩评定良好及以上者可直接申报参加本鉴定项目三级（高级）职业资格鉴定。

（6）取得准高级、预备技师证书两年以上者，可申报本职业或对应职业二级（技师）职业资格鉴定。

（7）企业特有职业申报条件所称的特定企业为根据《关于本市实施企业技能人才评价工作的试点意见》（沪人社职发〔2012〕231号），经本市相关工作小组审核认定的企业。同时特定企业可根据实际情况，制定针对少数长期从事本职业工作、技术领先并且具有突出工作业绩的在职职工，参加企业特有职业技师（二级）、高级技师（一级）职业资格鉴定的破格申报条件和申报审核程序，经市相关工作小组认定后执行。

（8）对具有国家行政部门认可的中级及以上专业技术职务的人员，可申报与本专业相关的第一类、第二类鉴定项目三级（高级）职业资格鉴定，鉴定合格者可申报该鉴定项目二级（技师）职业资格鉴定。

（9）新职业、与其他考试机构合作认证项目申报条件另行通知。

（10）参加职业资格鉴定不合格者，在鉴定结束的两个月后方可申报补考。

（11）对提供伪造学历证书、学位证书、验证证明、职业资格证书等各类证书参加职业技能鉴定的人员，一经发现取消其考试资格，伪造的证书、证明及鉴定费用不予退还；对已取得职业资格证书的人员，事后一经查实其所提供的申报材料虚假，将取消其成绩并对所获职业资格证书做无效处理。

第2节　职业技能鉴定

一、国家职业标准体系

工人技术等级标准和职业技能标准在很大程度上是一种学科导向性标准。用这种标准指导职业培训和技能鉴定容易造成这样一种结果：所培养的学生和取得证书的人员理论知识掌握不少，但实际工作所需的职业技能不足，短期内难以适应企业和用人单位的需要。

国家职业标准则是一种职业导向性标准，它以职业活动为导向，以职业技能为核心，通过运用职业功能分析方法，研究确定职业教育培训和考核内容的新体系，有助于提高学生和证书持有者的工作能力和适应职业变化的能力。

目前，这三种标准形式同时存在，对尚未制定国家职业标准的职业，可继续使用原工人技术等级标准和职业技能标准。今后，要逐步按照国家职业标准制定技术规程的要求进行修订，形成统一规范的国家职业标准体系。

二、职业技能鉴定方式

职业技能鉴定是一项基于职业技能水平的考核活动，属于标准参照型考试，由考核机构对劳动者从事某种职业所应掌握的技术理论知识和实际操作能力做出客观的测量和评价。世界上许多国家和地区都存在这种考试形式。我国的职业技能鉴定是按照国家规定的职业标准或任职资格条件，通过人力资源社会保障部认定的考核鉴定机构，对劳动者的技能水平或职业资格进行客观公正、科学规范的评价与认证的活动，主要包括初级、中级、高级技能等级考核和技师、高级技师的资格考评。职业技能鉴定是国家职业资格证书制度的重要组成部分，劳动者通过鉴定合格后取得的职业资格证书是表明其职业技能水平的凭证。

我国的职业技能鉴定实行政府指导下的社会化管理体制。职业技能鉴定社会化管理体制是指在国家法律政策指导下，由人力资源社会保障部领导，由职业技能鉴定指导中心组织指导，由职业技能鉴定所（站）实施评价和认定劳动者职业技能水平的工作机制。

职业技能鉴定分为知识要求考试和操作技能考核两部分。知识要求考试一般采用笔试，技能要求考核一般采用现场操作加工典型工件、生产作业项目、模拟操作等方式进行。计分一般采用百分制，两部分成绩都在 60 分以上为合格，80 分以上为良好，95 分以上为优秀。

下列人员应按规定参加职业技能鉴定：

（1）国家规定的从事技术复杂以及涉及国家财产、人民生命安全和消费者利益的职业（工种）的人员。

（2）职业学校和职业培训机构属于技术工种（专业）的毕（结）业生。

（3）学徒培训期满的学徒工。

（4）晋升职业资格等级的人员。

根据原劳动和社会保障部编制的《国家职业标准制定技术规程》，各等级的具体标准如下：

国家职业资格五级（初级）：能够运用基本技能独立完成本职业的常规工作。

国家职业资格四级（中级）：能够熟练运用基本技能独立完成本职业的常规工作；在特定情况下，能够运用专门技能完成较为复杂的工作；能够与他人进行合作。

国家职业资格三级（高级）：能够熟练运用基本技能和专门技能完成较为复杂的工作，包括完成部分非常规性工作；能够独立处理工作中出现的问题；能指导他人进行工作或协助培训一般操作人员。

国家职业资格二级（技师）：能够熟练运用基本技能和专门技能完成较为复杂的、非常规性的工作；掌握本职业的关键操作技能技术；能够独立处理和解决技术或工艺问题；在操作技能技术方面有创新；能组织指导他人进行工作；能培训一般操作人员；具有一定的管理能力。

国家职业资格一级（高级技师）：能够熟练运用基本技能和特殊技能在本职业的各个领域完成复杂的、非常规性的工作；熟练掌握本职业的关键操作技能技术；能够独立处理和解决高难度的技术或工艺问题；在技术攻关、工艺革新和技术改革方面有创新；能组织开展技术改造、技术革新和进行专业技术培训；具有管理能力。

三、职业技能鉴定原则

职业技能鉴定贯彻“考培分离”原则。所谓“考培分离”，是指在劳动者进行职业技能鉴定时，技能考核鉴定与技能培训活动要实行分离，即职业培训单位不能自己考核鉴定自己培训的人员，职业技能鉴定机构不能又搞鉴定又搞培训。这是职业技能鉴定工作需要遵循的原则之一。

在教育培训活动中，因材施教是进行教学的基本原则。任何教育和培训活动本身都需要通过对教育对象的考试（考核）去诊断培训教学的问题，检验培训教学的效果和掌握培训教学的进度，这是加强培训管理，提高培训质量和实现培训目标的必要措施和手段。从这个意义上讲，在培训教学活动中，应该是“谁培训、谁考核”，但是，如果考试活动涉及培训质量评定和人员选拔等目的，则应按照“考培分离”原则，实行统一组织的考试，如普通教育中的各种统考。

职业技能鉴定是与劳动力市场的建立和发展紧密联系的，市场竞争的机制要求职业技能鉴定必须面向全社会，实行统一的鉴定标准和规范，建立公正的考核鉴定制度，并形成权威的资格认证体系。根据《劳动法》的规定，职业技能鉴定只能由政府或政府授权的职业技能鉴定机构实施。因此只有通过专门的鉴定机构，采取“考培分离”原则实施职业技能鉴定，才能公正地评价各种职业培训的教学质量和水平。

思 考 题

1. 什么是职业资格？
2. 职业资格证书制度是一种什么制度？
3. 推行职业资格证书制度有哪些重要意义？
4. 工人技术等级标准和职业技能标准与国家职业标准有哪些区别和联系？
5. 职业技能鉴定是一项什么样的考核活动？属于什么类型的考试？
6. 我国有哪些等级职业技能鉴定？
7. 职业技能鉴定由哪两部分考核组成？各部分的特点是什么？
8. 在职业技能鉴定中，各等级的具体标准是什么？
9. 职业技能鉴定应贯彻什么原则？为什么？

14

第 14 章

职业技能竞赛

学习目标

通过本章的学习，学生应掌握职业技能竞赛的概况、职业技能竞赛的意义、上海市职业技能竞赛等主要内容。

第1节 职业技能竞赛概述

一、职业技能竞赛简介

职业技能竞赛是指依据《劳动法》，按照国家职业标准，结合生产实际以及科技发展和技术进步开展的有组织的群众性技术、技能比赛活动，其主要特点是突出操作技能，突出解决生产实际问题的能力。

职业技能竞赛按照不同的等级和类别采取不同的组织方式，国家级一类竞赛由劳动和社会保障部牵头，会同有关部门共同组织；国家级二类竞赛由行业主管部门（行业组织）牵头，会同劳动和社会保障部共同组织；省级和地市级的一、二类竞赛的管理由当地省级劳动保障部门制定具体规定。同行业、同职业（工种）的全国性竞赛活动，原则上每年只能举办一次。技能竞赛的职业（工种）主要选择技术要求高、覆盖面广、通用性较强的职业（工种）或行业主要技术职业（工种）。开展技能竞赛活动要按照国家职业标准设置竞赛项目和组织命题；国家级技能竞赛应按照国家职业标准高级（国家职业资格三级）以上等级的要求命题。竞赛活动还应邀请公证部门进行公证。

竞赛主办单位举办竞赛活动，需成立相应的竞赛组织机构；具备必要的经费、设备、场地和评定成绩所需的检测手段；制定竞赛组织方案和竞赛规则；配备熟悉技能竞赛职业（工种）的管理人员和专业技术人员。各级劳动保障部门对竞赛实施审批制度，竞赛主办单位开展技能竞赛按隶属关系报其主管部门审核后，持竞赛申请报告和活动组织方案等材料报同级劳动保障部门审批。竞赛主办单位邀请境外机构参与国内竞赛活动，应先向同级劳动保障部门提出申请，经审核批准后，报上级劳动保障部门备案；行业主管部门或行业组织以国家队名义组织参加国际竞赛活动，应报劳动保障部门审批；国际青年奥林匹克技能竞赛活动由劳动保障部门统一组织。

当选的中华技能大奖获得者，原是技师的，由省级以上劳动保障部门按照管理权限认定高级技师资格；当选的全国技术能手，原是高级工的，由省级以上劳动保障部门按照管理权限认定技师资格。

对国家级一类技能竞赛获前五名的选手、国家级二类技能竞赛获前三名的选手和在国际技能竞赛活动中取得前八名的选手，授予“全国技术能手”荣誉称号，并颁发证书和奖章；对国家级技能竞赛获得优秀名次的选手，经劳动社会保障部职业技能鉴定机构按照有关资格条件审定后，可办理技师或高级技师资格证书。自 2004 年起，对各省级和大型企业集团开展的技能竞赛中获各工种决赛第一名的选手，可授予“全国技术能手”荣誉称号。

我国还组织优秀技术工人代表团出国访问，观摩有关国家的技能竞赛活动，并展示中国技能人才的精湛技艺。

二、职业技能竞赛的意义

职业技能竞赛是培养、选拔和评价技能人才的重要手段，也是激励广大技术工人努力钻研技术业务，提高劳动者整体素质的重要措施，对树立优秀技术工人也是现代化建设重要人才的科学人才观，提高技术工人的地位，形成全社会尊重技能、尊重技能人才的社会氛围具有重要作用。世界上许多国家都以不同的形式开展职业技能竞赛活动，对优秀技能人才也都颁布了一些表彰奖励政策。

我国开展职业技能竞赛的重要意义具体体现在以下几个方面：

第一，有利于提高技术工人的社会地位。职业技能竞赛活动使技术工人的职业技能得到充分的展示，使优秀技术工人也是人才的观念深入人心，对于在全社会形成重视技能、尊重技能人才、重视职业培训的社会氛围，可起到重要的推动作用。

第二，有利于调动广大工人钻研技术业务的积极性和创造性，促进工人队伍的稳定。通过职业技能竞赛活动，可使广大工人增强职业荣誉感和责任感，看到自己在岗位上的价值，明确提高岗位技能、岗位成才的方向。同时，也看到差距，找出不足，从而努力提高自身技术业务素质。

第三，有利于推动职业培训的广泛开展，促进工人队伍素质的提高。通过举办竞赛和在全国评选表彰优秀技术技能人才，可促使更多的企业领导关心职工队伍建设，从而更加重视职业培训工作，为企业开展职业培训提供条件，促使更多的青年工人踊跃参加职业培训。据统计，1993 年以来，通过举办各种类型的职业技能竞赛，全国累计有近千万名职工参加了岗位培训，百万名青年工人参加了 300 多个工种的岗位练兵，有效地推动了职业培训工作的开展。

第四，有利于促进企业经济效益的提高。将职业技能竞赛与行业人才培养目标、企业生产发展紧密结合，可强化各级领导对技能人才的重视与管理，向人的潜力要效益。利用组织竞赛，抓人才培养，提高员工素质；抓技术，促生产，提高产品质量，达到促进和提高企业经济效益的目的。

第 2 节　上海市职业技能竞赛

近年来，随着上海经济结构的变化与调整，大量国有企业转制，民营企业发展迅猛，它们所拥有的技术工人占到一半以上。全市性职业技能竞赛活动大大地促进了技能人才的培养，成为促进人才结构优化、促进行业稳步发展的重要途径和手段。

一、竞赛组织

中国技能大赛——上海市职业技能大赛由上海市职业技能竞赛组织委员会（以下简称市竞赛组委会）主办，委托相关市级行业协会承办。主办单位负责大赛总体策划、组织协调、技术指导和整体宣传等相关工作，承办单位负责大赛具体发动、报名受理、赛务安排、赛场管理和竞赛咨询等相关工作。

二、竞赛项目

2015 年的上海市职业技能大赛设汽车维修工、数控车工、数控铣工、维修电工（工业控制）、中式烹调师、西式面点师、美发师、化妆师、绿化工、网页设计制作员（网站设计）、广告设计师（平面设计技术）、电子商务师、物流师（国际货代）、助理保卫师等 14 个项目。竞赛项目等级为国家职业资格三级。

其中，汽车维修工、数控车工、数控铣工、维修电工（工业控制）、美发师、网页设计制作员（网站设计）和广告设计师（平面设计技术）7 个项目参照世界技能大赛的规则、内容和方法组织竞赛；中式烹调师、维修电工（工业控制）、西式面点师、美发师、化妆师、助理保卫师 6 个项目的参赛报名和初赛组织等与相关单位组织的 2015 年市级二类竞赛相衔接（以下简称衔接项目）。

三、竞赛形式和内容

1. 竞赛形式

大赛分为初赛和决赛两个阶段。衔接项目的初赛由市竞赛组委会统一组织实施，其他项目的初赛由各参赛单位组织实施；决赛均由市竞赛组委会统一组织实施。

2. 竞赛内容

(1) 衔接项目初赛内容由市职业技能鉴定中心按相应的竞赛题库组卷确定，其他项目的初赛内容由各参赛单位根据参赛要求确定。

(2) 决赛内容按照国家职业技能标准制定，并学习和借鉴世界技能大赛的命题思路，由市竞赛组委会组织有关专家统一命题。

四、竞赛成绩

1. 成绩评定

衔接项目的竞赛成绩为初赛成绩的40%与决赛成绩的60%之和，其他项目的竞赛成绩即为决赛成绩。

2. 名次确定

选手名次按本项目竞赛成绩的高低排序决定，衔接项目未参加决赛的选手依次排在参加决赛的选手之后。

3. 证书核发

衔接项目的初赛成绩或其他项目决赛成绩达到60分及以上的参赛选手可获得国家职业资格三级证书。各项目竞赛成绩合格且名列前5%，同时符合以下要求的选手，可晋升获得国家职业资格二级证书：

(1) 晋升后的职业资格等级不超过竞赛前所持该职业资格证书等级的两个级别。

(2) 该项目实际参赛人数大于30人。

第3节　世界技能大赛

一、世界技能大赛概述

2012年6月，由中国国家人力资源和社会保障部与天津市人民政府共同组建的“世界技能大赛中国研究中心”正式落户天津市，这是迄今为止落户于地方的唯一一所国家级职业技能竞赛研究中心。对促进天津市高技能人才培养与国际标准的对接，提升本市高端装备制造业的人才储备具有重要的推动作用。

第41届世界技能大赛于2011年10月4日晚在英国伦敦开幕，中国首次派出代表团参加数控车床、焊接等6个项目的比赛。

第 42 届世界技能大赛于 2013 年 7 月 2 日在德国莱比锡开幕，中国派出 26 名选手参加其中 22 个项目的竞赛，最终中国队收获 1 银（胡已雪，美发）、3 铜（谢海波，数控铣；冼星文，制冷；王东东，印刷）及 13 个项目的优秀奖。

二、世界技能大赛竞赛项目

世界技能大赛在 45 个技能门类中设定了国际标准，内容涵盖艺术创作与时装、建筑与工艺技术、制造和工程技术、信息与通信技术、社会与私人服务、运输与物流等。

艺术创作与时装包括 5 项：服装设计与加工、花卉栽培技术、平面设计、首饰加工、商品展示设计。

建筑与工艺技术包括 12 项：砌砖、家具制造、木工、电气技术安装、细木工、园林设计、室内装饰设计、墙面抹灰和干燥、给排水系统和供暖系统、制冷技术、石雕、瓷砖贴面。

制造和工程技术包括 14 项：数控加工、数控车床、金属加工、创意建模、电子技术、工业控制、制造技术团队创意竞赛、机械工程设计—计算机辅助设计、机电一体化、移动机器人、模具制造、自动化技术、薄板技术、焊接技术。

信息与通信技术包括 5 项：信息网络技术、信息/计算机网络支持、信息/软件应用、胶版印刷技术、网页设计。

社会与私人服务包括 6 项：美容、护理、面点制作、烹饪、美发、餐饮服务。

运输与物流包括 4 项：飞机维修、汽车维修、汽车技术、汽车喷漆。

思 考 题

1. 什么是职业技能竞赛？
2. 按照不同的等级和类别，职业技能竞赛可采取哪些组织方式？
3. 开展职业技能竞赛应该注意哪些事项？
4. 竞赛主办单位举办竞赛活动应具备哪些条件？
5. 职业技能竞赛的意义体现在哪几个方面？
6. 简述世界技能大赛的内容。